办公室实务

（第三版）

陆瑜芳　主编

复旦大学出版社

内容简介

本书是为上海电视大学、中央电视大学"现代文员"专业需要而编写的专业基础教材之一。全书由办公室实务,文员实务,电话、电子通讯,邮件收发,接待实务,信访实务,会议组织与服务,日程安排,差旅事宜,照料上司身边琐事,交际与礼仪,办公室用语,印信、值班工作,文书与档案实务,电子文档实务等部分组成。具体而翔实地介绍了有关文员与秘书工作的程序、方法和技巧。本书的最大特点是极具务实操作的针对性,不仅适合有关专业的教学课程,而且也可广泛地应用于相关人员的培训速成。

第三版增订说明

我国社会发展日新月异,文秘工作也应顺应时代的要求而发展。近年,党政机关对某些涉及文秘工作的法律法规和规章制度进行了修订和补充,如2010年4月29日修订通过的《中华人民共和国保守国家秘密法》、2012年4月16日修订通过的《党政机关公文处理工作条例》等,均需要文秘人员认真研读,在具体工作中遵照执行。此外,我国互联网在工作和生活的作用也越来越大,通过网络上访也日趋普遍,国家有关部门针对网上信访的办理也出台了一些规定和措施,这些也需要文秘人员引起重视,在新形势下把信访工作做好。

《办公室实务》第三版按照新规定修改了公务文书的种类与格式、文书处理的内容和方法,新增了计算机及联网通信保密、受理网上信访注意事项等内容,并对原有章节的不妥之处进行了删减或调整。

本教材作为大专院校现代文员、秘书、行政管理必修课所用,发行量较大。为使在职文秘人员或在校学生及时、正确领会新的政策和规定,我们参照了党政机关的有关规定和条例,借鉴了有关专家学者的观点,特此说明并表示衷心感谢。如有不妥,也恳请专家学者批评指正。

作　者

2013年9月

前　言

一年前,上海电视大学开设了"现代文员"专业,委托我们编写一部《办公室实务》,作为专业的基础教材。我们欣然接受了。

我们认为,"现代文员"这个专业名称,既是创新,又有根据,概念科学,定位确切。

1980年,上海大学文学院、江汉大学、南开大学分校,成都大学、西北建工学院等院校首先设置了"秘书专业",开始培养这方面的人才。由于它适应了社会的急迫需要,这个专业得到了迅猛的发展,尔后开设本专业的学校如雨后春笋。到了2000年,全日制高校设置秘书专业的已达205所,加上职工大学、电视大学、民办高校、中专,这个数字就更大了。

20多年以来,有些院校至今仍沿用"秘书专业"这个统称,有些再加以细分,如"行政秘书"、"企业秘书"、"科技秘书"、"电子商务秘书"、"法律秘书"、"涉外秘书"等。值得注意的是出现了"涉外文秘"专业,在"秘"之前加了个"文"字。

"文"者,指"文书",也指"文员",是由来已久的,有根据的。

在我国,20世纪70年代以前,政府机关和军队内帮助上司处理文书、事务的工作人员就有两个正式职称——"秘书"和"文书"。基层单位,如乡政府、镇政府、连队称"文书"(文书工作人员,即文员);县、团以上机关和大中型企业则称"秘书";法院、检察院内则有"书记员"(相当于"文书"、"文员")。"秘书"与"文书"(文员)除了任职机关、企业不同之外,工作职能既有相容之处,也有些区别。"文书"(文员)主要做记录、打字、文书制作、管理工作,兼做接待、收发、接打电话等工作,属于比较单纯的技术性、事务性操作人员。"秘书"则除了文书、事务工作之外,还担任辅助领导实施管理的任务,如组织会议、参与计划、撰写报告、调查研究等等。即所谓"既要参与政务,又要管理事务"。秘书的地位、级别、待遇,一般也高于文书。还有一点重要区别就是:"文书"(文员)都在办公室工作,是集体为机关、企业,为领导服务,而"秘书"中有一部分人专门为某个领导、上司服务,所以有"私人秘书",却没有"私人文员"。

20世纪80年代之后,"秘书"和"文书"(文员)都被统称为"秘书人员"了。但是,在我国北方,在很多机关、企业,甚至一些中央首长仍习惯地称"文秘工作"、"文秘人员"。

西方国家也有类似的情况,如美国企业界,把打字员、接待员、录音员、复印员、文书制作、管理员等办公室内单纯技术性操作人员统称为"文员";而把"文书、事务、一般管理"(三合一)的人员才称为"秘书"。英国政府机关的秘书被分为四个级别:行政级、执行级、文书级、助理文书级。前两级为高级秘书,可担任秘书长、秘书处长等行政长官,后两级为中、初级文秘工作人员。在英联邦国家和地区(包括加拿大、澳大利亚、新加坡、回归前的香港等等)规定:高中毕业生经过一年左右的专业培训,通过打字、速记、办公室事务、人际关系等5门基础课程考试,即可担任"文员",而经过 ICSA(The Institute of Chartered Secretaries and Administrators)等权威机关系统培训,取得17门专业课程的及格证书,并有5年以上文员工作经历的人员,才能担任正式秘书。

近些年来,"秘书"这个职业名称被一些"达官富人"给玷污了。他们利用职权把自己的婚外情人安排在身边当"秘书",还称之为"小蜜",致使部分高中女生连同家长对"秘书"望而生畏。而"现代文员",听起来更正宗、更纯洁、更受欢迎些。

基于以上情况,我们认为,"现代文员"这个专业名称是科学的、确切的,我们也认真、负责地编写了这部《办公室实务》书稿。本书克服了以往众多秘书学教材偏重史、论,偏重党政机关的局限性,而重在实务,重在操作,重在企业(包括外资企业)。

上海电视大学、中央电视大学于2002年9月特地为本书召开了学术研讨会,邀请了十几个省、市的电大近20位专家对本书详细提纲进行了讨论,提出了宝贵的意见和建议。我们真诚地接受,并已融之于书稿。

本书特邀徐长威先生编写第十一、十四章,其余章节均由陆瑜芳编写,并对全书统稿。又承上海电视大学骆自强、上海大学郭建庆、英国City&Guilds职业资格证书专家委员会袁维国、法国法莱奥公司沈振亚、香港汇丰银行毓东等教授专家审阅,并提出了修改、补充意见,东方文化学院周培蕾同学帮助整理、打印,特致谢意。

编写过程中,我们还参考了国内外许多同类著作,不及向作者一一致谢,在此一并表示谢意。

期待着更多专家、读者的批评、指正。

编　者
2002年12月

目 录

第一章 办公室实务概述 …………………………… 1
  1. 办公室的含义与职能 ……………………………… 1
  2. 办公室实务的范围和内容 ………………………… 3
  3. 办公室环境的布置和管理 ………………………… 6
  4. 办公器械的使用 …………………………………… 13
  5. 办公用品的准备 …………………………………… 21
  6. 办公室和接待室的管理 …………………………… 24
  7. 办公室零用现金管理 ……………………………… 25

第二章 文员实务 ……………………………………… 27
  1. 文员的工作顺序 …………………………………… 27
  2. 文员管理时间、费用的方法 ……………………… 31
  3. 文员的工作方法 …………………………………… 34

第三章 电话、电子通讯 ……………………………… 42
  1. 电话接打 …………………………………………… 42
  2. 新型电子媒体的运用 ……………………………… 55
  3. 新型电子工具的利用 ……………………………… 57

第四章 邮件收发 ……………………………………… 59
  1. 邮件的收取 ………………………………………… 59
  2. 邮件的分拣 ………………………………………… 60

3. 邮件的拆封 …………………………………………… 62
4. 邮件的处理 …………………………………………… 64
5. 上司不在时邮件的处理 ……………………………… 66
6. 邮件寄发前的准备 …………………………………… 68
7. 邮件的寄发 …………………………………………… 71
8. 电子邮件处理实务 …………………………………… 72

第五章 接待实务 …………………………………………… 77
1. 文员与接待 …………………………………………… 77
2. 接待的基本礼节 ……………………………………… 78
3. 接待平时来访者的实务 ……………………………… 81
4. 接待计划中来宾的实务 ……………………………… 100

第六章 信访实务 …………………………………………… 104
1. 来信的受理与处理 …………………………………… 104
2. 来访的接待与处理 …………………………………… 111
3. 来电的接听与处理 …………………………………… 113
4. 企业信访工作实例 …………………………………… 113

第七章 会议及会谈实务 …………………………………… 118
1. 文秘人员与会议 ……………………………………… 118
2. 会议的基本知识 ……………………………………… 118
3. 会议的计划和准备 …………………………………… 123
4. 会议中的实务 ………………………………………… 133
5. 会议记录的制作 ……………………………………… 136
6. 会议后的实务 ………………………………………… 141
7. 编写会议简报和会议纪要 …………………………… 143
8. 为上司参加会议作安排 ……………………………… 144
9. 和同事一起开会 ……………………………………… 146

10. 会见与会谈实务 …………………………………… 148
   11. 召开各种形式会议的方法 ………………………… 153
   12. 提高会议效率 ……………………………………… 163
第八章 日程安排 ………………………………………… 169
   1. 日程安排与文秘人员 ……………………………… 169
   2. 日程安排的意义 …………………………………… 170
   3. 文秘人员在日程安排中的工作 …………………… 170
   4. 日程安排计划表的种类和管理 …………………… 172
   5. 日程安排计划管理 ………………………………… 185
第九章 差旅事宜 ………………………………………… 189
   1. 文秘人员的职责 …………………………………… 189
   2. 与上司一起旅行 …………………………………… 192
   3. 差旅的预订工作 …………………………………… 193
   4. 国(境)外旅行 ……………………………………… 196
   5. 旅行结束后的工作 ………………………………… 203
第十章 照料上司身边琐事 ……………………………… 204
   1. 照料身边琐事的意义 ……………………………… 204
   2. 照料身边琐事的准备 ……………………………… 205
   3. 照料身边琐事的做法 ……………………………… 206
第十一章 交际与礼仪 …………………………………… 212
   1. 日常举止规范 ……………………………………… 212
   2. 握手礼仪与名片的使用 …………………………… 214
   3. 交际应酬的内容和信息收集 ……………………… 216
   4. 喜庆实务和宴会礼仪 ……………………………… 217
   5. 丧事实务和吊唁礼仪 ……………………………… 229
   6. 与社会团体扩大交往的准备 ……………………… 230

7. 礼品和贺卡的处理 …………………………………… 231

8. 捐赠记录的保存 ……………………………………… 233

第十二章　办公室用语 …………………………………… 234

1. 文员和口头语言 ……………………………………… 234

2. 敬语的使用 …………………………………………… 236

3. 接待用语的使用 ……………………………………… 238

4. 说话的方法 …………………………………………… 239

5. 听话的方法 …………………………………………… 247

6. 社交话题的选择 ……………………………………… 250

第十三章　印信、值班工作 ……………………………… 252

1. 印章的制发和使用 …………………………………… 252

2. 介绍信的保管和使用 ………………………………… 257

3. 电子签名和电子印章的制作及使用 ………………… 258

4. 保密工作的范围和内容 ……………………………… 264

5. 值班工作的任务和要求 ……………………………… 271

第十四章　文书与档案实务 ……………………………… 275

1. 公务文书的特点和作用 ……………………………… 275

2. 公务文书的种类和格式 ……………………………… 276

3. 文书处理的内容和方法 ……………………………… 281

4. 文书管理的内容和要求 ……………………………… 288

5. 档案收集的对象和制度 ……………………………… 290

6. 立卷归档的标准和做法 ……………………………… 292

7. 档案的保管和利用 …………………………………… 298

8. 文书归档新规则的内容和方法 ……………………… 299

第十五章　电子文档实务 ………………………………… 304

1. 电子文档的特征和类型 ……………………………… 304

  2. 电子文件的收集和积累 …………………… 310
  3. 电子文档的传输 ………………………………… 313
  4. 电子文件的整理和著录 …………………… 314
  5. 电子文档的存储 ………………………………… 315
  6. 电子文件的归档 ………………………………… 321
  7. 电子文档的利用与管理 …………………… 326
附一：调查表 …………………………………………………… 330
附二：实务测试 ………………………………………………… 332
 主要参考书目 ………………………………………………… 347

# 第一章　办公室实务概述

1. 办公室的含义与职能

1.1　办公室的含义

办公室,一个常用的很普通的名词,却有着多种含义。顾名思义,办公室是办公的场所。办公,是指管理人员和文职人员的日常工作,有办公室、桌、椅,有文件、文具、电话、电脑和其他设备,工作的特点主要是脑力劳动;场所,是指室内,而不是露天操作,如农业生产,也不是棚内操作,如货运或养殖劳动等。如果具体分析,办公室有以下几种不同的含义。

(1) 广义的:泛指一切办公场所,区别于用于教学的教室,用于生产的车间,或是医疗室、实验室等等。

(2) 狭义的:是指某一类职业人员或某一级职务人员的办公场所。譬如:教师办公室、护士办公室、厂长办公室、院长办公室等。

(3) 特指的:党和政府机关、企事业单位内的综合办事机构。级别高的又称"办公厅"。如:中共中央办公厅、上海市人民政府办公厅,中级的或基层的称办公室,如江苏省昆山市人民政府办公室、三星公司办公室等。

(4) 专指的:某种专门的独立的工作机构。如:国务院台湾事务办公室、上海市浦东新区征兵办公室。

本书述及的办公室为第(3)种含义:即政府机关、企事业单位内的文员、秘书人员、机要员、打字员、接待员等文职人员的办公场所。

1.2 办公室的职能与特征

办公室工作具有两大职能:政务(或业务)服务和事务管理。事务管理就是为确保有效、快捷的政务服务(业务)而开展的辅助性工作,它是办公室工作体系中不可缺少的重要组成部分。事务管理做得好,将会对政务(业务)工作和组织整体功能起到推动作用。事务管理具有以下特征。

(1) 服务性。这是事务管理的本质特征,表现在三个方面:一是为上司服务,使上司能够摆脱繁杂琐事的压力,把主要精力集中在重要工作上;二是为组织服务,为组织员工创造一个高效、舒适的工作生活环境,提供便利条件,解除后顾之忧,保证组织系统的顺利运转;三是为公众服务,保证组织与外界的信息渠道畅通,密切与社会各界联系。

(2) 分散性。一是工作分散,如组织内部有办公室环境的管理,办公秩序的管理,维修人员的管理,各部门业务人员的管理等;组织外部有生产经营部门的管理,汽车队管理等等。这些工作都是分散的,很难集中和统一。二是人员分散,由于工作性质、任务不同,销售、运输、仓库等业务人员的工作都有一定的流动性或独立性,往往分散在不同的地方工作。这些都给事务管理带来了一定的难度。

(3) 专业性。主要体现在两个方面:一是事务管理涉及面比较广,需要各方面的专业人才,如掌握一定的财务、总务、医疗保健等方面的专业知识和业务技能;二是事务管理各项任务具有自身的相对独立性和专业性。

(4) **主动性**。办公室工作从总体看具有一定的被动性,但就事务管理而言,则有一定的主动性。因为事务管理工作的目的和标准都很明确,工作的弹性和可塑性都很强。其主动性表现为:上司的精力主要放在发挥其职能作用方面,文秘人员有安排事务的主动权和余地;上司的主流工作对事务管理的制约不大;事务管理的计划性较强,只要客观条件具备,便能按计划实施。

(5) **繁杂性**。事务管理涉及上下、左右、内外各个方面,非常繁杂。有人形容,事务管理是说不完的话,跑不完的路,干不完的活。为保证办公室工作高效、优质地完成,文秘人员必须端正思想,不怕苦不怕累,做到工作不推诿,干活不含糊,吃苦不在乎。

2. 办公室实务的范围和内容

办公室实务,就是指办公室的工作事务和操作实务。办公室工作人员以文员和秘书人员为主,所以办公室实务通常又被称为文秘工作或秘书工作。当然,仔细分析还是有区别的。

2.1 我国文秘工作可以归纳为以下15项

(1) 文书撰写(上司口述或会议记录、整理、文件起草、修改、润色等);

(2) 文书制作(打字、复印、编排、装订等);

(3) 文书处理(收发、传递、办理、立卷等);

(4) 档案管理(归档、鉴定、管理、提供等);

(5) 会议组织(准备、记录、文件、善后等);

(6) 调查研究(计划、实施、分析、研究等);
(7) 信息资料(收集、整理、提供、储存等);
(8) 信访工作(群众来信来访或顾客投诉处理等);
(9) 接待工作(日常来访与计划来访接待、安排、服务等);
(10) 协调工作(政策、工作、地区、部门、人际关系等);
(11) 督查工作(政策推行或决议实施的督促、检查等);
(12) 日程安排(为上司安排工作日程、会晤及差旅事宜等);
(13) 日常事务(通讯、联络、值班、生活、管理等);
(14) 办公室管理(环境、设备、经费等);
(15) 其他临时交办的事项。

其中第(6)调查研究、第(10)协调工作、第(11)督查工作属于中高级文秘人员的工作范围,其他12项,文员将涉及或部分涉及。

2.2 国际秘书协会确定秘书(包括文员)的工作内容

国际秘书协会(The National Secretaries Association International)在它的申请入会卡上标明了文秘人员所从事的主要工作:

(1) 以速记记下上司交代的事项;
(2) 执行上司留在录音机中的吩咐;
(3) 档案管理(个人的、机密的);
(4) 阅读并分类信件;
(5) 以电话往来维持和外界的良好公共关系;
(6) 替上司定约会并做好记录;
(7) 按上司的口头或书面指示完成信函;
(8) 在权限内按自己的意思发出信函;
(9) 接待来访宾客;
(10) 替上司接洽外界人士,例如记者、工会职员等;

(11) 自动处理例行的事务；
(12) 为上司安排旅行或考察；
(13) 替公司宾客订饭店的房间、订机位、发电报、打电话；
(14) 准备好公司要公开的资料；
(15) 替上司收集演讲或报告的资料；
(16) 协助上司准备书面的财务报告、研究报告；
(17) 整理并组织好粗略的资料；
(18) 替上司保管私人的、财务的或其他的记录；
(19) 协助上司申报交纳所得税及办理退税；
(20) 督导一般职员或速记员；
(21) 安排会议事务，并做会议记录或纲要；
(22) 复印资料。

其中第(8)(10)(15)(16)(18)(19)(20)七项属于中高级秘书的职责，其余的15项，文员将涉及或部分涉及。

2.3 我国外资企业、合资企业办公室实务(文员工作)可以概括为以下10项

(1) 办公室环境的布置和整理；
(2) 通讯事务、电话、信函和邮件处理；
(3) 执行上司交办事项；
(4) 照料上司身边的琐事；
(5) 接待宾客和员工的来访；
(6) 记录上司指令及会谈、会议内容；
(7) 打印文稿及表格；
(8) 收集及整理各种信息；
(9) 保管办公室设备及用品；
(10) 外出办事，如银行、邮局、税务所等。

3. 办公室环境的布置和管理

办公室实务的一个重要内容是办公室环境管理。办公室是组织的一个"门面"和"窗口",由此,可看出组织的管理水平和服务态度。办公室管理有助于树立组织的良好形象,有助于组织工作的开拓和发展;办公室也是上司进行决策、指挥的"司令部",是行使权力的重地,良好的环境有利于提高上司的工作质量和效率;办公室又是信息交换的核心地,是文员的工作室,良好的环境有助于文秘人员开展各项活动。

3.1 办公室环境布置的目的

文员进行办公室管理的空间位置主要是上司及文秘人员的办公室、问讯处、接待室或会议室等,布置和整理这些环境的目的在于:

(1) 创造舒适而又工作效率高的环境。这是为了有效辅助上司的工作,避免上司受到办公琐事的干扰,有一个清静、舒适环境用于思考重大问题。

(2) 塑造组织形象。问讯处是客户和群众到单位来时最先接触到的地方,而接待室则是来宾逗留时间比较长的地方。这些场所对塑造组织形象有很大的作用,可以看作是向来宾展示自己,生动推销自己"无形产品"的橱窗。

(3) 建立挡驾制度。为了不让上司把宝贵的时间浪费在不必要的人事接待上,需要把文秘办公室与上司办公室分开,成为两个独立的工作区域,但在距离上相隔不宜太远,便于文秘人员经常汇报和请示,也便于上司随时布置工作。

(4) 有利于保密工作。上司与员工进行个别谈话或听取汇报,管理层的核心会议,上司需要的重要文件和组织机密资料,都应有一个独立的空间,设立一道保密的屏障,以防止泄密。

为了营造这些环境,需要对办公室的空间设置、隔音、照明、色彩调配、空气调节等方面的知识有所了解,对造成适宜环境的花卉盆景、挂画和摆设等也要加以注意。如何恰当地配置办公用品,不仅要考虑效率和舒适,还要了解上司的工作内容、爱好、年龄和个性等。

3.2 办公室环境布置的内容与要求

(1) 办公室的配置。办公室的配置,就是办公室的家具布置和空间设计,必须考虑到符合各种沟通、确保守密、心理调适、情绪转换以及休息等要求。

办公室一般有三种:

a. 小办公室。传统的办公楼多为中间一条走廊,两边是多间15—20平方米的小办公室。优点是各部门有独自的工作空间;缺点是联系不便,空间比较浪费。小办公室的配置,上司的办公室应靠里面,文员的办公室应紧靠上司办公室;打字、复印间应离上司办公室再远一些,以免噪音干扰;接待室、会客室则应靠近楼梯口,客人进出比较方便。

每间办公室都应有办公家具,如桌椅、文件橱、书架、茶几等,配以电话、台灯、电脑、复印机、传真机等设备布置时尽量利用墙边、墙角,中部尽量留出空间,以便行走、活动。一间办公室如果有三人以上,应注意办公桌不要面对面摆设,以免视线相对影响思考,可以同一个方向沿两边摆放。上司单独用的办公室桌椅不必靠墙,而应面对门,靠里平放或斜放,以便注意来人进出。桌前应放一两把椅子,供客人谈话时坐。两边可放书橱或展品橱、沙发、茶几等。

　　b. 大办公室。新式办公室多为100至200平方米的大厅,中间或窗边留出走廊,大部分空间隔成3—4平方米的个人工作区。每人的工作区有自己的桌椅、橱和配套设备用品,隔板高约1.5米,使办公室人员坐着相互看不见,免得干扰;站起来可以相互招呼。由于各工作区间距离较小,联系方便,也节省走路的时间和体力。上司办公室应置于办公厅的最里边,用玻璃墙隔开,上司可以监督员工的工作状况,但不受声音的干扰。

　　新式办公桌椅、橱多为钢木结构,白色或淡紫色。坐椅最好用转椅,可以调节高低、方向,两边有扶手,以承担手臂的重量,后有低靠背,办公累了,可以靠靠背挺挺腰,但不能头靠着睡觉。上司的办公桌可以大些,长方形或弧形,显得气派,颜色一般为深蓝色或棕色,显得凝重,高雅。椅子应该用高靠背,以备靠着思考或休息。

　　大办公室的优点是节省空间,空气流通,共同采光好,人员之间联系方便。但也有缺点,如大声谈笑会相互干扰。

　　c. 公寓式办公室。规模小的单位如三五人的办事处、联络处等往往租用公寓式办公室。一般将进门的客厅作为接待室或文员办公室,里间的卧室作为上司的办公室或会客室。

　　(2) 照明。照明是人与人、人与物之间的沟通以及空间舒适的重要因素。眼睛疲劳的主要原因是照明亮度不够,光线的亮度、暗度及常常变化刺眼的程度,逆光等因素。一般来说,要尽可能采用自然光照明,注意光线不能太强,必要时可用百叶窗或窗帘来调节采光。在操作办公器械时,为了防止眼睛疲劳,避免光线过于刺眼或光度不够,就要使用带有灯罩的照明灯具。有些现代化的办公楼采用电脑控制灯光,配合各办公处所的使用目的,有不同的照明控制,效果较好。

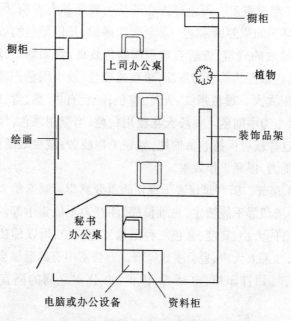

上司办公室和文员办公室的配置

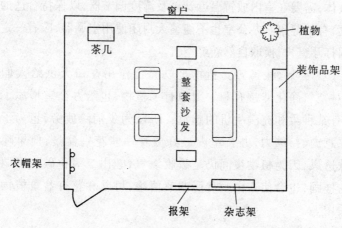

接待室的配置

(3) 色彩搭配。颜色对人心理及生理上都有影响,因而色彩是决定环境的重要因素之一。色彩的搭配,是以颜色的效果造成舒服和愉快的气氛,应适当地利用颜色效果,譬如室顶、墙壁、地板、家具色彩自然柔和的搭配,暖色或冷色、或中间色,基调统一,反差不应太大。暖色指红、火黄、棕色;冷色有白、黑、青、绿等,米色、淡紫则为中间色。一般天花板用白色,墙壁用淡色,地板可以深些。这样就可保持心情愉快,减轻工作疲劳;减少眼睛疲劳,增强思维能力,提高工作效率。

(4) 隔音。听觉是仅次于视觉的重要感觉。噪音给人体的影响有:心情烦躁不能镇定,思维模糊,注意力不能集中等。人的听觉对声音的大小、高度、音色三种因素发生反应,所以即使是优美的音色,如果太大声,也会变成噪音。办公室中有的器械会发出较大的噪音,如打印机、电话等,因而,办公室之间的隔音也是必要的。

(5) 空气调节。很多办公大楼都装有中央空调系统,如果办公室单独安装空调,要注意由送风口吹出的冷(热)气,不能直接吹向人体,需要在室内放置温度计以及湿度调节器,以保持合适的温湿度,有益健康。办公室也不能整天封闭使用空调器,应有一定的时间打开窗户,换取自然新鲜空气。

(6) 盆景、挂画等。植物是以光合作用在白天供给人们氧气,对空气净化非常有利。因为有了植物,也给办公室增添了情调,有某种柔和充满生机的感觉。所以为了消除疲劳,也为了增加注意力、持续力,办公室内最好放置一些花卉盆景,但早晚要注意透风,因为植物夜间仍是吸收氧气,吐出二氧化碳。格调高雅的挂画,也会使人由欣赏而调节情绪,可以和花卉盆景植物同时采用。

3.3 办公室的整理

(1) 上司办公室和接待室的整理

不管设施、配置多么豪华、新颖的办公室,如果不经常整理和打扫,也会给来访者和上司带来不愉快的感觉。文员如能注意到以下几点,经常整理,不但随时可迎接宾客,也会使上司舒服地工作。

a. 桌子和办公器械是否摆放平稳妥当?有没有歪斜和灰尘?

b. 时钟是否拨准,并保持走动?日历上的日子是否准确?

c. 办公室内温度和湿度是否调到适意的程度?

d. 盆景、挂画的挂置是否得体,并整理好了?草树上有没有枯枝烂叶?花卉是否定期浇水并保持新鲜?

e. 报纸、杂志是否最新的一期?

f. 书架是否归置妥当?摆放整齐?

g. 来访者使用的沙发坐垫、靠背套子是否备妥并清洗干净?有没有皱褶?

h. 窗帘是否干净?拉窗帘的轨杆是否好使?或者百叶窗、垂直帘的角度是否调整妥当?

i. 废纸篓是否干净?是否垫好了干净的垃圾袋?

j. 摆放在上司办公桌上的用品是否整理好了?文具、便笺是否补充了?

(2) 清理和清扫的方法

为了保持室内的美观,办公室需要全面打扫时,可以通知管理部门的负责人,安排清洁工彻底打扫。如果是定期有清洁工打扫,则应制定一些打扫的范围和具体要求,应注意以下要点。文员也应该根据以下标准做好办公室的日常维护。

a. 办公桌椅。只要用抹布擦拭即可,但木制家具必须打蜡,而金属用品要用清洁剂擦拭。

b. 办公用品。电脑、打印机等不用时要用罩子盖好,定期用干净的抹布擦拭。电话机听筒两端要用消毒液定期消毒。其他物品养成随时清理、归置整齐的习惯。

c. 书架上的书籍、文件夹里的资料应该摆放整齐,没有灰尘。

d. 地毯。每天打扫办公室和会客室,用吸尘器吸去地毯、墙角的灰尘。

e. 整套沙发装饰。要用毛刷子刷,椅套、桌巾一周要换一次,并拿去清洗。

f. 抽烟工具。来访者离去后立即检查香烟是否用完?打火机还能点燃吗?烟灰缸是否清洗干净?检查清楚后再收拾妥当。

g. 挂画、摆设。用掸子或毛刷子把灰尘拂掉,抹布容易使纤维污渍附在上面,最好不用。

h. 废物筒。每天清倒废物筒。文员在清理上司字纸篓时要特别细心,因为可能有上司随手丢弃的机密文件或底稿,需要拣出来用碎纸机打碎,不可粗心大意地一倒了之。

(3) 文员办公室的布置

文员的工作位置一般在上司的办公室门口处,有张专用的写字台,可能有自己专用的一间小办公室。文员在布置自己的小天地时,应该力求简单实用,该用的物品才放在办公桌上,切忌把一张办公桌当成自己家里的化妆台,把花瓶、相片、香水、小摆设等都放置其上,这不仅可能妨碍工作,不利于提高效率,而且破坏了办公室的庄重气氛,损坏了公司的形象。要注意以下几点:

a. 文员坐在办公桌旁,面对桌子,伸直双臂,再双手合拢,在高于桌面 15 cm 左右画弧形,手臂所能覆盖的桌子面积,比较适合摆放与工作有关的物品。

b. 电话一般安装在左边,便于左手摘机,右手执笔做记录。电脑一般放在桌子的右边,或放在置于右边的电脑桌上。

c. 准备一些敞开的文件夹,可以存放需要翻译的资料、等待上司签署的文件、已经阅读的文件、处理完毕的文件和资料,在文件夹上贴上相应的标识条。

d. 把各种笔、胶水、剪刀、回形针、印盒等文具分门别类放在文具用品盒内,记住用完后归回原处。参考书应该放在桌子上面或伸手可以拿得到的抽屉里。

e. 办公桌抽屉里的物品摆放要注意放置整齐,东西不要放得太满,且要经常清理,保持井然有序。应该有几个带锁的抽屉,用来放办公室零用现金、要求保密的东西和私人物品等。

f. 办公室内各种类型的文件柜,要分门别类安放文件、资料和物品,并贴上标识。

g. 如果用架子,应该把容易倾翻的化学液体、墨水、油墨等放置在底层,纸张和较重的东西放在下面几层,较小的物品先放入盒中,再放在稍高于眼光平行的层面上,用标签贴在各种物品的下方。

h. 每天下班前,要整理好自己的办公桌,把文件、资料收藏好以免丢失和泄密。要仔细检查电脑、复印机、空调开关是否关上,抽屉、橱门是否锁好,确保万无一失。

4. 办公器械的使用

文员在工作中,向上司提供信息及管理信息是非常重要的。随着信息化时代的到来,文秘人员使用的信息处理和通讯工具都有了很大的变化。如日程管理,原先用笔记本和信笺,现在用小型掌上电脑、商务通以及笔记本电脑等来操作管理。通讯工具则有程控电话、手机、传真机等,文秘人员对以上器具的使用知识和操作技术,都应熟练掌握。

4.1 文员使用的办公器械

文员使用的办公器械主要有电话(各种类型的固定、移动电话)、电脑、打印机、传真机、复印机、扫描仪、照相机、录像机、摄录机、幻灯机、投影机等。其中电话、电脑、传真机、复印机、录音机是最常用的器械,下面就文秘人员使用传真机、复印机和录音机等进行工作的特点作简要介绍(电话使用详见通讯实务一章)。

4.2 传真机的使用

传真(FAX)是利用电话线路(有线或无线)把一方文字或图像按照真迹远距离传送给另一方的技术。传真系统的终端是一个电话与一架传真机相连接的综合体。传真机有多种功能,如遥控功能,即在对方无人值守的情况下,自动进行图文接收;选择传真速度功能,能自动保证最佳传送效果;复印功能,可以将收到的图文进行复制;保密功能,可以附设加密器来增加保密性;双工功能,即能同时发送和接受图文。此外,还有高速和彩色传真机,功能更加繁多。

传真机按记录方式可分为热敏纸记录方式和普通纸记录方式。普通纸记录方式的传真机是发展趋势,普通纸记录方式又可分为热传导方式、激光静电复印方式、喷墨记录方式等,采用热敏纸记录方式的优点是费用便宜,缺点是文件保存时间不长,因此,用热敏纸接收到需要保存的重要文件时,务必要复印备份。采用普通纸记录方式的成本稍高,但文件可长久保存。

(1)传真件的发送和接收

a. 发送效果的设定。不同的原稿要选择不同的发送模式。

一般来说,普通原稿采用的是 STD(普通)模式,如果原稿上有细微的文字和图像,则采用 FINE(精细)或 SUPERFINE(超精细)模式。

还有对比度(CONTRAST)开关供调整。普通原稿一般选用 NORMAL(正常),原稿比较淡时,应选用 LIGHT(加黑)。

b. 文件的放置。将文件导板调整至原稿的宽度,然后将原稿正面朝下放入原稿台。如发送多张原稿时,应把最先发送的文件放置在最下面。

c. 发送程序
- 文件放入进稿器上,选择清晰度和对比度;
- 拨对方的电话号码,若占线可重拨,直至拨通;
- 等待对方"准备好"的回音。这时有两种情况:对方传真机处于自动接收状态,用户会听到"准备好接收"的"哔"音信号(CED信号);对方是手动接收状态,请对方按下"启动"(START)键,你将听到类似"哔"音的信号;
- 听到对方"哔"音信号,可立即按下"启动"键,挂下话筒,文稿会自动进入传真机并被发送到对方。传输成功,显示"成功发送"信息,失败亦会有出错信息显示。

d. 接收程序
- 如果传真机处于自动接收状态,可用键选择或通过编程设置,会有自动接收灯显示或在显示屏上显示为自动接收状态。对方传真件到来时,电话铃在响若干声后(可按要求设置)即转入自动接收,接收对方来稿。接收完毕,若成功会有通信成功信息显示;不成功会有出错信息显示。
- 如果是手动接收,当电话铃声响后,可进行接收操作。若对方是手动发送,文员应回答呼叫,按照对方要求按下"启动"键,挂下话筒,便可接收对方来的传真件;如果对方是自动发送,拿起话筒会听到类似"哔"音信号,表明对方是自动发送传真状态,文员在这时应按下"启动"键,便能接收文件。

（2）传真机的使用要点

a. 发送前要检查原稿的质量,纸张太厚或太薄的文件,有皱褶、卷曲、潮湿或切边不齐的文件不宜发送,以免发生堵塞、损坏等现象,还应将文件上的紧固件如回形针、订书钉、胶带等除去,以防出现机器故障。

b. 发送公司文件应该用本公司的标准传真格式,并遵守公文的写作规范,在传真件的首页上标明总页码,并在每一页文件上标注页码。

c. 如果传真件需要对方协助抄送时,应该在文件的正文前面加以说明,列明抄送范围。

d. 如果要发出的文件很长,那会占用对方传真机很久时间,应该先打电话给对方,询问什么时候发送最合适,说不定对方希望用邮寄或其他方法传送。发海外传真等于打国际长途电话,还涉及成本问题。

e. 每一份传真也许会经过许多人的手才能送达当事人,文员应注意保密,所以最好不用传真机发送一些私人或机密的图文。如果要发,应请对方站到传真机前去等待收件或发送到指定传真机上,而且在发送后应再与对方确认。

f. 文员不要以为什么信息都可以用传真机来传送,如感谢信、祝贺信或吊唁信,或给一个尊敬的、有潜力的客户,最好手写在信纸上,或寄明信片。如果用传真,会让对方觉得不受尊重。

4.3 复印机的使用

政府机关,企事业单位使用的复印机型号繁多,文员操作时应根据所用的复印机的具体情况,严格遵守操作规范,确保机器能正常运行。

其操作步骤是：

(1) 开机预热，开机后面板上显示出预热等待信号，信号消失后即可复印；

(2) 放置原稿，把原稿放在玻璃板相应的标志线之内，复印件的大小和横竖方向应该与原稿的大小和放置方向一致；

(3) 选择及安装复印纸，选定复印纸尺寸后，将其抖松以清除静电，防止粘连，然后把纸磕齐装入纸盒插到机器上；

(4) 选择复印倍率，据此来确定复印纸的尺寸；

(5) 确定复印份数，用按键设定；

(6) 调节曝光量，根据原稿的深浅和反差来改变和调节；

(7) 开始复印，等复印指示灯亮时，就可按下复印按钮，开始复印；

(8) 复印完毕，从接纸盘上取出复印品，整理和装订好，同时将原稿从稿台上取下整理好，放回原处。

复印机需要经常性的保养，在复印份数达到一定数量时，要对复印机中易污染的部件进行清洁、吹拂和擦拭。经过长期使用后，应对复印机的机件进行全面的检查和维护，全面清洁、润滑、调整以及更换易损件和失效的零部件，还要对各种消耗材料进行定期的更换和补充。

4.4 录音机的使用

录音机对文员有很大的帮助。可以录下上司口述的内容，即使对上司的指示有不清楚的地方，事后也能从录音机中再听清楚；也可以录下开会的整个过程，便于记录、整理资料之用。使用录音机前应详细阅读使用说明书，了解机器的性能和特点，并严格按照操作程序进行操作，假如是机内话筒录音，注意最佳录音距离为

30—150厘米,在录音时需将监听开关至"OFF"位置;假如是外接话筒录音,外接话筒的插头插入"MIC"插孔,关闭监听开关,即可录音;广播录音,要先将收音方法调节好,找到所需录制的广播节目,按下录音键即可。

4.5 投影机的使用

随着信息时代的到来,数码投影机在会议、讲座、教学等多媒体演示中起着越来越重要的作用,投影机由于其高质量的影像效果受到广泛的欢迎。文秘人员应掌握投影机的使用技巧和维护知识。应注意以下几点:

(1) 安置窗帘遮挡室外光线,屏幕上方或近处光源应关闭,墙壁、地板尽量不使用易反光材料,局部范围照明,可使用聚光灯。

(2) 投影机使用前,应掌握与其他设备,如计算机、电视机、话筒、录像机、视频展台等的正确连接。不要把投影机与电脑的插头插在同一个电源插座上,可以防止造成影像的不稳定以及条纹现象。

(3) 投影机与电脑的连线完成以后先打开投影机,再打开电脑电源。这样可以有充分时间检查连接是否出错。如果电脑的启动信息没有出现在屏幕上,应抓紧时间检查,比如投影机镜头是否去掉了,与电脑的视频接口是否插紧等。

(4) 正确使用遥控器。开机后注意机器面板上的指示灯变化,了解机器的预热及正常工作状态。在30秒左右的预热过程中,图像可能会不清晰。

(5) 检查电脑分辨率是否与投影机匹配。信息源的分辨率和投影机的分辨率应该设置成一致。一般的投影机,分辨率为800×600,这样数据源的笔记本电脑也应该调整成800×600。如果电脑是1024×768,投影屏幕上将只会出现部分影像信息,其余被切割掉了。

(6) 关掉电脑的桌面屏幕保护功能。以避免演示者演示过程中手忙脚乱地取消屏幕保护，而给观众留下非常不好的印象。

(7) 如果演示者要和听众深入探讨一个问题，应把投影机关掉，这样可以把听众的注意力集中到讨论上来，不使听众的注意力被花花绿绿的投影屏幕所分散。

(8) 演示者通常用激光教鞭指示屏幕，绝对不能用这个教鞭指向观众的眼睛，这可能会造成伤害。

(9) 演示者来回走动的时候，要小心不要踢到投影机的数据以及电源连线。脚绊到地上的线路有时会造成致命的损害。

4.6 数码相机的使用

数码相机的种类繁多，各种型号之间的差别很大。常见的数码相机的操作步骤是：

(1) 拍摄前进行电池充电。目前广泛使用的数码相机的耗电量非常大，因此在拍摄前要仔细检查电池的充电情况，保证电池有充足的电。

(2) 按下电源(POWER)按钮，相机的"Ready"(就绪)灯亮，将"Mode"(模式)刻度盘设定在"Capture"(获取)位置上，即可进行拍摄。

(3) 拍摄时的注意事项与一般照相机的要求一样，但一般数码相机都提供"Review"(审阅)功能，如需要的话，每拍摄一张照片，都能通过审阅功能立即检查拍摄效果，如不理想，可以立即补拍，弥补了常规相机的一大缺陷。

(4) 数码相机的最大优点之一是可将拍摄到的相片直接转移到计算机硬盘上，供进一步处理和利用。一般情况下，在计算机安装好随数码相机附带的驱动程序和软件后，通过 USB 接口，将数码相机(电源要打开)与计算机相连，便可将数码相机上已拍摄好的相片复制或转移到计算机硬盘上,然后用图像处理软件进行处理,或直接用相纸打印即可。

4.7 数码摄像机的使用

(1) 数码摄像机的操作步骤

a. 安装电池,打开电源;

b. 将开关设置在"摄像"位置,放入录像带;

c. 调节各种性能,如快门速度、变焦灯,但大多数摄像机会自动完成;

d. 选择合适的角度,并选好镜头;

e. 按"REC"(拍摄)按钮,开始拍摄;

f. 如要停止拍摄,再次按"REC"按钮。

(2) 手持数码摄像机的持机技巧

a. 稳。稳是摄像要点中的要点。最好采用三脚架进行拍摄,也可用肩托,弧形的肩托使机器和肩膀的吻合度达到最佳状态,可有效地保持机器的稳定性。拍摄时应两肘适当夹住身体的两侧,双腿微分,降低重心,两手用力握住摄像机,尽量利用周围环境的可依靠物。另外,应优先使用镜头的广角端。

b. 清。指画面图像力求清晰。一般情况下,当使用变焦镜头时,先调到长焦距(摄远)一端,聚焦清晰后再拉向短焦距(广角)一端,这样可保证在变焦过程中(特别是从全景推到特写),画面保持清晰如一。

c. 平。指拍出的图像应横平竖直,除特殊要求外,通常画面均应处于水平状态。

d. 准。有两层含义,一是寻像器取景范围和实际录制内容相一致。摄像机存在视差,寻像器的视野范围一般要比实际录制的画面稍大些,因此,取景显示的安全区域一般为寻像器的80%,这样就能避免想拍摄的主体景物落在实际画面之外。二是色彩还原要准确。应事先在实际录制的光线条件下用纯白的物体作参照,调整好白平衡,便可获取准确的色彩还原。

e. 匀。主要指镜头运动时(如摇、移、跟)速度要均匀,避免忽快忽慢以至破坏图像发展的节奏感和连续性。在活动镜头的起幅和落幅时速度应缓慢,加速或减速时要均匀变速。

(3) 数码摄像机的拍摄"三要素"

指拍摄的方向、角度和距离。摄像"三要素"的变化会在视觉形象及画面结构上产生截然不同的效果。对不同的拍摄物体和不同的情况,采用不同的处理方法是十分必要的。恰如其分地表现被摄者的气质、内涵,熟练地运用活动拍摄技巧,层次鲜明地交代好被摄体,是拍摄者应力求做到的。经常设想自己若是观众会怎样选取角度等,往往会找到比较切合实际的拍摄方案。同时要善于运用分镜头,多变换角度和方向,避免一个镜头一扫到底。

5. 办公用品的准备

5.1 办公用品种类

办公室除了各种器械之外,还有桌椅等其他设备,以及经常使用易耗损的用品和用具。如办公设备中的:

(1) 桌子——木制品、金属制品、塑料制品等。在选购时最好征询使用人的意见。

(2) 椅子——最好选择与桌子相同的系列,各种规格中依据人体生理学设计的,久坐也不感到疲倦的椅子为佳,譬如有扶手、靠背的转椅。

(3) 其他——办公室应准备待用的茶点、咖啡及其他饮料,还有吸尘器、碎纸机、蒸汽熨斗等。上司和来访者使用的档案柜、书报架、衣帽架等也应该预备妥当。

办公用易耗品主要有:

(1) 信封、纸张——要准备带有单位名称的信封(开口在信封较长一侧和较短一侧的信封、用于邮寄易折易碎物品、照片等大而厚的信封、开窗信封等种类);信纸(70 到 90 克的高级书写纸、一般的 A4 纸、航空信纸);便笺(小张的 64 开规格,活页便笺、螺旋形状订本、格式表本);笔记本、备忘录本及其他的记录用纸、复印用纸。

(2) 软盘、U 盘、光盘等——存储信息用的磁性物质。每一个 U 盘、光盘等都应有一个特制的标签,以便记录文件名、日期等事项。重要的文件都要制作备份,并放置在安全的地方。使用磁盘前应先检测病毒,电脑驱动器的灯还没有灭时不能把磁盘取出。

(3) 铅笔——应经常准备各种颜色、3 枝以上、常用的 HB、B 等铅笔,并且每天削好,以备不能使用钢笔、圆珠笔的场合下使用。

(4) 圆珠笔——准备红、蓝各 2 枝以上,并检查是否书写流利。普通用"细"的即可,在作口述笔记时使用"粗"的比较容易写。

(5) 签字笔或钢笔——"细"、"粗"各准备红、黑两色,可在发言、收信时签名用,或在不能使用铅笔和圆珠笔时用。

(6) 修正液——用于改正文书,最好使用水性、油性笔都适用的修正液,必须经常准备。

(7) 印盒——准备蓝、红两色的印盒,印盒里的印泥凹下时,要随时摊平。

(8) 各种小型机器——订书机(包括订书针)、打孔机、装订机(包括装订线)、日期号码机、切纸机、计算器、拆信器、碎纸机等。

(9) 小刀——裁纸刀、削铅笔刀、剪刀要多准备几把,因为常常会遗失。

(10) 日历等——包括日历、台历、橡皮印章、名片盒、文件夹、文件袋、归档夹、索引卡片盒、档案柜等。

(11) 其他——标签纸、直尺、三角尺、透明胶带、粘胶带、绳带、橡皮筋、图钉、曲别针、大头针、纸夹等。

5.2 订购和储备办公用品

(1) 购买和分配办公用品

文员经常要为自己、上司及同事购买和储备办公用品，这涉及需要什么、何时何地购买、使用之前存放何处以及如何分发等问题。这可能有三种情况：

在公司内部申请办公用品：大公司往往专门设立一个部门订购和储备办公用品。这时，文秘人员只要填写一张公司申请表交到储备部门。为预防可能出现的缺货，应该提前打招呼做准备。

从外面购买办公用品：小公司需要文员自己采购办公用品。在订购时，应保留一张购货订单，收到货物时应该一一核对打钩。此外要注意：

a. 文员应该多跑几家商店比较价格，如可以对不同的大小代理商、邮购公司、专卖店、电话销售公司、批发商、零售店进行比较。

b. 文员通过电话订购或传真订购。可以提高交货速度。这种情况下，必须用信用卡，或公司与销售商有账务往来。

c. 如果文员不能确定订购数量或不知何时需要用新的办公用品，应提前订购，如果要提前几个月，则数量要准备充足，而且整箱或大量订购时价格会低一些。

向同事分发办公用品：当不加控制员工们随意领取办公用品时，会引起不必要的混乱和某些用品的浪费短缺。应该有一个合理的依据,最好有一个物品领用清单,定期检查。

(2) 储备办公用品

文员可以用库存一览表来储备办公用品,查看某一特定时期(如一个月)物品的平均需求量。

表上有几个栏目,记录每个月底的现存余数。如果表上表明某种用品将在下个月用完,那么文员现在就要开始重新订购。从下表可发现 4 月 30 日将要重新订购信纸:

项 目	月平均需求量	现 存				
		1月31日	2月28日	3月31日	4月30日	……
信纸(刀)	12	48	36	24	12	……

收到新的办公用品应该分类摆放,把不常用的办公用品存放到架子的最上面或最下面,或放在储藏柜的最里面。将材料分类后,在包装上记下数目,领走了多少再记录上相应的数目和余数,到月底时,就可以很清楚地看出剩下的数量。

6. 办公室和接待室的管理

文员对办公室和接待室的管理,应注意:

(1) 要建立器具和备用品的台账,简明记载购入时间、修理经过。

(2) 器具和用品脏了、坏了时,应立即找有关部门安排更换或修理。

(3) 注意保持室内的清洁,经常打扫。

(4) 注意预防火灾,要了解灭火器和紧急电话的使用方法,以及灾害发生时的避难途径，对遇有紧急情况需要拿走的文件也要放好。

（5）对橱柜、房门等的钥匙，要认真管理，防止丢失，注意保密。

7. 办公室零用现金管理

办公室某些小数额的开销不便使用支票来处理。如购买邮票、支付快递费，通常都是从办公室的零星收支基金里拿出现金付账。其他常用零用现金的小额开销有：出租车费、偶尔购买办公用品的费用、邮寄费、小礼物费、运费、小型维修费、办公室点心费及清洁工具费等。

（1）建立零星收支基金。文秘人员可以从财务处那里领到一定数量的现金，一般是每月几百元至上千元，根据办公室每月平均开销的多少而定。现金通常放在一个带锁的盒子里，再存放在一个安全的地方。有的文员把盒子放在带锁的办公桌抽屉里。

（2）用零用现金付账。负责管理零用现金的文员把每一次支出的数额都记在零用现金单据中。

零用现金单据	
日期：	号码：
付给：	金额：
用途：	
批示人：	领款人：
（签名）	（签名）

标准的零用现金单据有两个签名，一个是文员自己的（批示人），表示同意这项支出，另一个是领款人签名（表示已收到这笔钱）。其他还有用途、该账目的序号等。

也有些公司是先支付，或先购买了物品，再根据发票、收据报销，这时的账目是：

现金日记账					
日期	发票号	用途	收入	支出	结余金额

文员从零用基金里支了钱，应把收据或发票都保存起来，按数字顺序把所有的发票、单据都放进档案夹。经常检查，要使单据所显示的数目加上盒子里剩的现金总额等于每月领取的现金数加上当时盒里已有的现金总额。

（3）补充基金。每月末，文员应该交给上司一份现金开销记录，或者把现金日记账让上司过目。上司检查了记录，经过同意，可以补充基金，整个过程又重新开始了。

（4）文员对待零用现金的处理要像对待任何其他财务记录一样，高度精确、细致入微。不允许任何人从这笔基金里借钱。文员如果拿不准某项花费是否妥当，应向上司请示。

第二章 文员实务

1. 文员的工作顺序

1.1 文员工作指导思想

为了能保证质量、有效率地工作,文员应有一定的工作指导思想:

先作计划,付诸实施,然后检查结果,围绕着"计划——实施——检查"这样一个滚动的过程。

文员在处理上司指派的工作时,首先要仔细制订计划,然后根据这个计划去实施,并严格检查其结果,使得这个结果对下一次的计划有所帮助和启示。只要能按照制订计划、实施、检查这三个步骤进行,文员工作就能科学、高效地完成任务。这三个步骤并不是分开独立的,而是互相联系形成一个循环。下面详细说明这个过程。

(1) 计划的步骤

在文员的工作中,有不少是已经预先决定顺序的定型业务,但有时为了要有效率地处理非定型业务的工作,需要先作具体计划,以便顺利达成目标或目的。假如计划得好,该项工作就等于完成一半了。反之,若接到指示时,没有任何设想就着手从事该项工作,就可能会只顾该项作业而无法看清整体的工作情况,这样将会影响其他作业的效果,迫使预定计划延迟完成。所以,在没有开始之前要先做好计划。制订计划时的要求有以下几点:

a. 充分了解即将开始的工作内容——除了和整体工作的关系之外,也要正确了解工作的重要性、紧急性和上司的期待要求等。

b. 思考以什么方法进行效率会最佳——为配合工作期限的要求应安排工作顺序,并具有迅速、正确、完美的工作意识。

c. 上司分派两项以上工作时,必须为工作排定优先顺序。

(2) 实施的步骤

这个步骤是按照计划从事工作的阶段。这个阶段在时间上来说是最长的,因此在实施中最重要的是使手段与目的能互相配合。

此外,文员除了定型业务之外,也会遇到突发性的紧急情况。所以,文员也应具有适当判断情况,机智应对的应变能力。实施时的要点如下:

a. 同时检查是否按照当初所拟定的顺序进行——如果没有按照原定计划进行,就要马上加以修正、调整,并向上司报告。

b. 上司所指示的工作无论是哪一种,都要正确地实施——即使上司所指示的工作看起来毫无意义,也要确实按照上司的意思去执行。

c. 配合上司预期的期限——为了这个要求,平时就应该好好了解自己做事的速度,假如在进行过程中发生问题,要立即向上司报告。

(3) 检查的步骤

检查就是评估、研究工作是否按照当初的计划进行,有没有达到预期的效果,并在下一次的计划中能体现出这一次检查的结果,以此作为提高工作质量的手段。因而,检查是不可或缺的重要步骤。

为了要检查、评估及研究结果,文员必须有追求更高工作质量

的积极性和自我批评、自我启发的愿望、态度,并能够对自己的工作负起检查以及改正的责任。检查时的要点如下:

a. 分析计划和实绩的差异——先检查是否有如当初计划所预期的成果。如发现两者之间产生差异,就要分析检查原因,冷静地、正确地加以评估,随时予以改进,并记录在"研究备忘录"上,以便日后进行改进。同时也要在新的计划表中体现出来。

b. 把以前进行过的工作或别人做过的工作和目前自己所从事相同性质的工作加以比较分析——如果发现有知识或技术不足的情况,就应努力予以弥补。

1.2 按照"优先顺序"处理工作

由于文员经常要同时进行几项工作,所以应培养自己正确判断情况,按照"优先顺序"处理工作的能力。

由于文员经常要同时处理好几件事情,因而,正确决定工作的优先顺序就显得十分重要,既能够提高工作效率,也有利于文员的时间管理。怎样来决定工作的优先顺序呢?

第一阶段:先将自己想做的工作以重要程度为标准,分成:

a. 是否应该做的事?

b. 是否做或不做都无所谓的事?

c. 是否不可以做的事?

对于 a(应该做的事),集中精力进行这些工作,至于 b 和 c,即使自己想做也要干脆从计划中删除。文员尤其要能够正确判断 c (不可以做的事)的能力,因为这些事和文员职务的权限有关。

第二阶段:其次以紧急程度和重要程度为标准,把应该做的事分为:

A. 重要且紧急的事;

B. 紧急但并不重要的事;

C. 重要但并不紧急的事;
D. 虽然有做的价值,但并不重要也不紧急的事。

应该选择 A(重要且紧急的事)最优先处理,接着进行 B,然后才做 C,剩下的 D 则要考虑是否有空闲时再处理,或请别人代理。

第三阶段:同时考虑上司的意向和文员本身的工作效率,对于现在该做的重要且紧急的事情决定优先顺序。但在考虑上司意向的时候,有必要先了解上司决定优先顺序的习惯,如果懂得这一点,便能按照上司的期待和要求进行工作,而且与上司之间也会产生默契。假如经过上述阶段,仍不能决定优先顺序时,最好直接找上司商量、请示。

为了培养先决定优先顺序再工作的习惯,可以使用如下图所示的卡片。如果不能马上在卡片上从 1 按照顺序填写,那就准备几张纸,把该做的事项逐项列举出来,放在桌上,认为可以了,再记入卡片上。

优先顺序表	审核
1. 和王先生联络今天预定计划的变更。	
2. 和司机联络今天预定计划的变更。	
3. 拍发喜庆电报。	
4. 复印下午的会议资料。	
5. 准备奠基仪式。	
6. 誊写原稿(今天截稿)。	
7. 结算旅费。	
8. 制作感谢信。	
9. 整理档案。	
10. 练习电脑打字。	

2. 文员管理时间、费用的方法

2.1 管理好文员自己的时间

文员怎样管理好自己的时间取决于工作性质,首先应该正确看待你所从事的工作,其次是如何使最重要的工作做得更好。成功管理好你自己的时间会使文员的工作、生活习惯有很大的改变。可以采取以下措施:

(1) 定好目标,把想做或需要做的事情写下来;

(2) 作出选择,按重要性的程序把目标排列出来;

(3) 计划你的时间:对每一项工作作出安排,定好最后期限,使用日历、计划表、检查表等手段;

(4) 把工作分配给助手去做,这样你就有更多时间处理重要的事情;

(5) 学会谢绝浪费时间、无关紧要的不速之客;

(6) 尽量控制外来干扰,把重要工作安排在安静、有效的时间段里去做;

(7) 提高交流效率,避免重复对话和返工;

(8) 避免和同事浪费时间、毫无意义的闲聊或争吵;

(9) 想办法加快处理邮件、信件和其他反复出现的事务;

(10) 第一次做一项工作时可以稍微慢一些,因为重新做一遍会花更多的时间;

(11) 把可以同时做的事情集中在一起,比如,把所有要跑腿的事情放在一次做;

(12) 开始工作之前要做好准备工作,这样就不会因为遗忘某事而致中途停顿；

(13) 利用间隙时间计划一下将要做的事情，如不挂断电话等人时；

(14) 根据你的体力安排工作，精力最充沛的时候做最难做的工作；

(15) 简化工作，如用电子邮件代替打电话通知；

(16) 利用好现有的技术（机器、服务）等，使枯燥而费时的手工操作变得轻松简单。

下面引用剑桥秘书证书考试指定教材《办公室管理》（教师用书）中的"秘书的一天"，这些要求同样适用于文员，可作为文员制定工作日程表（日志）的参考。

说明：没有两位秘书一天的工作内容是完全相同的，但是下面所列的这些，是秘书工作的典型事例。

◆ 一天工作开始时：

从收发室取回上司的邮件，拆开并在上面盖上标记，将其放入有关的文件夹中。

查阅你的日志，弄清楚你的上司和你自己当天的约会；找出与这些约会有关的资料和文件。

把所有寄来的邮件和找出的资料放入上司的文件盒中。

提醒你的上司注意邮件中或当天活动中的任何紧急事项。

核对你的工作日志与你的上司的工作日志所记事项是否一致。

更新日历，并准备好直观控制板、计算机数据等。

阅读有关的信息资料，将你的上司感兴趣的地方做上标记。

◆ 一天的工作中：

接受上司口授并把它译成文字。

安排复印文件或单据的副本，记住应该按照上司的要求进行。

将昨天的信函归档。

接打电话。

接待并照顾来访者。

使用计算机给员工发出讯息,包括会议的日期。

安排约会并把它们记入上司和你自己的日志中;进行旅行安排。

安排会议,如果需要则以秘书人员身份参加并做会议详细记录。

组织和承担你的上司要求你做的工作。

处理银行交易,如果需要则可以提取现金购买物品。

根据收据和单据填写支出表。

处理分配当日所有事务。

◆ 一天的工作结束时:

参考你的日志并通知明天所要接待的来访者。

如果你的上司在明天一早就离开办公室,请将有关的旅行线路和相关证件提供给他。

确保所有的信函已签名、附上附件并封缄好准备发出。

如果你的上司打算加一会儿班,要确保他所需要的信息都准备好。

清洁并整理好你的办公桌,并锁好所有的文件档案。

2.2 学会节约开支

文员经常要购买和使用很多的办公用品,应该有主人翁意识,仔细管理钱财和物品。学会节约开支,避免浪费是每个文员都要追求的目标。能够做到以下几点对文员是很有帮助的:

(1) 作出预算,按月或季度预计办公室的开销来控制开支;

(2) 用流水账记录每一笔开支,比较不同时期的经费使用情

况。这样可以看出某一时期的异常开销情况,还可以知道将来的需要和开支,并作出优先选择;

(3)如果在采购大量物品时可以享受批量折扣,就一次多购买一些办公用品;

(4)加强管理,避免重复使用文具、办公用品等,以免造成不必要的浪费;

(5)购买办公用品时要小心,最好到可以退货和退款的商店去购买,避免出现经济纠纷;

(6)尽可能找诚实可靠的供应商购买物品,以保证质量,提高效率,出现问题可迅速得以解决;

(7)避免不必要的通信和邮寄,尽可能把频繁的联系集中起来分批进行;

(8)限制不必要的长途电话,轻易不要选择快递服务以节约开支;

(9)记住"时间就是金钱",尽可能做到既节约时间又节约开支;

(10)经常读些介绍理财和购物方面的文章和书籍。

3. 文员的工作方法

文员承担的责任分两种:明确的和不明确的责任,明确的责任是文员职责范围,不明确的职责是文员主动承担的分外工作。一个尽职的文员必须做好他(她)职责范围的事,这是本分工作;而一个优秀的文员应该有意识地去做不明确的工作,做好了,则有利于上司和他人对你的器重,也是文员晋升的准备条件。以下介绍的工作方法中有些就属于不明确的责任,需要文员发挥主动精神,运用聪明才智才能把工作做得近乎完美。

3.1 请示方法与报告方法

请示是文员工作上有疑难,无法处理时,向上司请求指示,或无权处理时,向上司请求批准。上司必须作出答复或批复。报告,则是文员向上司反映情况,提出建议,或应上司要求作出汇报。上司不一定作出答复或批示。这是两种不同的概念和方法。请示与报告一定要分开使用,两者的作用、意义不同。请示必须事先,报告则可以在事先、事中、事后。该请示的作了报告,上司可能听过、看过后不作批复,会误事;该报告的作了请示,可能造成上司误批,也是文员的失职。

请示具有以下的内容和形式。

(1) 请示内容:必须是自己难以处理或无权处理的事,请求上司给予指示或授权办理。常规性工作或自己职权范围内的事则无须请示。文员应注意在实际工作中,体会、掌握办事规律,分清哪些问题可以自己处理,哪些问题可以处理后报告上司,哪些问题必须请示后再处理,避免遇事不敢负责现象,并防止越权行事的偏向。

(2) 请示形式:可以是口头形式,也可以是书面形式。重大、政策方面、需授权批准的事,作书面请示,上司作书面批复,以示慎重,也可备日后查证。一般的事,事务性工作,只需解决一些疑难的事,可用口头请示,上司只作口头答复或指示。紧急的事,文员可先作口头请示,及时办理,事后再补写书面请示,留档备查。

请示必须注意:

a. 请示要对口:遵守按上级分工、对口请示的原则。向分管上司请示有关工作,避免多头、越级请示,对涉及多方面的综合性工作,应向主持全面工作的领导人请示,并将有关情况通报其他分管上司。

b. 请示要单一:遵守一文一事的规则,避免将多项事务写在一份请示内,造成上司批复的困难。

报告要简明:要求主旨明确,内容简要,条理清楚,以节省上司的时间、负担。冗长和空洞是文员写报告的大忌。报告具有以下的内容和方式。

(1) 报告内容:一是定期报告工作情况和进程,让上司及时了解下情,随时作出指导;二是工作中发生的重大问题,让上司及时作出处理;三是合理化建议,供上司改进工作时参考;四是应上司的要求汇报情况。文员主动汇报情况,要区分轻重缓急,适时、适地、适度地进行,以免干扰上司的工作。

(2) 报告方式:口头或书面形式。重要情况、重大事项采用书面形式,必要时可以附上文员自己对情况的看法和意见,提出处理问题的建议和方案,供上司选择、参考。

3.2 计划方法和总结方法

文员对自己的工作要做到有计划地事先予以安排。文员的工作有受支配、制约的部分(上司委派的或部门分配的工作),也有自己支配的部分(职分内的日常工作),都要善于安排。

(1) 要有科学的、明确的工作计划:工作目标、内容步骤、方法、标准、完成的时间。

(2) 分清轻重缓急,决定工作次序,有条有理地去进行。受制约的工作应置于前,自己支配的工作则置于后;重大工作优先考虑,集中精力去做;日常工作空余时间分散去做,任何工作的安排既有严肃性,又有灵活性,使计划有一定余地。做到:

整段时间——做复杂、需连续进行的工作(如文件拟写);

零星时间——做简单、可间断的工作(如信件处理、查阅资料);

要善于控制某些工作(如接待来访者、通电话)时间的弹性。

文员应养成过一段时间就记录自己工作时间的使用情况(每周用于拟稿、接待、联络、参加会议等各占多少时间),再结合工作成绩、效率作适当调整。

总结方法是文员每隔一段时间就要对自己的工作作及时的回顾,以便肯定成绩,得出经验,找出不足,吸取教训。从时间上、规律上进行改进。

3.3 受意方法

受意是文员接受和领会上司意图。一种是直接受意,即领会上司在会议讲话、文件批示、工作部署或与文员谈话时,直接就某一问题或某项工作所发表的意见和想法等。这种直接受意易于判断和领会。另一种是间接受意,指上司在平时随便交谈情况下,或与其他人员谈话中就某一问题、某项工作发表的意见和看法等。文员要善于领会上司意图,按上司意图办事,但要防止把上司酝酿过程中的意图当作上司的授意,把上司的质疑、设问误认为上司的指示。文员还要防止自作聪明地去捕捉上司的"默许"和"暗示",以免弄巧成拙。要做到:

a. 备好记录本,记录下指示要点。

b. 注意倾听,用心判断指示的用意。

c. 必要时可以提问,直至明了意图为止,但不要打断谈话。

d. 如有不同意见,可以公开提出,但要言之有理,并要注意方式、态度。

e. 接受指示后,要不失时机地贯彻实施。

3.4 传达方法

传达是文员将上司或上级机关的文件精神、指示、情况等传递给下级机关或员工、群众。一种是正式传达,即由文员在正式场合上宣读文件,或口授上司指示;另一种是非正式传达,即由文员有意识地向传达对象"透露"主要精神,或所谓"吹吹风"。一些尚未最后决定、需要听取反映的政策性内容往往采取这种方式。无论是正式传达还是非正式传达,文员都要认真对待。重要的文件或口头指示,应不折不扣、逐字逐句地传达,即使是非正式传达,文员也要尽量忠实于传达内容,不容许任意发挥,以上司口气讲话,或是曲解精神,甚至假传圣旨。要做到:

a. 传达不走样,不可夹进自己的意见。

b. 必要时可形成文字材料,照本宣科。

c. 如果有些指示不便直说,可以根据上司授意,只传达大致意思。

d. 注意保密。不可在普通电话、普通函件里传达有秘密内容的指示。

e. 重要的指示,应该要求被传达者复述一遍,以免漏听或漏记。

3.5 进言方法

进言是指文员主动对上司提出意见、建议、批评或规劝。它不同于工作上发生疑难或处理权限问题而提出的请示,也有别于例行工作制度所规定的报告,或应上级要求而作的汇报。进言具有以下的意义和作用:

(1) 参谋作用。文员主动地向上司提出建议或工作方案,有利于发挥参谋作用,也是文员参政议政的一种手段。

(2) 补缺作用。智者千虑,必有一失;愚者千虑,必有一得。上司在工作上难免有疏忽、缺点,文员看到及时提出拾遗、补缺,或适当地批评、规劝,有利于上司工作的改进,有利于文员发挥助手作用,也有利于变被动服务为主动服务。

(3) 增进关系作用。文员适当的进言,形成与上司经常的、非正式的思想交流、切磋,有利于建立既是上下级、又是同志式的正常关系,甚至可进一步形成亲密的工作伙伴关系。

进言的方法和要求是:

a. 适事。紧急的事,重要的事,上司需要知道的事;发生了错误、疏漏需要纠正、补救的事;反复思考确实认为是合理的事。

b. 适时。考虑时机,重大的、紧急的事应立即进言;一般的事,要看上司空闲、心情好时进言。

c. 适地。看场合,工作上的建议,可在公众场合或会议上提出;对上司的提醒,则应在个别场合悄然提出;对上司的批评、劝谏,则应经过深思熟虑之后,预先约定时间提出,以让上司有一定的思想准备。

d. 适度。要注意掌握分寸。显而易见的事,点到为止;上司一时接受不了的事,可过一段时间再提,要让上司有个思考的过程,而不是一味纠缠不休。尤其重要的是,文员不应自以为是,进言不是单向的,而是双向的交流,文员要随时准备自己的意见被否决,乐于在与上司交流、切磋中接受正确的意见,服从真理。

3.6 变通方法和挡驾方法

(1) 变通方法

通常情况下,文员必须照章办事,但在特殊情况下,文员可采用变通方法,灵活从事。重大、紧急的事,可越级请示,甚至先处理再报告。来信来访者有特殊困难,文员可以在政策允许的范围内给予特殊的照顾或临时安置。对新情况、新问题,无章可循时,上司又没有明确的指示,文员可参照有关政策,作出合乎情理的处理。

(2) 挡驾方法

对于上司不必要接见的来访者、邀请性活动，不想接听的电话，由文员出面阻挡或谢绝。挡驾的目的是保护上司，使之有时间、精力、有效地进行工作，但要注意方式方法，以不损害人际关系和公务活动为原则。文员没有必要把真正原因告诉对方，只需要礼貌地、委婉地达到阻挡或拒绝的目的即可。

a. 电话挡驾。上司不愿接的电话，文员要告诉对方，暂时不能接或上司不在，将内容记下，转告上司。上司不能接的电话，要另约时间，或将内容转告。

b. 来访挡驾。先问清来由，判断有无必要引见给上司，或先作请示。

c. 会议、活动挡驾。对无必要的会议和活动文员要替上司委婉地谢绝。

3.7 分工方法与合作方法

往往几名文员在同一个部门内工作，或者办公室有几位负责人的情况下，应有一定的分工和合作方法，以发挥文员的群体优化效应。

(1) 分工方法

应贯彻"集中领导，分工负责"的原则。文秘部门的负责人要根据实际工作需要，划分每个人的职责，防止和克服忙闲不均的现象。正副职之间，应在副职协助正职的原则下，明确分工，在一定职责范围内，放手工作。各级之间，加强分层负责。

负责人按业务性质分成几个块或几条线，工作人员一人或几人负责一个点。上级通过专业的主管人抓工作。不要多头领导、越级乱抓。

这样分工的优点是各司其职，工作有标准、办事有程序，容易熟悉规律。缺点是易与他人割裂,难以随时合作。

对工作量大、时间紧、需要人手多的任务,可以打破科室的界限,统一调度,作为专业分工的补充。

(2)合作方法

文员工作头绪多,涉及面广,有时单枪匹马不能完成,而且一环疏忽,就可能前功尽弃,因此文员要善于同他人合作,密切配合,步调一致。

善于合作,每一名文秘人员都要谦虚、谨慎,对同事尊重和理解。要能公允地与同事分享胜利的成果,分担失败的责任。

善于合作,还要求办公室在配备文秘人员时遵从异质结合的原则,即由不同的专长、学历、能力、年龄、性格的人员组合,同时需要有专才、通才;文科、理科人才;青年、中年人员;性格内向、外向的人员等等。

第三章 电话、电子通讯

1. 电话接打

电话是现代社会中不可或缺的通讯工具。文秘人员经常会使用电话与单位内、外的有关人员接洽应对。在电话交谈中互相不能见面（即使有可视电话，画面也不尽如人意），所以有许多应该格外注意的地方。因为，假如电话应对得不好，不仅会招致对方的责备，而且很可能迁怒整个机关或企业，留下不良印象。因此文秘人员应掌握正确得体的使用方法。使用电话要注意三点：正确、有效、礼貌。正确是指应掌握电话的类型和电话机的种类并且正确地使用；有效是指不浪费时间，不浪费电话费，在尽量少的通话时间内达到预期的效果；礼貌是指对通话人的尊重，使通话愉快，增加效果，促进人际关系的发展。

1.1 电话的类型

按照通话的要求分，有保密电话和普通电话。非保密电话不可用于秘密事项的联络。

按照通话的距离分，有内部电话、市内电话和长途电话。内部电话指在一个单位或系统内部安装的电话系统，即平时所称的"总机"和"分机"，总机与外线联网，分机可通过总机与外线通话。市内电话指在一个城市区域内(包括郊区)可以直拨通话的电话网,长途电话指跨区域的电话通信,又分国内长途和国际长途。

按照通话内容分,有通用电话和专线电话。通用电话指不具专门功能的普通电话。专线电话指一条用户线只有一种专门的、特定的用途,如110、119只能用于报匪警和火警,不能做其他用途,负责专线电话的人员不能移作他用。文秘人员接触的专线电话有以下几种:

(1) 市长(或省长、区长、县长)电话。这是政府机关为倾听群众的呼声,加强与群众联系而设立的专线电话,大多由文秘人员代接并处理。

(2) 举报电话。这是为了加强廉政建设,打击腐败、丑恶行为而设立的专线电话。

(3) 监督电话。是为了纠正行政机关、各行业工作作风,以公正、公平、公开为原则而设立的专线电话。

(4) 投诉电话。以接收和处理群众急需解决问题的专线电话。如接收对公用事业(水、电、煤、公共交通)以及对其他产品质量问题的意见,有很大的社会作用。

1.2 电话机的种类

(1) 免提式。可以不摘机直接拨打并通话的一种电话机。文秘人员可腾出双手记录或查找资料,也可用于召开小型电话会议。

(2) 无绳式。由主机和手机两部分组成,两者在一定距离内无线联系。如果周围环境不适宜通话,手机可脱离主机在其他地方直接拨打或接听;当上司不在现场,文秘人员可把手机送到上司那里通话。

(3) 录音式。可通过自动录音将主人的留言传给对方,并将来电者信息和双方的话录下来。

(4) 多功能式。具有免提、录音、存储电话号码、缩位拨号、一次重发、自动连续重发、时钟、通话计时、计算等综合功能。

(5) 投币式。一种设置在公共场所的、投入硬币才能通话的无人管理电话机。通话时间有限制,必须及时再投入硬币,否则电话会自动切断。

(6)磁卡式。插入磁卡才能通话的电话机,是与投币式电话一样的公共电话。

(7)可视式。又称电视电话,由电话机、电视摄像机和电视接收机三部分组成。声音与图像同时传输的电话机。通话双方既可听到声音,也可看到面容,还可传递文件、图片以及其他动态图像。

(8)移动式。也称手机,由先进的微电脑技术设计和纯音技术设计。具有来电显示和现时显示等许多功能;外观典雅轻薄,使用方便。

1.3 打电话的一般方法

下图表示打外线电话的流程:

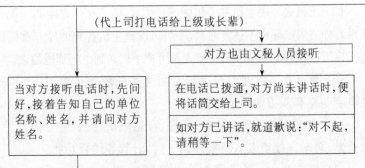

第三章 电话、电子通讯　　　　　　　　　　45

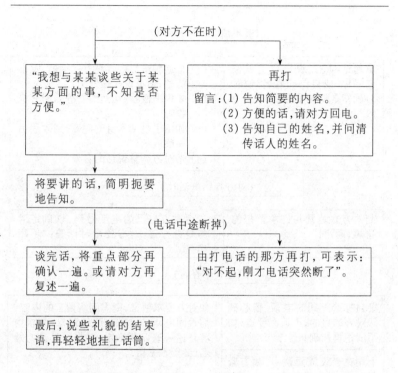

1.4 接听电话的方法

下图表示接听外线电话的流程：

(听不清对方声音时)

| 拿起话筒,先说出自己单位的名称,或自己的姓名,使对方确知是打对了号码。 | (1) 把这种情形告诉对方:"抱歉,听不清楚,请再说一遍好吗?"
(2) 如周围很吵,切换到安静处的分机收听。
(3) 如由于电话本身的问题,则改用另一线电话。
(4) 请对方调整说话的音量。 |

(对方打错电话时)

| 与对方寒暄几句:"承蒙您的惠顾,谢谢!" | 告诉对方自己的电话号码,以确定对方是否打错。对方致歉时回答:"不用客气。" |

(上司不在时)

| 接到打给上司的电话,留心确认对方的目的,不遗漏要点,如不清楚再加确认。

上司在会议或面谈中,如有紧急电话,可用便条传递给上司。 | 如对方要求留言,则需问清留言的内容,需否回电,回电给谁,联络对象,并将内容复述一遍以便确定,并报上自己的姓名(参照本书留言一节)。 |

(对方问上司私事时)

| 文秘人员将对方来电目的简要传达给上司(某某公司某某先生因合同事打电话来)。 | 确认对方身份,并询问理由,不可随意告知。 |

| 如上司不能立即接听,则请示对方:"他现在有事,要稍等片刻才能接听,可否请您稍等,或请他回电。" | 电话结束时,以结束语致意。 |

等对方挂上电话,再轻轻挂上话筒。

1.5 接听电话要点

(1) 电话铃响二至四声就应接听,如果有事耽搁,最好不要超过四声,否则会让人觉得机关或企业管理不善。

(2) 接到电话首先应传达必要的信息(例如公司名称、本人身份等)。说话声音清楚,语气应热忱、亲切,并且对来电者说的事感兴趣,迅速提供消息或满足他(她)的需要。

(3) 如果上司不在办公室,文秘人员询问来电者的姓名前,先告知他要找的人不在。例如:

文秘人员:你好,黎明公司总经理办公室,请讲。

来电者:张总经理在吗?

文秘人员:对不起,他不在办公室。请问你是哪里?

这段对话比下面一段要好:

文秘人员:黎明公司总经理办公室。

来电者:张总经理在吗?

文秘人员:请问你是哪里?

来电者:东经公司的刘平。

文秘人员:对不起,张总经理不在办公室,要留话吗?

在第二段对话里,对方可能会以为当文秘人员知道他是谁时,才拒绝转接他的电话,觉得自己被冷落了。

(4) 即使受到通话对方极大的责难,如投诉电话,也要保持礼貌和耐心。

(5) 通话结束时,应流露出很高兴接到对方来电的语气,应该用快乐的声音说"谢谢",即使来电者态度很不友好。

1.6 留言的方法

(1) 文秘人员应在电话机旁随时放着电话记录单或便笺和

笔,一有留言就能立即记录下来。其中,来电者姓名、回电号码、来电时间和事项应该仔细记录。重要的还要复述给对方听,以确认留言是否正确。有时来电者会说:"你告诉他魏林来过电话就行了",这时文秘人员应该问:"哪位魏林?",一定要对方留下回电号码或单位。电话记录单图示

来电单位						来电号码	
来电者姓名						分机	
来电时间	年	月	日	时	分	BP机或手机	
内容摘要:							
上司批示							
处理结果						记录人	

电话记录单

(2)文秘人员给上司的留言应正面朝下合放在上司的办公桌上(避免其他人看见),等他(她)一回来就立刻告知。给其他人的留言,最好准备一个固定传递留言的地点,可以是公布栏、接待桌上的留言夹等,以免记录单被丢在地上、废纸篓或贴在其他地方。如果有人在单位的另一个部门留言给文秘人员,离开的时候别忘了把记录单带走。

(3)做记录时,字迹应清晰可辨。可以在便笺下垫一张复写纸,万一留言记录单遗失了,文秘人员保留的副本还可以用。

电话留言条						
致：				先生/小姐/女士		
时间：	年	月	日	上午 下午	时	分
对方				先生/小姐/女士 公司/厂/部门		来电
☐ 请回电　　☐ 再打来 ☐ 盼会面　　☐ 要再来					☐ 紧急 　　情况	
内容：						
对方电话： 总机　　　　分机 　　　　　手机　　　　拷机 　　　　　家庭电话号码						
记录者：						

电话留言条

(4) 文秘人员留言给别人时，内容应简明扼要，切勿词不达意、拉拉杂杂说一大堆。应该说明打电话的目的和要点，并告知回电对双方利益的重要性。

(5) 文秘人员离开办公室时，要安排别人替你接电话。要交代给他们你的去向和电话号码，以及你回来的大概时间。

1.7 打出电话要点

(1) 文秘人员打业务电话时，应首先自报家门。说话要注意音量,不要太靠近话筒,声音不要太大,也不要太低沉。

(2) 文秘人员经常会替上司拨通电话,这时,你可以让要找的人先接着电话,然后把上司叫来。假设你正在替上司邓总经理打电话找鲁先生,当鲁先生的文秘人员接过电话时,你可以问:"宏大公司的邓总经理要找鲁先生,请叫一下他好吗?"那边的文秘人员会叫鲁先生接过电话,你应对鲁先生说:"邓总经理马上就到,鲁先生。"然后迅速让他们通话。

如果文秘人员要找的人是一位地位较高的人或尊长,你跟对方的文秘人员说完之后就应该叫上司接过电话,告诉上司要找的人马上就会来听电话,让上司直接与对方通话。

(3) 应迅速回电,并督促上司最好在当天回复。

(4) 如果已经回电,但没打通,切记要再联系。文秘人员不能因为已经打过电话,并给对方留了言,就认为已经完成任务了。"做过某项工作"和"完成某项工作"是完全不同的两个概念。应该做到:要找的人已经找到,或已经接到回复电话,才能算是完成了任务。这往往需要文秘人员具有很好的记忆力,或者辅之以系统的记录方式,直到完成任务为止。

(5) 督促上司准时打电话给上级或要人、忙人。如果上司要文秘人员与某要人联系,一定要问清"这时候打电话方便吗?"因为你可能通过他的文秘人员得知,他正在参加某项活动,或办公室里有客人,或有其他约会,或不方便在此刻谈机密的事。

(6) 除非万不得已,文秘人员不要打电话给行车中的人。这样做会使开车的人无法专心开车,可能发生交通事故。如果打了,说话要简短。在飞机上、饭店里、大剧院等场合,不宜使用移动电话。

(7) 通话时要仔细听清对方在说些什么,不要一边看报一边接听,也不要突然转身与办公室里的其他人说话。不要打断对方的讲话或表现出不耐烦,不要让对方重复因为你走神而漏听的话。

(8) 与一位很忙的人开始长谈之前,应问对方是否方便,然后言简意赅地把话说清,但也不能草率了事。

(9) 不要在工作时间打电话与朋友闲聊,滥用电话是商业界的一个严重问题。有人打电话找你的上司,也不能与之闲聊,除非是礼貌地回答对方的问题和评论。

(10) 打电话给外省市或国外的人,并请求协助,因费用昂贵,文秘人员首先应确定他是否应该回你的电话。如果此人不在办公室,应问清他何时会有空,然后再打电话给他;如果留言请他回电,要声明由你付费。打国际电话必须注意各地区的时差、对方是否节假日等问题。

(11) 通话中当需要对方等候时,应该说:"我去查看一下,请稍等一下好吗?"然后等待对方回答。中途放下话筒时,应轻放,但不要把话筒朝上放置,否则对方有可能听得到办公室其他人的谈话。当文秘人员再拿起电话时,要对对方的等候表示谢意。但如果你需要较长时间才能弄清情况时,最好主动答应对方打电话过去,或者先问对方是否愿意等下去,或者留言。

(12) 文秘人员代替上司传达不利消息时,无论当这个信差有多么不舒服,还是必须立即行动。这种事情传达得越迟,必须获知此事的人就越感到棘手。传达时说话的声音要和蔼,富有同情心。如:"石杰,很抱歉打这个电话给你,我本来要告诉你得到这份工作,不过人事处刚才作了最后决定,经理叫我通知你,他聘用了另一位。你们三个都是很优秀的候选人,我真的很遗憾没有录用你,因为你真的很有才干。"

(13) 文秘人员传达上司的信息要有分寸。因为如果文秘人员的语气不礼貌或不得体,其破坏力比把信息传达错误更大,且在电话中传递的信息比当面说话更容易产生误解。因此，为使信息传达准确，文秘人员切忌把上司的话语加多或减少，或者以个人的口吻把话转达。譬如，上司因生气痛骂某部门职员，文秘人员转达上司的信息时，只需把上司的主要意思传达，并不需要因为上司震怒，而连自己转达口信的语气也变成上司的语气，否则，就是僭越身份，有失分寸。

1.8 有效地使用电话

要使电话通信更有效率，文秘人员应该养成下面这些良好习惯：

（1）考虑打电话的时间是否合适。一般在节假日、对方单位的休息日、午餐和晚餐时、刚上班和即将下班时不宜打电话，如果是打国际电话，一定要考虑时差因素。

（2）在打电话之前先计划好谈话的内容，理清你想说的事实和要点。有必要的话，谈话时面前可放一个提纲。同时，把所有的文件和其他材料都准备好，特别是在打长途电话时。

（3）仔细核对电话号码，确保一次拨号就能成功通话。这要求文秘人员对常用电话要记熟、能背诵，对更改的电话号码要及时记录。

（4）在办公桌上或任何你工作的地方都备有随时可供记录的本子和笔，并养成一手摘话筒，一手马上执笔，随时准备记录的好习惯。

（5）打出电话，而对方无人接听，要等铃声响了六七下再挂电话。

（6）文秘人员替上司拨电话时，应确保你要找的人接话时，你的上司要能够立即说话。

（7）千万不要让打电话的人苦等，你却离开电话机很长时间，以致你回来时,对方已经挂上电话,并留下了对你的不满。

1.9 筛选电话

为了让上司集中精力和时间在重要的事情上,文秘人员的一个职责是替上司筛选电话,把不必由上司接触和知悉的电话挡驾在外,以免影响上司的情绪,干扰上司的工作。可以遵照以下的做法:

(1)文秘人员在说了迎接词,对方发出声音之后,就能迅速辨听出对方,这应是一种专业技巧。需要文秘人员锻炼辨听来电者声音的能力,在一两秒钟内能辨听出对方,亲切地打一声招呼,这不仅容易建立良好的人际关系,还可以帮助文秘人员做好工作。很多人打电话给上司都自称是朋友,文秘人员必须能确认对方是否是朋友,或是哪一类的朋友,从而知道应对与接待的方法,也不会把上司不愿接听的电话接进来。这是文秘人员重要的电话挡驾职责。

(2)除了分辨声音之外,文秘人员对名字的辨识一定要有相当的把握,新上任的文秘人员尤其要在这方面下工夫。有三方面的人物名称必须立即弄清楚,那就是同行业内的知名人士、公司业务上有密切来往的人物以及上司的私人密友。如果一接电话,马上能叫出姓氏,称呼对方,极易引起对方好感,还能提高上司的声望。

(3)来电者寻找你的上司。应弄清对方的身份和来电目的,然后再通报上司。如上司不愿接此电话,应找个理由搪塞过去;如上司不能马上来接,应告知对方;如上司不在办公室,应请对方留言,文秘人员做好电话记录。

(4)有时候上司过于繁忙,要求文秘人员编织一些"美丽的谎言",以应付那些上司不想接待的人;或请对方留下口信,待上司作选择性的回复。需要文秘人员设法让对方在一种舒服的情况下被拒绝，这对于上司的形象和企业公共关系都是相当重要的。

（5）应鉴别来电者的问题，根据对方的身份和来电目的分别处理，聪明地转接电话，把来电转接给真正能处理该事情的人。这时文秘人员应知道该由谁来处理这个电话，必须了解单位里每个人的工作和职务；应该提醒正要接听转接电话的那个人，说明情况及转接的理由。在电话转接前，告知来电者要接听他电话的人的姓名、所属部门和分机号码，以防在转接过程中电话掉线。

（6）文秘人员经常会接到推销等电话，要完全避开这些电话是不可能的。对这些电话也要有礼貌，因为对方可能是新闻界或将来有业务联系的人。正确的处理方法是告诉对方："你的产品也许很不错，我们也谈得很融洽，但我们目前不需要任何中介服务或某某产品。我们虽然现在帮不上忙，但仍祝你事业成功！"

（7）文秘人员对待投诉电话要有礼貌、有责任心。来电者的投诉只要是正当的，应该先安抚他，以友善的态度表达歉意，并且告知一定马上调查此事。对来电者表现出同情，让他在电话中尽情陈述，把他所说的要点写下来。

正确的做法是：把投诉记录交给负责受理的部门。如果是本部门的事，通知每一个涉及此错误的人员；错误严重的话，请公司内负责此事的主管打电话去解释并表示歉意（同一天内）；确认有人已经对此事进行了补救；写一封信给投诉的当事人，告知采取了补救的行动。

如果来电者仅表达了愤怒，而没有详述内容，文秘人员应该温和而礼貌地告知对方，请他把投诉的事写信寄来，这样他的投诉就可能获得高层决策人员的研究。一般来说，对方听了会减轻一些愤怒。如果投诉者无端辱骂，可把他使用的字眼写下来或使用电话录音,以做证据,再慢慢地向他解释:"邓先生,如果你一直说脏话,我就没有办法再跟你谈下去了。"如果他仍不住口,则说:"我再说一遍,如果你还是这样,我就不听了。"然后挂断电话,把此事经过写下来,交给上司。

(8) 如果找上司的人是他的朋友或有业务关系的人,文秘人员不应妄攀交情,抓着电话畅谈。

2. 新型电子媒体的运用

2.1 国际 IP 电话

这种电话业务是继国际长途直拨业务(IDD)以后出现的第二种国际长途直拨业务。它是一种采用 IP(Internet Protocol)技术,通过国际专线实现话音传输的国际长途电话业务。由于专线采用的分组技术可以对话音进行压缩、编码,大大提高了线路的利用率,降低了网络成本,因此 IP 电话的价格要比 IDD 电话低廉得多,而通话质量与经过因特网上传输的 IP 电话又有很大的提高。购买 IP 卡后,可在公网双音频话机(不包括移动电话、磁卡电话和 IC 卡电话、投币电话)上拨打。

2.2 数字电视

数字电视为观众提供了一个更广泛的频道选择和观看个人感兴趣节目如体育、电视、喜剧或新闻的机会。这项新技术使观众可以用一套全新的方式观看电视,还可利用带宽优势提供互动服务,比如,特定节目的图像和信息、自己选择的电影、互动游戏、电子邮件、家庭购物、上网、远程教学、家庭银行等等。

2.3 新的媒体终端

一种融合了因特网、数字电视和宽带接入的信息娱乐中心。媒体终端允许对服务提供商和消费者提供广泛的增值服务,其中包括数字音频和视频发布,数字电视广播,视频点播,电视和因特网门户,储存频道,浏览因特网信息,邮件和电子聊天服务,互动杂志,家庭购物,远程教育解决方案,网络游戏,银行和金融服务,家庭会计,按次付费,数字音频播放(MP3)和软件升级。

2.4 "800"业务

是指主叫客户不需付费而由被叫客户集中支付电话费的一种智能电话业务。企业对客户提供免费电话能够带来商机,扩展市场,增强竞争能力,美化服务形象,获取更多的经济效益。文秘人员联系业务拨打"800"号码,可以节省开支。

2.5 电视会议

是一项新兴的图像通信业务。它利用先进的技术将不同地点的图像信息(包括文件、照片和实物等)和声音信息互相传递。虽然双方远在天边,却可以面对面地交谈,共享文件、图表、录像带等资料。

2.6 交互式电话会议

电话会议是一种方便、省时、高效的会议形式。单位或个人可在任意一部话机上组织多方的国际、国内或本市的电话会议,声音清晰宛如一室。每个会议参加者无论身在何处,只需拨打一个事先约定的会议电话号码及密码,即能参加会议,也可以同时发言、自由交谈。付费方式有会议主办方付会议租用费、通话费以及会议主办方付会议租用费、会议成员自付通话费两种。具有:

保密功能:每个会议都有自己的会议号码和密码,保密性强,可防止无关人员加入会议。

欢迎词播放功能:可以在每一个参加者加入会议时播放会议组织者设定的欢迎词和提示,可以使出席人员迅速清楚的了解会议的主题。

报数功能:如需要可选择系统报数功能,当有参加会议者拨入和挂断电话时,系统均可报告会议参加者人数,可以使与会者随时掌握出席人员情况。

2.7 固定会场电话会议

本市机关、团体、企事业单位均可在长话大楼中心会场利用长途电路同时与国内若干受话地点若干分会场的与会者进行通话。客户在会场可自由地收听、呼叫、对话、插话。长话局为国内电话会议提供了录音、录像、摄像等服务。

2.8 卫星通信

是以卫星作为空间中进器进行的通信。它的特点是覆盖面积大,通信距离远;机动灵活,不受地面电路及地面位置的限制;此外,它还具有一点多址的广播特性,因此,卫星通信使用于广播电视、教育电视和远程医疗、数字信号传送和抗震救灾等重大活动中的通信工作。利用卫星通信地面站,开发其应用领域,可开展临时或固定视频传送业务。

3. 新型电子工具的利用

文秘人员还可以利用一些小型的、新型电子工具帮助处理办

公事务,如:

3.1 电子白板系统

电子白板系统是由相应的软件配合形成的桌面电子系统。其中的声位笔提供一个圆珠笔方式的书写笔输入设备和一套用于 MS PowerPoint 的插件,可以用于电脑投影方式即写即显的直观应用模式,采用了书写笔定位技术,具有很高的定位精度。在书写和绘画的过程中笔迹可以完整的、全幅面输入到电脑。系统表现为与显示区域完全对应的书写区,使得在该区域内任意书写文字或绘图都能显示在投影屏上。演讲者在讲解投影的内容时,可使用该书写笔同时在纸上自由书写或绘图,手写记录系统将这些书写信息送入电脑并与投影内容同时显示出来。绘图可以通过投影机变成大屏幕显示,使与会者都可以方便地观看。该系统主要用于教育系统电化教室、各种会议、商务和技术交流、讲演会场等场合,凡是使用电脑投影机的用户都可能用到。

3.2 名片扫描识别系统

具有识别率高,识别速度快的特点,能自动理解识别简体中文、繁体中文、英文、数字混排名片;可准确识别宋体、仿宋、楷、黑、魏碑、隶书、圆体、行楷等多种字体混排名片;可识别横版、竖版、文字、图形、标识混排名片;自动理解各名片项,并填充到名片数据库中;可以对多张名片进行批量扫描识别;每分钟可扫描10张以上名片;识别准确,修改灵活方便;自动分类管理,查找快捷方便。

第四章 邮件收发

邮件的处理,是文秘人员的重要工作。有些公司的文秘人员甚至每天要花几乎半天的时间来做这件事。一方面要处理外面寄来的信,另一方面还要发出大量的信件。文秘人员要做好这项工作必须懂得一些基本的规则和方法。

1. 邮件的收取

企事业单位邮件的送达有四种情况:

(1) 传达室或收发室收到邮件,再送到文秘人员办公室。文秘人员在这种情况下,应注意邮件到达自己办公室的时间规律,尽量不要在邮件到达时离开办公室,如不能避免,应请人代领。当面点清邮件总数,并填写"邮件收领单",特别要写清楚机要邮件、经办人等项目,如有污损应当面指出,以分清责任,并在邮件上注明:"邮件收到即如此"。

(2) 邮件送到单位所租的信箱,由文秘人员开启,取出邮件带回办公室。这时,文秘人员每天的开箱次数应该和邮局投递的次数一致,并尽可能在时间上与送达时间相合拍,形成一种规律。这样,才可能提高邮件的处理效率,不使耽误工作,也避免了邮件遗失的可能性。开启信箱应该做到专事专办,即取出邮件后应立即返回办公室,不要带着邮件再去办理任何其他事情。如果邮件较多,文秘人员可以事先带上一个包袋,以免邮件在途中失落。

(3) 由专人送达,需要签收的邮件,如特快专递。这些邮件在一天之内随时可能到达,由文秘人员负责签收、处理,或者分发给其他部门及有关人员。

(4) 如果公司使用电子邮件系统,文秘人员到达办公室的第一件事是检查电脑里的电子邮箱和其他设备,如传真机和电传打字机,查看晚上是否有信件传送过来。电子邮件可以在屏幕上看到,但通常的做法是文秘人员把接受到的信息全部或部分打印出来,然后与其他要交给上司的信件放在一起,或者把电子邮件发送给其他部门、人员。

如果从外部送达的邮件是由单位的收发部门负责的,当邮件到达办公室时,文秘人员应从其中挑选出必须交给上司的邮件,并记录在收件单(簿)上,如:

收件簿							
年 月 日							
收件编号	收件月日	邮件种类	发件单位(人)	邮件名称	收件者	签名	备注

2. 邮件的分拣

文秘人员收到邮件后应该按照一定的标准进行分拣:

(1) 按照收件人的姓名分拣。这是最容易操作的一种标准，但实际分类时很不方便，只适合于人数较少的公司或部门。

(2) 按照收件部门的名称分拣。按一个部门一类的方法进行分类，如果邮件上写的部门本组织没有设置，则把它归入与此相近的部门，如写明"教育处"收的，可以归入本公司的"培训中心"。这种方法还可以与第一种方法结合起来用，先按收件部门的名称分拣，然后根据姓名归类。

(3) 按照邮件的重要性分拣。文秘人员可以在两个方面判断出邮件的重要性：一是重要来信人的姓名或重要来信单位的名称；二是邮件上出现的挂号邮件（Registered Mail）、保价邮件（Insured Mail）、快递邮件（Expressed Mail）、机要邮件（Confidential Mail）和带回执邮件（Certified Mail）等特殊的邮寄标记。此外，电报、电传和传真等邮件也是比较重要的。各个单位可以根据自己的情况设置重要性分类标准，如美国按照重要性分类的标准是：

a. 所有电报、电传、传真、计算机自动打印输出的文件，以及各种付费特殊的邮件（挂号邮件、保价邮件等）；

b. 各种普通邮件，其中包括普通信件以及发票、账单、货单等单据和支票；

c. 本公司设在其他地方的分公司、办事处、工厂或部门寄来的各种邮件；

d. 私人邮件和机要邮件；

e. 报纸、杂志等定期出版的印刷品；

f. 商品目录册、商业宣传用的小册子以及其他各种广告资料；

g. 各种邮包。

但各行各业的邮件分拣标准应有自己的特点，如私人邮件和机要邮件就不能并为一类。按重要性分拣标准可以和按收件人、部门名称分拣标准相结合的方法，先根据重要性分拣，然后再按其他标准分拣。

3. 邮件的拆封

有些邮件需要文秘人员拆封后交给上司或有关部门处理。到底哪些邮件可以由文秘人员拆封,哪些不允许,应事先与上司达成协议或规定。一般来说,机要邮件和私人邮件文秘人员不应拆封,除非上司特别授权。写明上司亲启的信件应直接交给上司处理,如果文秘人员无意拆开了,在信封上要写上"误拆",并签上自己的名字,封上信口,把信件交给上司的时候向他(她)道歉。

邮件的拆封要注意几点:

(1) 拿到信件后应在桌子上磕几下,使里面的信纸和其他东西沉落在信封的一边,以免在拆封时遭到损坏。一般用剪刀拆信封,公务信件是不允许用手撕的。如果需要拆封的信件很多,最好用手动或自动拆信机,以提高拆封的效率。

(2) 正确的拆封位置在信封的右边侧,信封不能丢掉,也不能损坏信封上的文字、邮戳和其他标志。应该用回形针把它与信纸或附件等附在一起,以供以后查阅、佐证之需,这也是归档的要求。

(3) 信件拆封后,首先要取出里面的所有东西,然后检查信封、信纸上的地址、电话是否一致。假如不一致,应打电话询问正确的,再把错误的划去,这样才能保证寄信人及时收到回信。

(4) 信封里有时会附有货单、发票、支票等,检查这些附件时,应该一一对照信纸上提到的部分(英文信在正文下标有"Enc."——enclosure 的缩写)。如发现名称或数量不附,应该在信封上写上缺少的附件的名称和数量,接着应及时打电话或写信与寄信人联系，争取事情的妥善解决。信件里的证件、现金等要专项登记和保管。

(5) 有些邮包是根据公司的订购信寄来的，文秘人员应找出当时的订购信的副本，拆开邮包，仔细检查订购物品的品种、规格、数量等是否与订购的一致。记住没有订购的东西不能签收，不能够接受的东西也不能签收，以防止有欺诈性或破坏性邮包。如果物品有质量等问题时，要及时与对方联系。在移交物品时，要先打印一份清单，注明收到的日期，请接受人员在上面签字，并保存好。

(6) 有些单位，如法律部门要求在邮件上加盖收到时的日期章，也可以用手工方式填写，表明收到时的年、月、日、时或分。

(7) 文秘人员应该把邮件分成最急件、次急件和普通件。那些属于"优先考虑"、"紧急"的信件应尽快呈送给上司，如紧急商务信函、国际性电传、传真、电报或特快专递等，而一般的公务性信函可以经文秘人员处理后呈送。

(8) 文秘人员经授权阅看信件时，应把其中的重点部分用红笔划出，并提醒上司注意有关问题（如在信纸边上注明"参阅某卷宗"、"可与前信印证"等），也可以将信中的要点摘录下来以供参考。文秘人员还有责任提供上司回信时的参考资料。

(9) 收到的广告等邮件，不必交给上司，一般可以作为废纸处理，但有关行业、产品的资料应保存好，或交给有关部门。

(10) 有些邮件可能误投到文秘人员手里。如果文秘人员不知道转递地址，应该把错误的地址划去，在信封上写上"该地址不对"，并把它退回去。如果误拆了非本公司的信，应在信封上注明"误拆"，并写上自己姓名的缩写，然后把信重新封好并退回去。

4. 邮件的处理

(1) 需要呈交给上司的信件,应该赶在上司进办公室之前准备好,或在上司上班不久就要准备好。如果以前保存在档案中的信件与现在这封信有很大的关系,把这封信和档案放在一起。

根据重要程度整理上司的信件,最重要的放在最上面。特快专递和电子邮件经常都是急件,但有时广告商也用专人传递手段,所以文秘人员应分清那些才是真正的特别紧急的信件。可以问问上司是否应该使用不同颜色的文件夹存放不同种类的信件。

如果事先得到上司的授权,应对信件进行评注,即把长信中重要的地方标明、显示出来,或者把有用的事情记录下来。如某封信邀请上司在宴会上发表演讲,文秘人员要在信的空白处标出时间、地点等信息,并指出是否与其他约会有冲突。文秘人员可以使用黄色笔标出重要的词,这样复印时就不会留有痕迹。有些办公室不允许在信上写字或做记号,在这种情况下,文秘人员要贴一张自动粘贴、可以移动的小条。

(2) 文秘人员把办公室无法处理的信,以及应该转交其他人的信件分开放好。对于这些信件,文秘人员可以用商店出售的标准型自动粘贴、可移动的提示条来处理,在上面写上希望某人采取什么样的行动,例如:

- 为你提供信息
- 要你采取行动
- 征求你的同意
- 征求你的意见
- 请转交

- 请交回
- 请和我一起审核
- 请存档

文秘人员要审阅信件,把提示条贴在信件上,把信交给应该处理的人,如有必要,附上有关材料或者以前的信件。也可以制作"邮件转送单"(如下图):

日期: 　　年　　月　　日　　上/下午　　时　　分
致:
来自:
_____ ✓ 　供你参阅,阅后归还给我 _____ 　　供你参阅,阅后不必归还 _____ 　　请阅后与我见面,一起讨论这份邮件 _____ 　　请阅后提供给我答复这份邮件的资料 _____ 　　请答复这份邮件,并给我一份答复的副本 _____ 　　请注明你的意见
意见:

如果信件要给好几个人看,可以设计一个传阅顺序提示条。如果使用的提示条上已经有名字(按职务高低排列),在这些名字前按每个人必须收到的顺序加数字1、2、3(按阅处信件的工作顺序排列)。每个人都必须在看完信件后签上自己的名字,然后再转交给下一个人,不要拿掉信上面的提示条(如下图):

		年	月	日
(按数字顺序传阅)				
2	华婷女士	(签名)		3月7日
1	罗大华先生	(签名)		3月6日

(续表)

4	师伟林先生	（签名）	3月10日
3	李玲铃小姐	（签名）	3月8日
6	刘冠中先生		
5	邢知非先生	（签名）	3月11日
请签上姓名、日期并传给下一个人，最后请交还秘书李丽。			

（3）文秘人员自己可以处理的信件，办理结果需要让上司知道时，可打印一张小的字条解释你做的事情，把字条与信件放在一起，然后放到上司的桌上供审核。文秘人员许多自行处理的事情都属于例行公事，如回答一般的询问、感谢某人送来你想要的东西，这样的小事就不必向上司汇报了。

（4）对报纸和杂志的处理，可以挑出上司喜欢的报纸和杂志放在他的办公桌上，其他的放在报刊架上供大家阅读。

（5）广告和传单是方便、免费的信息来源，可以从中了解到新产品的市场行情和发展趋势，也可以了解一些重要的会议和其他的商业行动。例如，会计可能会对新的会计手册或税务手册感兴趣。因此不要按照惯例扔掉所有广告。

（6）账单和结算单一般应转交付款部门。如果办公室负责付账，而付款日期还很远，可以把付款日期记在备忘录上，把账单存放到一个"待处理"的文件夹中，等到时间再支付。

5. 上司不在时邮件的处理

上司因为出差或其他原因不在公司时，文秘人员处理邮件要给予更多的重视，并承担更多的责任。首先应该弄清上司不在时，

邮件的处理程度和方式有什么变动,怎样变动?文秘人员获得了上司哪些授权,具体如何办理?一般而言,有这样几种可能:

(1)文秘人员把需要上司亲自处理的信件先保存下来,并通知发信人信已收到,告诉对方何时可能得到答复。

(2)上司指明在他不在时把收到的邮件转送某个部门或人员处理。文秘人员应制作签收单,要求收到人员签名,并注明时间。

(3)上司授权文秘人员处理一些应由他处理的邮件。文秘人员应在全面掌握情况的基础上慎重办理。在回信上签上自己的职称(某某人的秘书),发出前复印一份,留待上司过目。如果是回电或面谈,则应在收到的邮件上写明回电、面谈的时间和内容,以备后查。

(4)如果邮件很多,文秘人员还可以制作邮件摘要表。表上列出何时收到邮件?怎样处理的(文秘人员回信或转送他人)?做了哪些事?采取了哪些措施等等,有些内容需要上司回来决定(如下图):

日期	来件者	内容摘要	采取的行动
10月5日	李德慨先生	要求确定年度体检的日期	安排在11月12日上午9点
10月5日	交通大学	邀请演讲	安排在10月23日下午2点至4点
10月6日	S·富兰克	讨论销售合同	
10月7日	威尔逊先生	要求确定订购数量	已交销售部处理
10月7日	刘文中	要求制订培训计划	

(5)如果上司习惯于每天给办公室打电话,文秘人员应该把需要上司处理的每封信的内容大致记录一下,这样文秘人员就可以随时向上司汇报。

（6）如果上司在临走时留下通讯地址和电话，文秘人员在处理邮件时遇到棘手的事情，应及时向上司请示。如有可能，可以把那些难以办理而又急需回复的邮件用传真、快件、电子邮件等形式发给上司，请上司定夺。

（7）把寄给上司的邮包连续编号（如4—1、4—2、4—3），这样就会知道你寄的邮包是否全部到齐了。如果上司经常换地方，在邮包上编号尤为重要。

（8）文秘人员也可以把积压的信件分别放入纸袋，标上"需要签字的信件"、"需要您处理的信件"、"需要读的信件"（这些信件已经答复，但上司可能要过目）、"报告"、"一般阅读材料"（上司可能想读的广告和出版物）。

6. 邮件寄发前的准备

文秘人员要替上司或整个公司、部门发出邮件，其他部门和人员的信件送到文秘人员手里时已封口，文秘人员只需把这些邮件及时送交邮局并办妥邮寄手续即可。如有必要，还需对发出的邮件予以登记。

以上司或文秘人员名义发出的邮件，在打印完毕，寄发之前，要做好以下几件事：

（1）把信件送交上司，请上司签字，把有关信件复印、存档。

（2）打印信封。必须先了解信封的规格、打印的内容以及在信封上的位置。中文信封有规定的样式，而英文信封与中文的有明显的不同。在商务交往中常用的有：大号信封（230 mm×120 mm）和标准信封（220 mm×110 mm）等。英文信封上打印的内容有三部分：

a. 收信人姓名、地址——要打印完整的姓名及尊称；收信人所在公司、部门的完整名称；收信人的完整地址（房间号、建筑物名称、邮政信箱号码、路或街名、城市或地区名、邮政编码、国名等），打印位置如图所示。

b. 寄信人姓名、地址——打印位置在信封的左上角，应空出三格打印，有些公司在制作信封时就印有公司名称、地址。地址的写法也是从小到大。

c. 特殊的邮寄标记——打印位置在信封的左下侧，也可以在邮票的左下侧。

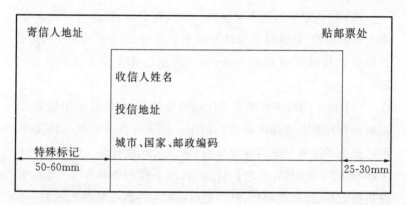

（3）检查姓名和地址，包括信纸上和信封上的姓名、地址，应保证信封上的投信地址绝对准确，不至于发生误投、错投现象。如果用印有本公司名称和地址的信纸、信封，两者必须配套使用。

（4）检查邮寄标记是否准确，如挂号信、保价信、机密信等的特殊标记。

（5）信件中如果有附件，应对照信纸上列出的附件名称和数量，一一予以仔细检查，确保准确无误。还要确信上司对信件的进一步修改是否加进了原件或复印件里。

（6）折叠信纸时把有文字的一面放在里面，根据信封的大小，用大号信封的，折叠时把信纸按纵向三等分，用小号信封的，折叠时应先把信纸按纵向两等分，然后再把已作了两等分的信纸三等分。

（7）由于用纸夹可能会堵住邮局设备，因此最好不用纸夹，而把附件订起来或者插入叠好的信中。如果附件与信纸一样大小，可以折叠并加入普通的商业信封（快递公司会提供专用的信封）。附件有2、3页的话，把它们订起来，但不要和信件订在一起。应先折叠附件，再折叠信件，然后把折好的附件放在信件的最后一折里面，这样取信时，附件也会跟着被取出。

如果是比信件大的附件，包括小册子、说明书、目录和其他印刷材料，普通的信封装不下，应该用较大的信封，可以把信件和附件一起放入大信封寄，也可以附件用包裹寄，而信件另外寄。

如果是比信件小的附件，而且附件比信件要小得多，可以把它订在信件的左上角，如果附件不能订（如证件），可以用胶带粘在一张卡片上，或者放在一个有标记的小信封里，然后把卡片或小信封与信订在一起。如果有两个以上附件，把最小的放在最上面。

7. 邮件的寄发

邮件的寄发要考虑时间、经济、便利等因素。如果时间允许，可以通过普通邮局办理寄发，价格比较低廉。但如果时间紧迫，可以选用专人投递或快递邮件国际服务，费用相对较高，大件物品用包裹邮递。如果公司内部有另外的通讯系统，文秘人员就可选择一种既能满足时间要求又能节省开支、设备和服务都跟得上的发送方式。

这种系统就是信息接发系统，通过电话线或卫星信号传送电子信息，有些信息还可以通过互连设备传送，如局域网络中通过直接写入连接的设备。信息接发系统的安装费各不相同，要看使用什么设备、是否租用电话线或卫星服务、使用哪一种用户服务以及用户服务的收费方式。如果文秘人员所在的办公室还没有选择好特定的发送方式，可以根据本公司情况物色一种。

大多数公司使用的是：

（1）电子邮件发送。它是一种以计算机为基础的信息传递形式，信息被编成程序并且可以在任何时候传递出去，并可以同时传送到好几个目的地。作为一种快速、经济的传递方式，其优势表现在比长途电话、快信便宜，比电传更精确。

（2）传真。在传真过程中，文件被转换成信号，可以通过电话线传送到一个接收终端，在目的地，传真机又把信号转换成一种与原件一致的可读形式。无论是什么样的文本和图表几乎都能通过传真发送，对传送手工制作的图表和手工签名的文本尤其有优势。

（3）电传。在传真机上不能准备信息，只能发送信息，而在电传打字机上，文秘人员可以既打字又发电传。它是一种较早、较慢的键盘对键盘的技术,只能处理文字性的东西。电传服务是一种用户网络,文秘人员办公室的终端可以直接与选择的服务相连,也可以有自己的专线。公司可以通过通讯公司申请电传服务。

其他的邮件寄发方式还有用户电报服务、电报和越洋电报、邮递电报等形式。

8. 电子邮件处理实务

目前,电子邮件正在迅速取代传统的书信、电话和传真,成为一种方便、经济和高效的沟通方式。电子邮件不像即时通讯需要在几十秒内立即回复,可使信息表达更清晰、完整和准确。为维护网络安全,无主题或邮箱地址前缀过长的邮件可能会被反垃圾邮件软件过滤掉,而职场上普遍对没有主题、落款不清、附件体积巨大的电子邮件深恶痛绝。所有这些都提醒我们文秘人员,在处理电子邮件时,应重视电子邮件的操作规范,遵守相关的"网上礼仪",才能使工作更有效率。

8.1 电子邮件的制作

(1) 文秘人员在选择邮箱名称时,应尽量用企业、单位或自己有代表性的名称命名,表明自己常用的、稳定的身份,不要用无意义或大众化名字加上1234等数字后缀来命名,否则一旦对方的通讯簿丢失,就很容易被遗忘。可以用英文单词或容易记的字母组合做邮箱名称,避免使用下划线、连接横线、小数点、间隔符。

(2) 邮件上的"主题"一栏必须一目了然,以提示收件人打开邮件。没有主题或主题不清楚的,很有可能被反垃圾邮件程序过滤掉,就是正常收到,日后检索或是导入其他邮件管理工具也将造成很多麻烦。主题要求简明扼要,字数控制在50个汉字以内,应避免出现类似"RE：RE：FW：FW：XXXXXX"的多重标签字样(RE/FW标签有助于邮件检索)。

此外,许多公司一天中接收到的邮件数量很多,收信人会根据来信的主题栏挑选要看的信件。如果邮件在"主题"栏上能够吸引对方的注意,能快速了解和记忆,那这封信就可及时得到处理和回信。如可以把主题写成"销售提高15％",而不要写成"销售状况"。

（3）邮件正文的第一句话应该是称呼对方的姓名、身份,但方法一定要得当。与写书信相似,在邮件的开头就称呼对方,并给以恰当的身份提示,对方会感到你是一个彬彬有礼的人,如"吴科长"、"章老师"。

（4）文秘人员在给客户写电子邮件时,不能像聊天或给朋友写信,应注意邮件的语气。文字应规范、简洁、明了,应该在用词遣句上下功夫,不要因为强调而使用很多的标点符号。

（5）应避免使用一些情绪激动、夸张搞笑的字眼,以免伤害对方甚至引起冲突。要记住我们面对的是具体的"人"而非机器,电子邮件的写法与书面信件是一样的,只是传递方式不同而已,这些信件仍然会被保存作为档案或证据。

（6）商务邮件最好保持在数行以内。长篇的文章最好做成word文档,以附件的形式发送,并在邮件的正文里简单介绍一下附件的主要内容。

（7）回复来信,可摘录部分来信原文(短文可录全文),以使对方立即通晓来信含义。

（8）为确保对方能读到邮件讯息,撰写时应特别注意传送对象,考虑其是否有系统的限制。以一般的英文信件撰写而言,一行最好不要超过80个字母,并以Enter键结束每一行文字。

（9）文秘人员收到电子邮件应立即回信,最迟不能超过24小时。即使一时答复不了,也应该先回信告诉对方你已收到来信,并给出大概的回复时间(也可设置自动回邮回复对方)。如果与对方是初次联系,最好在信尾附上自己全部的通信资料。

(10) 邮件结尾一定要签上文秘人员自己的姓名、身份,或经授权签上上司的姓名、身份,并附上公司的名称和电子邮件地址。

(11) 最后,要检查是否有打字错误、拼写错误。如有附件,应仔细检查是否附加上了。

8.2 电子邮件的发送

文秘人员只要在键盘上敲几个键,或按一下鼠标就能立即发送一封电子邮件。但如果邮件存在错误,一旦发送,错误就很难纠正,甚至无可挽回,所以在发送前的仔细检查就显得至关重要。

(1) 发送前应认真确认收信对象是否正确。若要将信息复本同时转送其他人员参考时,可使用Cc:(抄送)的功能,但要将人数降至最低,否则,传送与复本转送的用途将混淆不清,同时也制造了一大堆不必要的"垃圾"。

(2) 如无特殊情况,附件体积应尽可能限制在5M以内,大于这个数字很难通过FTP或网络空间传送,或得不到邮箱服务器的支持。

(3) 应清楚地命名附件中的文件,并在邮件正文中说明附件名称和文件格式。有些附件最好打包压缩一下,是因为某些邮件收发程序和防火墙、病毒监控软件或邮件服务器会拒收可能包含破坏性代码的 exe、doc、jpg、js、scr 等格式的附件,或者不通知用户就将有关附件剔除。

(4) 对重要信件可设置请求邮件送达收条和邮件阅读收条,这样可避免一部分因为邮件丢失和延迟导致的信息不通和工作停滞的情况。

(5) 与其他商务信函一样,电子邮件有时也需要保密。文秘人员可以请人或自己设计一个程序,于特定邮件中加上密码,使电子邮件在发送时被加密,阅读时才被解码。

8.3 电子邮件的接收

文秘人员在接收电子邮件时,应注意以下方面:

(1) 每天至少检查一次电子邮箱,以免错失重要和紧急的信息。

(2) 删除垃圾邮件,不要让一些非你所要的信息占据电脑的硬盘空间。

(3) 应建立一些专门的文件夹,下载对工作有用的文件,分门别类存放对工作有益的下载的信息,或者根据公司规定保存邮件,以便进行进一步的归档和利用。

(4) 应安装病毒监控软件,防止病毒,以保护信息的安全。

8.4 电子邮件管理的注意事项

(1) 回复电子邮件前,要再思考一下,是否应拿起电话与对方聊聊或约个时间当面协商?因为电子邮件的沟通缺乏太多人类熟悉的沟通辅助手段,如表情、肢体语言等。有时,面对面的交流更能得到理想的效果。比如,用电子邮件表达歉意就不合适。

(2) 如果发电子邮件的目的主要是为了表达某种情感而不是传达信息,则可以采用面谈、电话或者亲笔写信或会议的方式,没必要去制造不和谐的气氛或冲突。在交流的最初阶段可使用电子邮件,如果交流深入的话,就要考虑采用电话或者面谈的方式了。

(3) 不要因为电子邮件方便,就什么事都依赖电子邮件。比如,从上司那里收到一封"请向我汇报某某事"的邮件,这时先别忙着回邮件,而应该先找上司当面汇报,简单地把结果和经过汇报一下。如果上司说:"好的,明白了。那你把刚才的内容做成报告书交给我。"这时你再去回复电子邮件就比较好。

(4) 尽量不采用 HTML 格式撰写邮件。虽然 HTML 有丰富的表现方式,但如果文本能解决问题,就尽量不用,因为这个格式最有可能附带病毒。

(5) 进行邮件沟通要遵守平时的行为准则,更要遵守法律法规,如尊重知识产权就非常重要。决不能通过计算机系统来撷取、复制或篡改他人作品,凡引用或改编他人文字或图绘作品时,要对原作者、原作品的出处详加注明,以示尊重。

(6) 传送冗长文字与大型图绘均会占用大量的频宽,造成网络塞车。为避免浪费网际空间使用者的宝贵时间,应谨慎考虑传送讯息容量的大小。

(7) 不要一再传送相同的讯息给相同的对象,这不仅会使网络超载而降低传输速率,同时还会占用他人的信箱容积。也不要发送相同的讯息给多个组群(group),因为有不少网络使用者同时隶属几个不同的电子邮件组群,如此一传送,这些使用者会重复收到相同的讯息。

(8) 在未经同意前,不能将他人的电子邮件转送给第三者。若要这样做,应该先征询来信者的同意。对来信者而言,邮件内容是针对收信者所撰写的私人信函,不一定适合他人阅读。

(9) 电子邮件传送时会以所用计算机的设定日期、时刻来标示邮件的发送时间,为避免不必要的误会或窘态发生,文秘人员要定期检查计算机系统时间与日期之设定是否正确。

第五章 接待实务

1. 文员与接待

1.1 文员接待的目的

文员所从事的接待工作,一般是指在公司内迎接、招待来访的客人。在接待来客时,绝不可敷衍了事,而必须以诚恳的态度服务,博得来客的好感与信任,辅助上司促进人际关系;同时也可避免上司在这方面花费过多的时间,更有效地专心于工作。

来访者若经由文员的接待和服务,圆满地达到了目的,并且留下了良好的印象,不但有助于建立彼此的良好的人际关系,而且足以显示公司的形象与业绩。

1.2 接待时的心理准备

为了做好接待工作,不使来访者失望,文员应有以下的心理准备:

(1)真诚。真心为对方设想,诚恳地接待。

(2)正确。必须听清对方交代的事情,不可发生误解,并做适当的处理。

(3) 敏捷。有来访者时,文员应尽速接待,安排来访者等待时必须告知等待的时间。

(4) 礼貌。展现为对方设想周到的礼貌。切勿言词粗俗、神态傲慢,给人不良印象。

(5) 亲切。以细心体贴的态度为对方服务。

(6) 公平。切勿以来访者的头衔、服装而作有差别的接待,应该按照来访者先来后到的顺序予以接待,并一视同仁、礼貌地加以招待。

2. 接待的基本礼节

一般接待的礼节应包括心态及表现在行为举止上的礼貌,以获得别人的好感。

2.1 行为举止方面的礼貌

接待来访者时,给人最重要的印象是外在的表现,若要培养出敏捷、利落的举止行为,则必须反复练习下列动作,掌握各项基本要领:

(1) 站立姿势的练习法

a. 背对着墙壁站立,后脑、背部、臀部、脚后跟成一直线紧贴墙壁。

b. 上半身离开墙壁,向前弯下,直至快失去重心,再起身,恢复 a 的姿势。

c. 挺直腰杆,足尖并拢,拇指向掌心弯,四指靠拢贴附在两腿旁边,下巴轻收,心情愉悦地看着前方,采取一种端正的姿势来练习。

(2) 走路姿势的练习法

a. 从端正的立姿开始,左右脚夹着一条假想的直线,交替地走着。

b. 膝盖尽量少弯曲,从腰部伸出腿,把重心放在垫后的那只脚的脚心上,使上半身成平稳状态。

c. 手臂与身体的中心线平行地向前后摆动,双手的小指轻轻伸直,可达到身体平衡的效果,因为手臂如果只向前方摆动,走路时将失去平衡感,十分难看。

d. 目光要落在身前约四米左右的地面上。

(3) 坐下的正确方法

a. 双脚并拢站在椅背的旁边,要站在椅背的下位处(靠近门口的那边为下位)。

b. 离开椅子较远的那只脚,向前跨出一步,并将靠近椅背的那只手,放在椅背上。

c. 将靠近椅子的那只脚,向椅子前面成直角跨出,双脚立即并拢,同时把放在椅背上的手移开。上身坐下时不可弯曲。坐下后,手放在办公桌靠自己身体的边缘上。

d. 文员随时在待命中,所以应有敏捷的行动。因此上班时要保持挺直浅坐的姿态。

(4) 站立行礼的方法(日本、港台企业的要求)

a. 伸直脖子及背部,收腹挺胸,膝盖并拢,两手自然贴附在腿部两边或交叉在小腹前,姿态端正。

b. 诚恳地看着对方的眼睛,然后行礼。行礼时,目光放低,落在对方足边,一边数一、二,弯下身去,数三、四、五缓缓起身。不可只是弯下脖子,连腰部也要一起弯下,如同以背向人作揖。

c. 行完礼,挺起身来,再注视着对方的眼睛。

d. 上身向前倾斜十度左右,伸出手,与对方握手致意,采取准备倾听对方谈话的姿态。

(5) 与人打招呼的方法

a. 当与人擦肩而过,或越过长辈、上司前面,或因事中途离座时,都要招呼一声。

b. 方法是上身向前倾斜十五度,目光落在自己脚前一点五米的地方,同样不要只弯下脖子,而是整个上身向前弯曲(日本企业要求)。

(6) 握手的礼仪

a. 在相见、离别、恭贺或致谢时为了表达情谊,往往是先打招呼,而后握手致意。

b. 右手握手是最普遍的握手方式,即双方各伸出右手,四指并拢,拇指张开,肘关节微曲,上身稍前倾,双目注视对方,微笑致意或问好。

c. 握手一般以3秒为宜,关系亲近的人或为了表示真诚,可以较长时间相握。一般社交场合握手不可太用力,但是也不可漫不经心用手指尖去点一下。

d. 双手相握是表示对对方加倍的亲切和尊敬,一般只适用于年轻者对年长者,身份低者对身份高者,男士对女士不宜用这种礼节。

e. 上下级之间,上级先伸手后,下级才能相握;长辈和晚辈之间,长辈伸手后,晚辈才能伸手相握;主人和客人之间,主人宜主动伸手;男女之间,女士先伸手了,男士才能与之相握。

f. 握手时,年轻者对年长者、下级对上级都应稍稍欠身相握。男士与女士握手时,一般只宜轻轻握女士的手指部分。男士戴着手套握手是不礼貌的,而且应脱帽再握手。

g. 有很多人同时握手时应该按着顺序进行,要避免相对两方同时握手时发生交叉情况,这是极不礼貌的。

h. 在一般情况下拒绝对方主动要求握手的行为是极其无礼的,但手上有水或不干净不方便时可以谢绝握手,但应该立即加以解释并表示歉意。

2.2 仪表方面的礼貌

文员接待客人时,在仪表上有关礼貌的重点如下:
(1) 和谐。仪表应配合工作的场合。
(2) 整洁。不留给别人不悦的印象。
(3) 灵活性。装束应切合工作上的效率。

以下再作具体的说明:
(1) 服装。衣着应力求朴实,但需要注意品位。
(2) 装饰品。避免佩戴过分华丽的饰物,尤其是耳坠、项链之类的饰物,最好不要佩戴,以免在打电话时妨碍工作。
(3) 化妆。应化淡妆,避免深色的指甲油、浓艳的眼影,浓烈的香水。只要每日睡眠充足、洗澡更衣,注意健康,便能产生使人愉悦的自然美。工作时间如需要补妆,应该去洗手间。美国纽约大学曾向华尔街的老板和行政人员进行过一次调查,问他们最讨厌的是哪些文秘人员。有60%以上的回答是:最不喜欢一出办公室门就看到文秘人员在涂口红,好像时刻准备要下班,很不专心工作的样子。
(4) 发型。留短、薄式的发型,以免妨碍工作。
(5) 鞋子。没有花式的中低跟鞋,并保持光洁。

3. 接待平时来访者的实务

文员接待工作是否得体,乃是来客对公司的第一印象,间接影响到上司在来客心目中的形象。所以在接待时,要微笑、礼貌地招呼对方,尽量为对方设想,以获取对方的信任而推心置腹。切勿因来访者态度不佳而愤怒失态,应诚恳、冷静地思考如何正确应对,使接待工作能在融洽友好的气氛中井然有序地进行。

3.1 初见来访者时

不同的公司有不同的接待来访者的方法。在大公司里,所有来访者都去服务台或接待室,那里有专门的接待员(也可看作是初级文秘人员)负责初步接待,并通知文秘人员来了客人(在办公室的文秘人员最好在每天早上给接待员一份当天来访者的名单)。文秘人员到接待室作自我介绍,如果来访者已经预约,由文秘人员陪客人去办公室。

如果是小公司,文秘人员的办公桌在办公室门口,或在比较显眼的位置,来访者进来后,文秘人员要主动打招呼。英美国家习惯,文员不必站起来与来访者讲话,除非客人是位要人或年纪很大。

文员不要首先主动伸手去和客人相握,但是如果客人首先作出了握手的表示,文员则必须与其握手(社交场合的礼仪:年长的、职位高的、女士一方应该先伸手,年轻的、职位低的、男士一方才能与其握手)。打完招呼后的工作为:

(1) 确认

a. 对陌生来访者态度要和蔼,并仔细询问来访者的公司名称、来访目的、是否预约等细节,并将细节复述一遍,以求得确认。

b. 对熟识的来访者,则要主动迎上前去,亲切问候:"您是某公司的某先生,好久不见了。"或表示"经常受到您的惠顾,谢谢!"要以全名称呼来访者的公司,勿用简称,以免给人草率的感觉。

(2) 如何接受对方的名片

a. 名片代表着人的颜面,所以在接到对方名片时,务必表现出尊重的态度,不可在对方名片的正面记录备忘事项。

b. 当对方递出名片时,应点头致意,双手在平行胸部的位置接过名片,最好不要捏到名片上的字,以示尊重。如图所示:

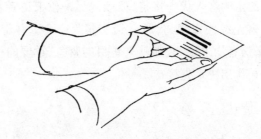

c. 双手接过名片,再收回双肘,仍轻捧着名片,抬起头,注视着对方,郑重地读出名片上的名称,以确认无误。例如:"您是某公司的某某先生",如名片上印有头衔、职称等其他内容时,得按照公司名称、职位名称、姓名等顺序来确认。

d. 遇到名片上有较罕见的字时,不可轻率地错读,可诚恳地请教对方:"很冒昧,可否请问一下,这个字怎么念?"对方回答后,可按对方发音,重复一遍:"您是某某公司的某某先生,很抱歉!"并行礼致歉。

(3) 如何应对在服务台处的来访者

a. 那些因刚到职或转调而前来的来访者,大多是不会事先约定的。遇到这种情况,文员可以请来访者在接待处稍等,再通知上司。如果是重要的客人,即使上司在开会或有人约谈,都可暂时离席,出来与来访者寒暄一番。

b. 如上司不在,可请副上司去招呼。若对方职务有所升迁,文员不妨恭喜一声,使气氛更融洽。

c. 如遇到拉广告、募捐的来访者时,则迎以柔和的表情、客气但坚定的态度去应对,礼貌地说:"很抱歉,某某不巧正忙,不能亲自见您,能不能让某某人跟您谈呢?"

(4) 如何接待同时到达的来访者

通常都是按照来访者到达的先后顺序予以接待,若是同时到达,则以有约定的客人优先接待,但须向另一位来访者表示歉意:"那位先生事先经约定来访,所以请您稍等一会。"并请他坐着等候。如果来访者均未预约,则就来访目的紧急、重要的程度,转达上司,由上司作出决定先接待哪一位。

3.2 传达

(1) 传达时应注意的事项

问清来访者的单位、姓名后,应该就其来访的目的、性质作全面的了解,再决定要不要向上司传达。但一切都要以上司的意向为主,文员不可擅自行事。

a. 首先必须对上司的好恶有所了解,在平日的言行中,注意上司对那些人有好感或恶感,分别加以记录,作为日后的参考。

b. 接待工作不同于一般的公务办理,若是发生差错,很难加以弥补,所以平时应多注意各单位的信息,并有经常的联系。对接待来访者的工作,要怀着一生只有这次见面机会的心态去应对,珍惜每一次接待的机会。

c. 根据上司健康状况及繁忙程度,对上司会客的次数与时间作好弹性调整。

d. 牢记上司的日程安排计划,切勿作重复的安排。

e. 如果上司工作范围扩大,文员也应随之扩大收集有关信息,并深入了解,以备不时之需。

f. 以谦和的态度聆听对方来访的目的,不可使用盘查的口气,再就对方其他相关的细节作一个全面的了解,以备传达上司,作为是否决定会见的参考。

(2) 怎样通报预约的来访者

a. 在预约的时间前,安排接待室,并准备好会谈所需的资料、茶水等,等待来访者的到来。

b. 对初次来访的客人,必须事先通知接待处来访者的公司、姓名,并请接待处热情接待,以示欢迎之意。

c. 与预约来访者见面时,要走上前招呼:"欢迎光临",等对方报出公司名称后,就说:"您就是某某先生吧!我们正在等着您。"如果已认出来访者的面容,就直接向前:"某某先生,欢迎光临,我们正在等您。"表达热诚的欢迎。

d. 对预约的来访者,切勿询问来访原因,只要表达"知道您会来"这一类的客气用语即可。

e. 如预约的来访者是来自同一公司,或彼此的姓名相仿,而预约时间又相近时,要特别注意不可张冠李戴。如果有早到的预约来访者,仍要按照预约定时间来安排会见的顺序。

f. 来访者到来,应先带入接待室,再通知上司。

(3) 怎样通报与上司个人预约的来访者

当来访者自称事先已和上司约好会面时,文员要先联络上司予以确认。可先向来访者说:"是吗?请稍等一下。"然后请其坐下,再联系上司。

向上司通报说:"您约好的某某公司的某先生,现在已经来了……"请上司指示。如果上司确认已事先约好而忘了告诉文员,文员就回来向来访者说:"某先生,真抱歉,不知您已约好,让您久等了,请往这边走……"切不可因此对上司有不满的态度。

(4) 怎样通报没有事先预约的来访者

a. 当有来访者随机来访时,立即起身向前:"欢迎光临",行礼致意,问清对方的单位、姓名、来访目的,例如:"您就是某某公司的某先生,请问您是来……"如来访者说:"我是为了某件事,要拜访某某经理……"文员就重复一遍予以确认:"您是为了某件事而来访某某经理吗?"接着再问:"是有急事吗?"并探测事情的紧急及重要程度。通常,来访者都会说是急事,但文员应站在上司的立场上来加以判断,然后再传达。

b. 对于没有自报姓名的来访者,如果上司规定文员必须弄清来访者的目的,就礼貌地问:"对不起,请问您是哪一位?"对方若不回答可以转变话题,探问他的来访目的:"您是哪家公司的?"再问其"职称"。如对方仍坚持不说,便反问他:"对不起,您什么都不说,我如何向某某(上司)禀报呢?"

或者说:"某某(上司)只能按事先的约定接见客人,我是安排所有约会的人,我需要知道您想跟他谈什么?"

或者说:"如果您不愿现在说出来访原因,我可以理解,您也许可以给某某(上司)来封密函,简单说出您想见他的理由,我相信他会很高兴与您见面的。"

c. 应对时,要态度沉着、目光诚恳地看着对方的眼睛,使他解除警戒或排斥的心理,同时要观察对方的人品和举止行为,这些都是相当重要的细节。

d. 将来访者的来访目的复述一遍以求确认,注视来访者的眼睛,清楚地答应:"好的,我去通报。"并点头致意,使来访者安心等待。

e. 若来访者询问:"董事长在吗?"即使上司在,也不可直接回答,而应说:"对不起,我去看一下。"请来访者坐下稍候,并点头致意。

f. 进入上司办公室,在上司座位一米前说:"打扰您一下",再轻声通报:"某某公司的某先生,为了某事而来,想跟您见面",并双手拿出名片,以上司方便的角度交给上司。然后退一步,等待上司考虑是否会见,应注意上司的情绪变化。倘若上司不愿接见,文员就要盘算如何委婉拒绝来访者,以免招惹来访者的埋怨。

g. 如果文员与上司是两间办公室,而上司正在与人谈话,文员可以通过内线电话通知上司,说某某来访,能否马上约见。文员的问话必须是能够用"是"或"不是"来答复的,如"你是否还要和客人再谈久一点?"这样可以避免让客人知道他在说什么。

h. 若上司愿意接见,就回答:"好的,我把他请到接待室。"给来访者一些书报杂志翻阅,每隔一段时间,要联络一下,免得冷落来访者。如果上司没空接见,就查看日程安排计划表,请示下次预约的时间,或另请他人代为接见。

回来向来访者点头表示:"让您久等",再按照上司的指示传达或接待。

(5) 上司拒绝接见来访者时

应尽可能向对方表达上司不能接见的理由,以免来访者发生误会,并诚恳地看着对方的眼睛致歉。

a. 上司正在开会时——"让您久等,抱歉。他正在开紧急会议,无法离开,可不可以让代理人与您先谈?"

b. 上司繁忙时——"真对不起,某某(上司)现在正忙,放不下手边的事。您看这样好不好,改日再与您联系,实在麻烦您,很抱歉。"

c. 上司即将外出——"对不起,某某先生(上司)已经安排好有事外出,现在正忙着,没法与您见面。我们上司说让您白跑一趟,真是不好意思,能否由我转达留言。我叫××,是他的秘书。"然后将留言记录下来。

d. 远道来访或有重要事情的来访——先告诉来访者"他(上司)即将外出(理由)……"再去通报上司。若上司指示代理人,便向来访者传达"抱歉,让您久等,某某急着外出,但他请代理人与您见面。请往这边走……"使对方能充分了解情况。

(6) 上司不在,而有不速之客来访时

a. 上司外出时——向来访者说明上司不在的原因,但不可告诉上司外出的地点或会议名称,只可告知上司返回的时间:"抱歉,真是不巧,他外出不在,预定×时回来,您的意思怎样呢?"

b. 询问来访者的意见,并探问来访者是否愿与代理人先作沟通:"您若愿意,代理人可先与您谈谈。"

c. 如果上司比预定的时间稍晚回来,就向来访者致歉:"真对不起,劳您久等了"、"可否告诉我有什么事?由我转告可以吗?"将来访者的留言记录下来,并加以确认。

d. 或是"等我们上司回来,让他立即打电话给您,不知道您几时方便。请告诉我您的电话号码好吗?"为对方设想,作适当的交代。

(7) 来访者如约来访,但上司却不在公司时

上司没有如约定的时间返回公司时,要能体会到来访者的心情,向他诚恳地致歉:"您在百忙中抽空来访,让您久等,实在对不起,某某可能因为堵车的关系,大约要晚二十分钟回来,不知您是否愿意等一下,给您带来这么大的麻烦,真是抱歉!"

a. 如果来访者愿意等候,应为其准备一些饮料、杂志,并尽量给予方便:"如有事要对外联系,请用这边的电话,不要客气。"但文员不要主动与等待中的来访者攀谈,但如果对方有谈话兴趣,文员也应作出反应。切勿告诉上司的朋友只有你知道而他们也特别想听的事情(如上司的隐私)。来访者询问生意上的事,文员只能作笼统的回答。

b. 如果需要等待的时间较长,文员要告诉来访者大概要等多少时间,让其作出决定:等还是改日再来?

c. 如果需要更改会面时间,应先征求来访者方便的时间,最好多问几个时间,以便配合上司的时间表,等上司回来后,再决定预约时间。并向来访者说:"某某(上司)回来,我马上与您联系,您的电话号码是……是吗?"然后确认一遍对方的电话号码。

(8) 应付上司不想见的来访者

当文员确定上司因为太忙或其他原因不想见来访者时,可以说:"希望我能多给您一些帮助,但某某(上司)现在有急事,可能需要一段时间,您最好与他进行书信联系。"

a. 请求赞助的来访者——文员可以说:"我们公司每年都有不少团体要求捐款,某某(上司)很乐意做这些事,可是公司的捐助预算有一定的金额,不能超过,你能否把你的资料留下,我想上司很乐意在下一年度捐款预算中将贵团体列入考虑。"或"请求某某(上司)赞助的人太多了,他必须进行一些控制,只赞助他多年来一直赞助的慈善事业,现在的确不能多加一份赞助了,请您理解他的处境。"

b. 建议另找他人的来访者——当文员发现来访者想谈的事情应该找公司的其他人时,可以说:"这件事应该由李飞先生处理,我很乐意为您安排约会。如果他现在不忙,我相信他会很高兴马上见您。"

如果来访者同意,文员要给李飞先生打电话解释有关情况,然后对来访者说:"李飞先生现在愿意见您,您上四楼,告诉接待员李飞先生正在等您。"或者"李飞先生今天不能见您,但他想问您明天上午11点是否能来?"

如果来访者因为不能亲自见上司而不满意,文员应告诉他你也很遗憾,但指示是上司下的,你必须按照指示办事。

c. 有问题的来访者——对于以下这些来访者,文员应该谨慎对待:

● 固执任性的来访者。 有些来访者不听任何解释,死搅蛮缠非见上司不可,甚至出言不逊,文员也应该毫不妥协(但要注意礼貌)地反复进行解释并提出建议。坚持说你没有权利更改规章制度,但是你一定要向来访者保证:如果对方写信给上司,上司一定会看到这封信。

● 进行威胁的来访者。 如果来访者对文员进行威胁,你可以悄悄地告诉上司,公司有保安部门的就打电话给他们,千万不要与蛮横无理、可能带来危险的来访者直接冲突。
- **情绪激动的来访者。** 有时候来访者不一定蛮横无理或进行威胁,但由于刚丢了工作或其他原因情绪激动。如果来访者是男性,女文员应该找男同事帮忙,使他冷静下来;如果是女性,女文员可能会使她平静下来;如果不行,可以考虑找一个成熟有经验的女同事来帮忙。
- **骗人的老手。** 商场上有时会遇到一些无耻的骗子。他们① 介绍的产品或服务价格低得离谱;② 公司经营时间不长;③ 个人或公司没有通讯地址,或电话号码有疑问。对于这些,文员必须保护公司和上司的利益,千万不要在没有事先弄清楚是否真的下过定单、是否真的要把钱打入到某个账户或个人信用卡上之前就透露这方面的信息。

(9) 来访者无法与上司会见而离去时

　　a. 文员应该说:"您特地来访,真对不起"或"很抱歉,没能帮上您的忙"流露出歉疚的眼神很礼貌地向对方说明,无论表情态度都要显示出抱歉的意思。

　　b. 如果不能见上司而让对方白跑一趟,文员态度应格外地友善,尤其是对初次来访的客人,要指点其回程的路线以及交通工具的时刻表。以关注与安抚的心态,尽量博取对方的好印象。

　　c. 当来访者有物品要求托管时,应这样表达:"好的,我来保管,我是文员××"并确认点清托管的物品。用双手接过物品,除非是太重的物品,否则都要拿到腰部以上的位置,以示尊重。

　　d. 如果来访者直接要求文员为他办事,则要说:"抱歉,这事不能由我做主,能不能等上司回来再答复您,真是抱歉。"

　　e. 来访者离去时,应留意一下他是否有忘记带走的物品并礼貌地送其离去。

3.3 引见

(1) 上司准备会客时,文员应预先打理一下会客室,查看桌椅排列是否妥当,桌布是否整洁,地面是否清洁等事项。

(2) 等来访者到来时,礼貌地接待:"让您久等了,请往这边走。"用手示意方向,自己走在客人右方的前二三步并以侧转130度向着客人的角度走着,再配合客人走路的速度向前引导(130度的姿态,不但方便引导者照料来访者,又不会让来访者看到后背,而且客人将要跌倒时也可及时扶起。文员在来访者右前方带路,是源于西方礼节,可以不妨碍地位高于自己的人士走路,并在紧急时可及时予以照料)。

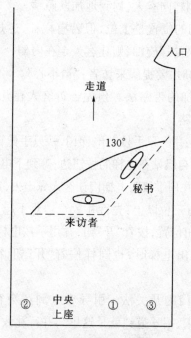

引见时主客的正确位置

上图所示中,在走道上,中间的位置是上位①,左右是下位,而在左右中,如图②是第二位,③是第三位的位置。

(3) 文员在为来访者引路时,必须注意自己的姿势,眼、口、肩、手都要有一致性,手指并拢,拇指弯向掌边,掌心朝上,以腰部以上的高度指示着方向来引路。

(4) 来访者如带有物品,可以礼貌地为其服务,可向对方表示:"假如可以的话,我来替您拿好吗?"

(5) 上下楼梯的带路法。到转弯处或楼梯口,停下来说:"往这边走",手掌朝上指示方向,目光注视着来访者引路。

a. 上下楼梯时,文员应该预防来访者因不小心而跌倒。在上楼梯时可让客人走在前面,自己紧跟在后。下楼梯时,要自己走在前面,并将身体倒转向客人;周到地加以照顾。

b. 楼梯中间的位置是上位,但若有栏杆,还是让客人扶着栏杆走比较好;如果是螺旋梯,则让客人走在内侧。

c. 上下楼梯时,要提醒来访者:"请小心"。

(6) 乘坐电梯的带路法。预先告诉客人在几楼下电梯,再按照客人的多少引路。

a. 二位客人:用一只手按着电梯门,一只手做请的手势"请进"。客人进入电梯后,自己站在电梯的按钮边;等到下电梯时,说一声"就是这里,请……"并用手按着电梯门让客人先出去,自己随后出去。

b. 来访者有三位以上:先行礼致意:"对不起,我先进去"。进了电梯,站在按钮位置,按着"开"钮,并用手按电梯门,让客人陆续进入电梯内。走出电梯时,也同样按着"开"钮,待客人都已出去后,自己再出去。

(7) 会客室门的开关法。引导客人到达会客室门前的一米处,文员要停下来,招呼道:"就是这里",并行礼致意。接着先在门上轻敲数下,再打开门让客人入内。

开门的方法如下:

a. 门的把手——假如是开自己正前方的门,用右手握门把手开门。

b. 怎样拉开门——如果门是向走廊方向拉开的,则要面向来访者,身体微侧着,转动门把手开门(图①、②)。

c. 怎样推开门——如果门是向室内方向推开的,文员向客人告罪一声:"对不起,我先进去",进去后,在室内,用一只手握住门把手,站立门侧(图③、④)。

d. 打开门后,和颜悦色地招呼客人:"请进",并用手势带领客人入内。

e. 如果会客室的门是拉开的,来访者进入会客室后,文员立即换手握住室内的门把手,以轻盈的步伐进入室内,轻轻关上门。如果是推门而入,则小步走进会客室,等客人进入后,再轻轻关上门。

(8) 会客室内的引导。进入会客室,走到客人的面前,将客人带到座位上,以手势指示:"请坐"。客人有二位以上时,应请地位较高的坐在上座,地位相当的客人有二位以上时则按照年龄长幼安排座位。

图①

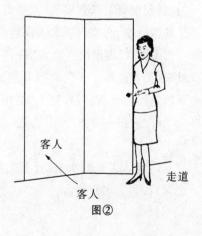

图②

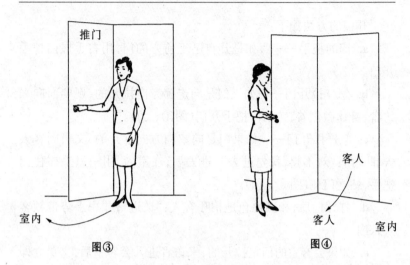

图③　　　　　图④

a. 在办公室里,离入口最远的位置是上座。坐椅地位高低的顺序则为沙发椅、扶手椅及凳子。

b. 带领地位高的客人走入上座时,文员应将身体稍稍朝向上座的方向,手指并拢指示着,同时以眼睛注视着客人,并引导客人随着你的视线朝向上座方向,再以手势请客人入座。

c. 替客人保管大衣的方法——接过大衣、帽子、围巾等时说:"我替您保管",挂置妥当后,告诉客人"替您把大衣挂在这里"。若是其他行李,必须告诉客人保管的地点。

d. 怎样告退离开会客室——向来访者表示"某某(上司)马上就来,请各位等一下",并行礼致意,随即走到门边,说一声:"失陪了",走出门外,在门外挂上"使用中"的牌子。

e. 通报——到上司办公室去通报:"客人已在会客室等候了"。

f. 客人若是初次来访,上司并不认识,则由文员陪同上司进入会客室,为上司介绍。

3.4 介绍时的礼节

(1) 持介绍信来访的客人。这种情况下,大部分介绍人(单位)会事先通知,所以文员可向已到的客人说:"某某先生跟我们联系过,我们正在等您",并接过介绍信,在通报上司时顺便交给他。

a. 若介绍人没有事先通知时,可对来访者说一声"请等一下",再向上司请示。如有疑问时,可打电话向介绍人(单位)求证。

b. 有些来访者没有介绍信,但表示"某某先生介绍我来……"而要求安排跟上司见面。这种情况,也按照前述方法处理即可。

(2) 介绍时的原则。介绍,在原则上是将被介绍者的有关资料提供给地位高、受尊敬的一方。

介绍时的方法如下:

a. 先介绍自己公司的人,再介绍公司外的人;

b. 先介绍地位低的人,再介绍地位高的人;

c. 介绍地位相同的人时,应按照到职的先后,先介绍新进的职员;若同时到职,就先介绍年纪较轻的人;

d. 若年龄、地位都相同,便从较亲近的人开始介绍;

e. 将一个人介绍给大家时,先介绍这个人;

f. 同时介绍很多人时,可从右至左,按顺序介绍;

g. 先介绍希望被介绍的人,再介绍其他的人;

h. 当男士与女士各方面情形都相近时,要先介绍男士;

i. 若全是女士,先介绍未婚者,再介绍已婚者;

j. 亲疏之间,从亲者先介绍。

譬如需要介绍的是王董事长和张先生,应该把张先生首先介绍给王董事长,这是对王董事长的尊重。文员要面对王董事长,说如下的话:"王董事长,这位是张强先生,他是利达公司的部门经理",然后再朝向张先生说:"张先生,这位是迪生公司的王明董事长。"也就是说,作介绍时首先叫到名字的一方是受尊敬的。

3.5 接待

(1) 茶水的准备工作

a. 确定人数;

b. 整理仪表,洗净双手;

c. 检查茶杯是否干净完好。为上司与客人准备同样的茶杯。

(2) 泡茶的方法

a. 将滚水倒入茶壶,茶杯先温一下再使用;

b. 红茶以热水冲泡一分钟以后,即可饮用,但仍应以茶质与开水的温度来决定;

c. 茶杯的周围及底部必须擦拭干净;

d. 茶杯与茶碟放在茶盘上,旁边放上毛巾。

(3) 捧茶盘的方法。捧茶盘时,双肘要附在身体的两旁,茶盘的高度对齐胸部,茶盘与身体的距离,以能看到足尖为准。步履要稳定。

(4) 以茶水接待的方法

a. 茶盘捧到会客室门外时,以靠门把手的那只手平稳地捧着茶盘,再用另一只手去敲门。里面如果没有回应声,即可开门入内,由捧茶盘的那边先侧身进入,动作要轻快,把门关上后,双手重新托住茶盘,但不要用拇指深扣茶盘的边缘。

b. 说声"打搅了"轻轻致意,这时,将茶盘捧在自己身体的斜前方,以免呼吸或弯腰时头发碰到茶杯。

c. 茶盘暂时放在茶几上,若无茶几,则可放在客人下座位置那边桌子的末端。若连放的地方都没有了,那只有捧在手上了。

d. 假如客人是由其他同事带进会客室,这时便要向客人打声招呼"某某先生,欢迎欢迎"。

e. 用双手拿起茶杯,放在毛巾上,以沥干杯底的水,再放回茶碟。茶杯与茶碟上的花纹都要朝着客人的方向。

f. 奉茶时,若从客人的右侧端上,应以左手托着茶盘,右手拿着茶碟便可奉上(若从左侧端茶,则左右手的动作相反)。从坐在上座者起,按照顺序奉茶,最后再给自己公司的人员。如果按照欧美的礼节,饮料是由右肩处端上。在办公室内,如果室内狭窄,则从下座旁端上。直接从桌子对面端茶是不礼貌的,但开会中途休息时可从桌子对面上茶并迅速退下。

g. 同时奉茶与点心时,点心从客人的左边端上,接着用双手端茶,从客人的右边递上,再说一声"请用"。无论如何,一定要双手端茶给客人,当茶杯即将抵达桌面时,邻近客人的那只手要先放开,以免挡住客人视线,再用另一只手把茶杯轻放在桌上。奉茶时要稍微屈膝,避免弯腰递茶时头发向前垂下,或像在俯瞰客人的样子。

h. 茶杯的位置应放在客人的右膝前方,最好是离客人10厘米左右距离。

桌上若放有文件,先说一声"抱歉,打搅了!"待文件移开之后再放下茶点。但若文件不能移动,就找一个不妨碍文件的地方放好茶点,并说声"抱歉,茶点放在这里,请用"。

i. 西点和咖啡的端法。咖啡碟放在西点的斜右方内侧,杯把朝右,茶匙也放在右边。

j. 奉茶时,先征求客人的意愿(茶、咖啡、其他饮料),也应尽力尝试了解客人的喜好。

k. 上司迟来时,为避免茶水冷却,应再度为上司与客人奉茶,说声"给您换茶",再换上热茶。

l. 客人中若只有一人因事迟来,且只晚了5—10分钟,只要为那一位奉茶即可。若迟到太久,就干脆提早为全部客人换第二次茶。

m. 最好在谈话告一段落时再换茶。如果谈话一直没有中止,可利用上司说话的时候,打断一下,迅速换上茶水。如果客人谈得正起劲,不能终止时,便以目光向上司请示。

n. 在机密会议中要留意上司的眼神,敏捷地奉茶。如果会议气氛紧张,且对上司立场不利时,文员可借奉茶为名,态度和蔼,轻柔缓慢地端出茶点,以消除紧张的气氛。

o. 端上茶后,往后退一步,以关怀的眼神注视客人,含笑招呼:"请趁热喝"。

p. 再退到茶几旁,拿起茶盘,如果上司尚未来,应说"某某(上司)马上来了,请稍等",再退出。

(5) 在会议室内,以茶水接待的方法

a. 预先请示上司喝茶的时间。

b. 从客人中的上座起按顺序奉茶,其次再为公司内的员工奉茶。如果大家已按顺序坐好时,则由一人捧茶盘,另一人快速奉茶。若上座不在时,可先以其中一排开始奉茶,此时,两个人同时捧着盘子各自从客人座位的右后边奉茶,放在文件的右前方,注意切莫碰到客人的肩膀或手腕,也不可使茶盘太接近客人的背部。

(6) 怎样向会客中的上司传话

a. 用便条把所要传达的内容逐项书写,使上司易于了解并决定。如:"某某公司的某先生,为急事来访,请他等几分钟,或请某某人代理,要我问他哪些事情"。便条以对折方式折好,走入会客室,在上司背后说一声:"对不起,打搅一下",上司回头时,便递上便条与铅笔。退一步,等候指示。

b. 若是向客人传话,音量要大到上司也能听到的程度:"某某公司的某某处长打电话给您",并将传话内容中有关数量等细节写在便条上交给客人。

c. 在会客室中,文员要将双手轻轻交握在前面的姿势,走路时不要发出声音,不可背向客人,尽量采取侧向客人,沿着房间的边线行走,切勿打搅他们的谈话。

d. 如听见会客室中传来类似争吵的声音,应立即以自然的态度进入查看,以便听候上司的指示。

e. 到了下一个约会的时间,文员应提醒上司:该准备下一个约会了,这也是暗示来访者该离开了。如果上司事先约定,要文员帮他打断来访者的谈话,你可以当着来访者的面,很有礼貌地提醒上司该去参加另外一个会议了。

3.6 送客与会后的整理

(1) 送客时的寒暄之辞。会谈结束时,文员应提醒来访者,有没有托管物品,或忘记带走的东西。对即将离去的客人说些客气的话,如:"对不起,招待不周"、"刚才让您久等,不好意思"、"慢走"等,使客人能十分愉快地离去。

(2) 如何送客。这要看上司与客人的关系而定,送客送到哪里为止,也各有不同,但原则上都应该送到客人离开视线为止。

a. 送至办公室或会客室门口——走在客人前面,一边寒暄,一边开门送客。

b. 送至电梯口——在前面引导客人到电梯边,按下电梯钮,再用手按住电梯门,一直送到电梯门关上为止。

c. 送至座车旁——重要的客人或远来的客人离去时,要为其准备座车。如上司自己开车送客,边打开车座前门,让客人坐在驾驶座旁的位置。文件、礼物放在车后座。如果是司机开车,客人坐后座,则将物品放在驾驶座旁的位子上。

车上的座位顺序有两种不同的情况:如果是上司或文员自己开车,最受尊敬的位子在驾驶座旁;如果是司机开车,则最受尊敬的位子在后排的右面,其他位子的次序如图所示:

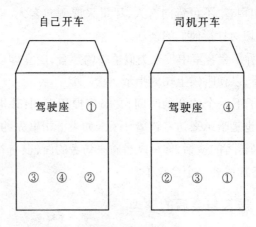

车上的车位顺序

(以数字从小到大的顺序表示座位受尊敬的次序)

(3)会后的整理。将茶杯收好,清理烟灰缸,打开门、窗调节新鲜空气,整理桌椅,检查物品,然后熄灯,并把门外的"使用中"的牌子取下,以方便后来的客人。

4. 接待计划中来宾的实务

有些主宾会见或会谈,应上司要求,文员也参与。文员除了尽招待礼仪之外,主要任务是在上司身旁陪同,准备会谈资料,做好会谈记录以及现场服务等等。除非上司授意,文员通常不发表意见,切不可喧宾夺主。

有些外地来的贵宾,主方安排参观、游览,需要文员陪同,此时之文员又充当"导游"的角色。文员应提前到宾馆等候，陪同过程中要处处照顾，还要对参观的交通路线、用餐、休息点等作好事先联络安排，并对参观内容和游览景点作适当介绍。这就要求文员熟悉本地的建设概貌、发展特色、历史演变、人文和自然景观乃至风土人情等。既有丰富的知识，又有生动、幽默的口才。

有些重要的宾客，上司会要求文秘人员做好充分计划进行接待。这就是从事先联络、制订计划、做好准备、迎接、参与会见、陪同访问、送别客人直至事后小结、汇报，全过程都由文秘人员负责进行。这要求文秘人员应有丰富的经验和周到细致的安排。

4.1 内宾接待的一般程序与内容

计划性的内宾接待一般按下列程序进行：

a. 接受任务——▶b. 了解来宾——▶c. 制订计划——▶d. 预订食宿——▶e. 迎接来宾——▶f. 商议日程——▶g. 安排会谈——▶h. 陪同参观——▶i. 送别客人——▶j. 接待小结。

内容说明如下：

a. 文员从上司处接受接待任务。

b. 文员了解来宾的人数、身份、性别、来意、要求、日期、交通工具的班次与具体时间、内容和日程的初步要求、何时返回、返程交通工具等等。

c. 文员按来客和上司的要求制订计划，包括接待规格、内容、日程、经费、人员、任务分配等等，经上司批准后逐项准备办理。

d. 文员按计划在招待所或宾馆预订膳食、客房或床位、准备车辆等。

e. 文员在预定日期、时间随车到机场、车站、码头去迎接客人。

f. 文员将客人接至招待所或宾馆后，即与对方文员或相应人员商定日程安排。

g. 文员将商定日程汇报上司,接着安排双方会见或会谈事宜,并应准备好会谈需用的资料。

h. 如安排参观访问,文员应陪同、介绍,并负责交通、餐饮、休息、安全等。

i. 客人访问结束返回时,文员应提前代办车船机票并将客人送至车站、码头、机场。

j. 重要的接待一结束,文员及经办人员应认真进行小结并向上司汇报。

4.2 外宾接待的一般程序与内容

计划中的外宾接待比内宾接待通常要复杂一些,内容要求也有所不同,一般程序如下:

a. 接受任务──►b. 了解来宾──►c. 制订计划──►d. 预订食宿──►e. 欢迎来宾──►f. 商议日程──►g. 礼节性拜访──►h. 宴请──►i. 正式会谈──►j. 签订协议书──►k. 陪同参观游览──►l. 互赠礼品──►m. 欢送来宾──►n. 接待小结。

内容说明如下:

a. 接待任务由文员接受,或由外事部门主办,文员协办。

b. 对来宾的了解除了人数、身份、性别、来意、要求等外,还应注意国籍、民族、生活及风俗习惯等等。

c. 制订计划应该更周详细致,政府机关的外宾接待计划需报上一级领导批准,重要外宾还需通报交通和安全部门配合。

d. 按计划规格在宾馆预订标准客房或套间,预订中式或西式餐饮,说明特殊要求或指定菜谱。

e. 按计划由主管亲自迎接或由文员代劳,或需组织一定的欢迎仪式。

f. 文员到宾客下榻处和客方商定日程;

g. 主方负责人去客方下榻处进行礼节性拜访,文员随同。

h. 主方宴请客方,一般用固定席位的正宴、晚宴,不用酒会、自助餐等。

i. 双方主管进行正式会见或会谈,文员应做好资料和物质准备,默契配合。

j. 如双方达成协议并签订协议书,文员应事先拟写协议书草稿,并安排好签约仪式。

k. 文员陪同外宾参观、游览,弘扬民族文化,指点大好河山,宣传建设新貌。

l. 文员准备礼品,要选有纪念意义但经济价值不过高的,并登记在册,宾客再度来访时应作变换。

m. 以与欢迎来宾相应的规格及仪式欢送宾客。

n. 一般应作书面小结,立卷存档备查。

第六章 信访实务

信访工作实务是人民群众以写信（包括书信、电子邮件、传真）、访问、电话等形式向党和政府机关、企事业单位反映情况、申述困难或冤屈、提出批评或建议，检举或控告等，而对方的文秘人员予以受理、调查、处理、答复等的一系列工作实务。信访工作是党政机关、企事业单位与职工群众保持密切联系的重要渠道，也是接受群众监督，保证从业清廉的必要形式。认真做好信访实务，关心群众疾苦，为群众排忧解难，协助领导和上司，配合职能部门对质量异议、商品投诉的处理，改善经营管理。这对于维护社会稳定，密切党群干群关系，增强企业凝聚力具有重要作用。

文秘人员应该遵守以下原则做好信访工作，即：方便信访人；属地管理、分级负责，谁主管、谁负责；依法、及时、就地解决问题与疏导教育相结合；治标与治本相结合；加强信访工作的责任。

1. 来信的受理与处理

1.1 来信受理程序

来信受理就是党政机关、企事业单位接受并处理职工群众的来信，受理的范围是：国家机关、主管部门或新闻单位转来的信件；

职工、群众直接给机关、单位领导的信件。程序和基本要求是：

（1）及时拆封。文秘人员对收到的来信，在拆封前要检查是否属于自己的受理范围，是否有"亲启"字样。拆封时，不要损坏邮票、邮戳和其他书写内容的地方。对急信、要信，或有过激言语的来信，要处理及时，报告上司，还要以有效方式通告有关单位紧急处理。拆开后在装订时，信纸在前、信封在后，要一并装订。上级或其他部门附"转办单"转来的信件，转办单要放在信纸前面一并装订。

（2）认真阅读。要耐心细致地阅读，注意把握信中的主要内容，对陈述不清的，有条件的，可通知写信人补充，也可约请面谈。对可能是精神病患者的来信，可向有关单位了解一下写信人的状况后再作决定。也可用颜色笔为领导标明信中的重点，或在信纸的空白处注明"参阅某卷宗"或"可与前信印证"等。文秘人员在领导复信时应提供所需要的资料。

（3）逐项登记。用钢笔将写信人的姓名、职业、单位或住址、写信时间、收信日期、主要内容、要求、收信单位（人）以及承办后的情况、结果和立卷存档号等详细记载，便于统计、查找和催办。对于上司批示或上级机关、主管部门交办的重要信件，还要将领导人姓名、批示意见，或交办机关名称、交办文号及日期、要求结案日期、结案情况和日期详细记载。

（4）认真处理。处理信件应该按照国家有关法律法规和各单位的规章制度，进行转办、交办或自办。

转办、交办是按照来信人的内容，根据交办单位的要求或上司批示意见，用"转办单"、"交办单"转给或交给承办单位处理。承办单位应在规定期限内汇报处理结果或结案意见。小型单位可以直接将来信交给有关部门处理，文秘人员在必要时可协助上司直接处理。

自办是指那些无归口部门处理或原基层单位撤销，或涉及单位负责人的问题，或经过多次复查处理，原承办单位难以承办的，或问题复杂涉及几个部门或单位、并由上司亲自组织调查处理的信件。自办信件要办理及时、符合程序要求。

(5) 及时复信。复信是取信于职工群众的有效措施,增加职工群众对组织的信任。复信可采取收信人(单位)复信,或承办人(单位)复信两种方式进行。

收信人(单位)复信,就是写给谁的由谁复信。由于单位领导同时收到的信件较多,每一封来信不可能都由领导亲自处理,可以由信访部门或文秘人员代为答复,而重大问题由领导答复。由收信人(单位)复信的情况有以下几类:

a. 提出明显不符合政策规定的过高要求的来信,或已按照政策规定多次复查而不需要再复查的申诉信,复信必须讲清政策、法规,做好思想工作,劝其服从处理;

b. 有价值的建议信,或是有事实、有针对性的批评信,应该告知处理结果,并表示谢意;

c. 举报违法、违纪、违章的署名信,应复信表示谢意,并告知处理结果;

d. 问题复杂、调查处理的时间较长的信件,应复信作具体、准确地解释和答复;

e. 初次写信,或有过激言行的来信,应复信安抚其情绪,或与有关部门联系;

f. 其他需要直接回复的信件。

承办单位复信,就是承办信件的基层单位或职能部门复信。对来信转交有关地区或部门处理的,要复信告知来信人直接同承办单位联系。也可以对企业职工或家属,以面谈的方式直接告诉来信办理情况或办理结果,便于沟通情况。对消费者、用户和其他群众的来信,特别是对产品质量、服务质量、经营作风等问题,情况属实的,都要有处理意见和改进措施的回复。坚持"三性一要"的原则:"三性"为政策性、针对性和灵活性。善于针对来信中的重点、要点,用符合政策、法规的意思去解释、说服,并且做到语气委婉、措辞得当。"一要"为复信态度要明朗,不能含糊其辞,鼓励、批评、疏导都要明确。

1.2 承办来信注意事项

承办来信应注意以下问题:

(1) 拆封信件前,要检查信封、邮票是否完整;对随信附寄的证件、票据、现金等要逐项点清,详细登记,妥善保管,一般不要随信下转;转发信件时要保持原信封、邮票的完整。

(2) 登记信件时,摘录登记内容要言简意赅;需要呈送领导、上司批阅的信件,要附上"信件呈阅单"。

(3) 对初次写信者,承办开始就要复信或回告承办情况,避免重信或越级上访。

(4) 对于举报违法违纪的,或者申诉遭到打击报复的,或是涉及基层负责人的信件,如需要转(交)办的,只能将信件转(交)被举报、申诉或涉及单位(负责人)的上级或有关部门处理,不得将信件转交给被涉及的单位或本人,以保护举报人的合法权益。

(5) 对下列情况的信件,不再承办,但可作为已经处理的信件登记和统计:

a. 已做结案处理的,本人要求过高并明显不符合政策规定的;

b. 精神病患者的来信;

c. 没有具体内容和情节的匿名信;

d. 有过激言论或谩骂领导、上司而无须转公安部门查处的匿名信(但对反动言论或肆意攻击党和国家领导人的信件,应转公安部门处理);

e. 其他经过认定不再承办的信件。

1.3 受理网上信访注意事项

2013年7月1日,我国国家信访局规定其门户网站网上投诉全面放开受理信访内容。网上信访是推进信访信息化建设的重要方面,公众可以通过网络平台反映诉求,即时查看办理进程和结果,不断降低信访成本。同时,网上信访可通过信息化手段进一步规范信访工作流程。建立健全网上信访事项办理机制和网上回访、网上督查制度,可切实提高信访事项办理效率,降低行政成本;可依托网络平台打造阳光信访,逐步解决网上信访过程和结果可查询、可跟踪、可督办、可评价等问题,使信访工作的全过程接受群众监督,提升信访部门的公信力。

受理和办理网上诉求与信访事项,遵循"谁主管、谁负责"的原则,按照"分头受理、集中管理、限时回复、规范公示、统一考评、定期通报"的工作机制运行。

(1) 网上公开信箱受理的范围
  a. 对国民经济和社会发展各方面提出的建议或意见;
  b. 对政府及其组成部门具体行政行为提出的申诉及请求;
  c. 需要公共企事业单位按职责处理的有关事宜;
  d. 对有关政策、法规和业务的咨询;
  e. 对各级政府及其组成部门和相关工作人员的办事效率、工作作风、廉政行为等方面的投诉举报。

(2) 网上公开信箱不受理的范围:
  a. 向行政机关提出行政许可、登记、备案等事宜的;
  b. 依法应当通过诉讼、仲裁、行政复议等法定途径解决的;
  c. 需要向来信人求证而又无法与来信人取得联系的;
  d. 无实际内容的;
  e. 以盈利为目的的商业推销广告;

f. 各种恶意攻击性信息；

g. 内容涉密暂不能公开的；

h. 其他不属于受理范围的信息。

(3) 受理要求

a. 收件单位应及时收取并逐件阅读和处理网上公开信箱中的信件，做到日收日清。

b. 收件单位对所受理的信件必须按分类标准进行归类，经确认再办理。

c. 属于收件单位受理的信件，应在3日内告知来信人受理情况；不属于收件单位受理的信件，应在1日内告知来信人信件转送单位及联系方式。

(4) 网上诉求与信访事项办理方式

a. 自办。来信事项属本单位管辖，由收件单位直接办理。

b. 协办。来信事项涉及多个部门管辖，由共同上级部门指定主办单位和协办单位，协同办理。

c. 交办。来信事项属下级管辖，上级部门根据管理权限交下级办理。

d. 转办。来信事项不属于本单位管辖，由收件单位退回系统管理员重新分发或直接转交有权处理的单位办理，同时说明退回或转办的原由。

e. 呈办。来信涉及重要事项的，呈报领导或上级单位审批处理。

f. 对交办、转办有误的信件，接件单位应在1日内将信件退回，并说明退回原因。

(5) 网上信访的办理要求

a. 网上诉求事项应当自受理之日起7日内办结，并将办理结果回复告知来信人；无法按时办结的，经承办单位负责人同意可以申请延时一次，延长期限不超过 7 日，同时做好解释说明和备案工作。

b. 网上信访事项应当自受理之日起 60 日内办结，并将办理结果回复告知来信人；情况复杂无法按时办结的，经承办单位负责人同意可以申请延时一次，延长期限不得超过 30 天，同时做好解释说明和备案工作。

c. 网上诉求与信访事项办结后，承办单位应将办理结果及时在诉求系统中进行办结处理。

d. 网上诉求与信访事项办结后，来信人愿意公开且承办单位核定可以公开的，来信内容及办理结果予以公开。

e. 网上诉求与信访事项办结后，需要纸质档案的，应对有关资料进行整理，按照分类清楚、资料齐全的要求，立卷归档。

f. 诉求系统自动跟踪信件的全部处理过程，并对办理进度适时提醒、警示。对未办结的诉求事项，在规定期限到期前 2 天开始显示黄灯信号提醒；对未办结的信访事项，在规定期限到期前 15 天开始显示黄灯信号提醒；对超过办结期限的，显示超时红灯信号警示。

g. 超时未办结的诉求与信访事项，应进行督促限时办结。

h. 定期通报、考核网上诉求与信访事项办理工作情况。通报、考核以诉求系统自动统计结果为依据，指标包括：收件告知率、收件办结率、平均办理时间、来信人对回复意见的满意度等。

i. 网上诉求与信访事项的办理情况纳入部门年度工作目标管理范畴进行考核。

2. 来访的接待与处理

来访接待是接待并处理职工、家属和其他群众的陈述要求、意愿,直接倾听群众呼声的一种方式。企业接待来访的范围大致有:职工及其家属的来访;企业用户、消费者的来访;被企业开除、除名、辞退或解除劳动合同人员的来访;社会其他成员反映涉及企业有关问题的来访。

2.1 来访接待程序

(1) 热情迎送。接待人员对来访人员要以尊重、信任、关心的态度起身迎接。主动让座,使来访者有亲切感。即使有的来访者情绪急躁或言行失控,或言词过激甚至出口伤人,接待者也要以礼相待,切忌简单草率或拒之门外。来访者离开时,不论问题解决与否,接待者都要起身相送。做到这些,可以使来访者的情绪稳定,增强对接待者的信心。

(2) 认真听记。接待者聚精会神地倾听来访者的陈述,让对方把话说完,只有在对方表达不清或离题太远时,接待者才予以提示,但不要表现出不耐烦的情绪,尤其是对重访户或上访老户,更应如此。对来访者未说清的主要问题和主要情节,要询问清楚,或以重复来访者陈述的方式加以确认。接待者将弄清楚的情况和来访者的要求,简明扼要地记录在《接待来访登记簿(卡)》上,并对来访者的姓名、性别、年龄、职业、单位或住址等逐项登记。

(3) 准确解答。对来访者反映的问题应按照有关规定,作耐心细致的解释和诚恳的疏导,准确地答复,还可出示有关规定和文件。

(4) 及时处理。对来访者反映的问题,要按照"属地管理、分级负责,谁主管、谁负责"的原则进行处理。对于涉及职能部门或基层单位职责范围的一般性问题,可以由部门或单位直接处理,并由承办单位直接答复来访者。对于举报组织中层以上干部的问题,涉及组织全局性普遍性的问题,或有重大经济价值的建议,或对严重打击报复的申诉等,应报请领导批示,信访部门或秘书部门按照领导批示意见办理。

2.2 接待来访的注意事项

(1) 组织领导应该定期或不定期地亲自接待群众来访,如我国许多城市已设立了"市长接待日"、"局长接待日"等制度。

(2) 企事业单位一般都有接待室,铁路、交通、商业等服务性行业,也都有值班室(台)、服务岗或监督岗等。

(3) 接待人员应该有比较高的思想修养和较强的业务能力。

(4) 接待者要做好登记,记录来访处理的全过程,并要签署接待者、承办者(单位)、姓名(名称)。一般常用的登记表样式为:

来访接待记录单		年 月 日	
来访者姓名		来访时间	
来访者单位		来访者电话	
接谈内容:			
处理意见		批示人(签名)	
处理结果			
备注		接待人(签名)	

3. 来电的接听与处理

近几年来,群众以电话形式反映、询问、举报、投诉者日多,在信访实务中占了越来越大的比重。文秘人员或信访接待人员必须高度重视,认真做好接听、处理来电的工作。

接听电话时,态度要诚恳、耐心,语气要亲切、委婉,并随手做好必要的记录。对比较复杂或严重的情况,可以约请面谈。一时难以答复或需要请示的问题,可以另约时间(但时间不宜过长,最好在三天以内)主动打电话给对方。具体方法及程序可参照电话接打、来信及来访处理的要求。

4. 企业信访工作实例

企业信访实务主要表现为消费者及客户对产品质量、经营作风、服务态度等等的投诉,或对企业各项工作的批评、意见和建议,这些都是重要的反馈信息。明智的企业家应该认识到这些都是关系到企业的声誉和形象,关系到企业是否能占领市场,也就是企业是否具有强壮生命力和综合竞争力的重要因素。下面几个案例或许能给企业文秘人员与经营者就怎样做好企业信访工作以某些启发。

4.1 充分信任,及时处理

美国某花店经理接到一位顾客的电话,说她订购的20支玫瑰送到她家的时间迟了一个半小时,而且花已经不那么鲜艳了。第

二天,那位夫人接到了这样一封信:

> 亲爱的凯慈夫人:
> 　　感谢您告知我们那些玫瑰在很差的情况下已经到达您家的消息。在此信的附件里,请查找一张偿还您购买这些玫瑰所用的全部金额的支票。
> 　　由于我们送货车中途修理的意外耽搁,加之昨天不正常的高温,所以您的玫瑰我们未能按时、保质交货,为此,请接受我们的歉意和保证。我们保证将采取有效措施以防止这类事情的再次发生。
> 　　在过去的两年里,我们总是把您看作一个尊敬的顾客,并一直为此感到荣幸。顾客的满意乃是我们努力争取的目标。
> 　　请让我们了解怎样更好地为您服务。
> 　　　　　　　　　　　　　　您真诚的霍华德·佩雷斯
> 　　　　　　　　　　　　　　　　　　　(经理签名)

　　这个案例中,打电话的是一位老顾客,所提出的又是20支玫瑰花的质量——数额并不大的问题。经理或经理文秘人员处理这件事应考虑以下几点:

　　a. 大多数的顾客是不会弄虚作假的,更何况是与商店已有了两年交易的一位老顾客。她所反映的情况是不容置疑、无需调查的,所考虑的是怎样补救的问题。

　　b. 补救的办法:一是可以接到电话立即派人马上再送20支玫瑰去,二是赔偿货款。考虑到花只是一两个小时的耽搁,不至于枯萎,还是采取赔款能使顾客更加满意。

　　c. 道歉。赔偿只是物质上的表示,道歉更能从心理上表达对顾客的尊重。方式也可以是打个电话,但是写信则显得更加郑重其事。

　　d. 信的写法,先是表示感谢和全额赔偿,其次才解释原因,又不只是就事论事,还提出了防止以后发生类似事情的保证。最后再联络一下感情,表示了商店对顾客的基本原则和态度。

　　e. 商店应以此为鉴,采取改进措施。比如要求送货员一旦发生意外,应马上打电话到商店;店里应有备用的送货车,赶到原车故障地点,及时把货物送到顾客家里。

f. 此信即使是文秘人员写的,也应由经理亲笔签名,以示对顾客的尊重。

4.2　奖励投诉,提高效益

上海某公司专营男式服装和羊毛衫,是市十佳企业之一。一位顾客在商场花了150元买了该公司生产的羊毛衫,回家发现腋下有个小洞。他去商场找那位营业员要求调换,营业员不同意,说那件羊毛衫是名牌产品,出厂时都经过检验,质量不会有问题。还说,谁知道是不是你自己拿回去钩破的!那位顾客只好怏怏而归。听了邻居的提议,他抱着试一试的心情把情况写了封信给该公司的总经理。三天后,他收到该公司总经理亲笔签名的回信,感谢他对公司产品质量的监督与举报,请他去原商场找经理调换一件新羊毛衫并赔偿原购买金额150元。商场经理热情接待了这位顾客,声称受公司委托,当着营业员和其他顾客的面向这位顾客道了歉,换了羊毛衫,支付了赔偿金。商场经理还向这位顾客说明:原来那件羊毛衫的小洞并不是公司的问题,公司的每一件产品在出厂前都要经过严格的检验。可是这批羊毛衫进商场已经两年了,可能是商场保管不善,出了蛀洞;也可能是放进货柜时不小心钩了一下,希望这位顾客不要误解。

事后,这位顾客把全部经过写信投寄《消费报》,刊登出来了,一时成为佳话。

这是一家很重视企业信誉的大公司,该公司处理这类问题已有定规,文秘人员无需请示,只要办就行——凡是顾客投诉的产品质量问题一律调换并按原金额全额赔偿。公司还将这条规定通知了所有出售该公司产品的商场、商店。值得注意的是,自从实行这一规定后的一年中,收到的有关质量的投诉不到销售量的千分之一,而销售额却增加了15％,企业在社会上也进一步提高了知名度和美誉度,比花钱登广告的效果要好得多。

4.3 跟踪调查、负责到底

韩国某大企业,与上海合资办了一家制药厂。一位怀孕5个月的妇女口服了该厂生产的感冒药片,三天后,感冒好了,可是听同事说,那种药对胎儿健康可能不利,于是那位妇女写信给药厂表示了自己的担心。两天后,药厂派了文秘人员和一位医生上门,为那位妇女做了认真的检查,并做了记录,说是没问题,请放心。

五个月以后,孩子出生了,药厂文秘人员和医生又上门来,为母子做了全身体检,还带来了礼物。

又过了一年,孩子周岁了。药厂文秘人员和医生再一次上门为母子检查身体。

那位妇女感动之余,投书《新民晚报》,刊登之后,成为效果最佳的活广告。

原来,该药厂文秘人员接到那位妇女的第一封信,即按厂方的要求将信件内容输入电脑,并安排了以上一系列的跟踪调查活动。

4.4 做通工作,挽回信誉

上海某冰箱厂的冰箱畅销全国各地,一天,江苏某城市报上刊登了这家厂的家用冰箱发生爆炸的消息,几天之内,这种冰箱在当地即无人问津。奇怪的是厂方却未收到该用户的投诉信或电话,而是记者纷纷上门。

厂方决定派一位副厂长带一名技术员、一名文秘人员主动上门访问、调查。在经过周密的检查之后,技术员始终找不出冰箱爆炸的原因。细心的文秘人员发现户主的神色不太正常,又发现冰箱内有细小的红色纸片,便向副厂长汇报。副厂长和户主进行了一整天的耐心、诚恳的交谈,并主动提出了赔偿冰箱和为之保密的条件。户主终于说出了是在冰箱里藏放了准备过年的鞭炮,其他人不知道,取食品时碰撞所致,幸未伤人。又说是因为邻居听到爆炸后向居委会报告,引起了媒介的注意才上了报的。查清了原因,副厂长当即与上海厂方联系,在当地召开了记者招待会,向新闻界说明了真相,隐去了户主的姓名,并承认了厂方的责任:"未在冰箱使用说明书上写明:冰箱内不可冷藏易燃易爆物品。"此话引发出记者们的哄堂大笑,这件事就此喜剧性结束。几天后,这种品牌的冰箱销售量迅速回升,一台崭新的冰箱也送至那位用户的家中。

这件事告诉我们:信访工作也不完全是被动地等人们写信、打电话或告上门来,文秘人员也应该注意到社会上的反馈。有些事涉及本单位的利益或信誉,应及时向领导汇报,采取主动出击的方法。文秘人员虽不是专业人员,不能解决技术性的问题,但是文秘人员应具有细心、敏感的工作方式和作风,能从其他角度帮助领导解决问题。

第七章 会议及会谈实务

1. 文秘人员与会议

文秘人员的工作总是和各种各样的会议联系在一起。文秘人员在会议中的角色可能是参加者、组织者、协调者、某个会议的与会者或主持者的助手,或充当会议记录员。所以会议对文秘人员而言极其重要。

通常,会议乃是沟通的主要方式,而且是企业进行工作的重要活动。

上司因为本身的任务,也即经营管理而主持会议;或者参加企业内外举办的各种会议。事实上,上司在日常业务中,为会议所耗费的时间非常之多。

文秘人员为了尽量减轻上司的负担,必须具备会议的相关知识,也需了解会议的事前准备和事后处理的程序,对会议安排的方方面面都要熟悉。

2. 会议的基本知识

2.1 会议的目的

会议是沟通的重要方法,为了有效整合众人的意见,设法协调一致而举行。会议可按照目的、形式、阶层、功能的不同,加以分类。

2.2 会议以目的分类

会议的具体目的是

(1) 信息的传达;

(2) 信息的交换;

(3) 相互启发;

(4) 作出决定;

(5) 收集创意。

在一个企业中所举行的会议,包括有下列各种名称的会议,有包含其中之一或更多的目的。

(1) 说明会议。以信息的传递为目的。说明会议是为把上层作出的决策,单方面地传递给下层的会议,有发问和回答,但是没有讨论、表决。

(2) 研究会议。这是以信息的交换和相互启发为目的的会议。相互启发就是对于一些个人未能注意的问题,彼此交换看法和经验。会议上虽然会有讨论,但不以表决的方法决定谁是谁非。

(3) 解决问题会议。以作出决定为目的。这是针对某些特定问题或议案,通过参加者讨论、表决的方式,获得解决问题的最佳方案的会议。会议上,有时将已作出的原方案作为基础,请参加会议的全体人员想出改善方案。这种形式能收集参加者智慧,同时让每个人都有参与感,也是企业举行最多的一种会议。

(4) 学习会议。以传递信息和相互启发为目的。在一个企业中,为教育、训练员工而召开的会议。领导者为教育员工所拟订的计划,利用会议让与会人员自由发言讨论,再由领导者作出综合结论,并将结论印发给与会人员。

(5) 创意会议。以收集创意为目的,由参加会议者自由发挥想象力,借以收集、开发更多创意,也称为开发型会议。

2.3 会议以形式分类

(1) 圆桌会议。这是大约 10—20 名的人员,围着桌子入席,各自以平等的立场自由发言的会议。因为彼此是面对面地坐着,所以能利用轻松的气氛尽情讨论。

(2) 公开讨论会议(forum)。古罗马时期,称呼集会用的广场为"forum",由此衍生出的名称。代表人讨论和演讲型讨论,就是它的典型例子。

a. 代表人会议。从参加者当中,选出两名以上的代表人,在全体人员面前彼此讨论特定的议题,接着由全体人员公开讨论并质询。

b. 演讲型讨论——由几位专门人员,在全体人员之前,从各自的立场表示特定议题的意见,再由全体公开讨论质询。

(3) 小组讨论。参加者人数太多时,事先将全体分成几个小组,分别由各个小组讨论不同的议题,再由小组推派的代表,整理所有的意见。小组讨论时,到处都像打翻蜂窝般的嘈杂,所以称作"Buzz Session"(蜂振翅声)。

(4) 议会型讨论。这是在预先分发有关议题的详细资料,而参加者对内容都熟知的前提下,让赞成者和反对者各自表示意见,而省略全体的讨论,并付诸表决。这是一种重视表决胜于讨论的会议。在召开股东会议时,由于人数太多而且时间有限,可采用这种方式。

(5) 头脑风暴会议。这是为了收集、开发创意的会议。对所提出的创意,绝不允许当场表示意见或予以批评,以自由构想、收集较多的创意为目标。所收集的创意、点子,必须另外开会整理,评估、汇集,并使其具体化。

(6) 远程电信会议。利用计算机、传真、电子黑板及各种人机通信组合系统召开的会议。这种形式的会议有多种,有的只涉及声频通信(电信会议),有的则提供了视频传输(电视会议)。不仅人可以通过声音或声像组合的方式相互通信,而且计算机和传真也可以在没有通信者现场参与的情况下相互通信(发送和接收电文或图形)。与会者避免了费时又费钱的远程旅行,对那些与外国客户打交道的公司来说,时间和旅途花费上的节约就显得更重要了。

2.4 会议以职级来分类

(1) 股东会议。就是由公司的出资者(股东)来决定企业决策的最高机构。每一个决算期所召集的定期大会(一般为一年一次)和根据需要而举行的临时大会。其权限有:公司章程的变更、董事、监事的任免权、决算的通过等。

(2) 董事会。由全体董事(被全体股东任命经营公司的人员)所组成的机构,为决定公司经营方针和执行基本业务定期或不定期举行的会议。有些国家有不固定上班的名誉董事,事实上几乎不出席董事会议,经常由常务董事会取代。

(3) 常务董事会。为董事会的常设机构,决定有关公司经营的全盘方针,如决定和批准总经理提出的生产计划、年度经营、资金使用等方面的报告,批准财务报表,收支预算、年度利润分配方案,制定公司的规章制度,决定聘用总经理等高级职员等。由董事长、副董事长、常务董事组成,实际上是最高的决策机关。

(4) 中层管理人员会议。处长、科长、部门经理等人员召开的会议。是公司作出决策后,进行生产、经营活动的正式会议,通常都定期举行。

(5) 员工大会。由企业全体员工参加的会议。主要有动员大会和总结评比大会。前者是鼓舞士气,调动员工积极性和工作热情,后者意在总结经验,展望未来,向全体员工提出新的希望和要求。

(6) 工作场所会议。是在每一个部门所举行的,以解决问题及传递信息为目的,以工作场所为单位的会议。计划小组、车间、店堂等工作场所所举行的会议也包括在内。

2.5 会议用语

常用会议用语如下表所示:

项　　目	内　　　容
议　　案	为了在会议中审议而提出的方案。
提　　案	为了在会议中决定而提出的方案。
表　　决	主持人请参加会议的每个人以举手、起立或投票等方式表示态度,决定对议案的赞成与否。
议　　决	对议案以表决方式来决定赞成者为多数或少数。表决是议决的手段和程序。
票　　决	以投票方式表决。
例行会议	按规定或习惯,以固定的日期和场所审议事项的会议。除非所决定的事项有特别变更外,通常不会另行通知。
分 科 会	设在全体会议下的各种专门领域的小型会议。
咨询、答询	在未决定之前,先询问具有专门知识人士的见解即咨询;而回答就是答询。
最低出席数	举行会议时,为决议所必要的最低出席人数。如半数、2/3数。
临时动议	临场提出意见要求议决。提出预定议案以外的议案。

3. 会议的计划和准备

为使会议成功举行,需要文秘人员安排承办。大中型会议应设置专门的秘书机构,即大会秘书处或大会办公室,按照会务工作的要求,秘书机构下设会务组、材料组、简报组、后勤组和保卫组等,各个小组分工明确,各负其责。一般而言,会议需要准备的计划以及程序如下。

3.1 举行会议的决定

会议乃是为了公司经营管理的需要而召开,所以必须根据这一目的来判断有无召开的必要。计划及召开会议,评估成果,是上司的工作。为了要符合上司预期的成果,遵照上司指示去准备会议,是文秘人员的重要工作。不管会议的计划多么完善,有时会由于准备的疏忽而使会议失败。因此会议准备工作的周全与否,对会议的成果有极大的影响。

3.2 参加会议的人选

会议的目的和议题决定以后,上司要决定参加会议的人选。如果是例行会议,人员和开会日期都已固定。但是,为了特定的问题而召开的会议,如果人选有误,会议的成果必然不会乐观,所以应慎重行事。

文秘人员按照上司的指示,事先应调查预定参加者在时间上是否方便,并收集会议必要的各种信息,从无法出席会议的有关人士处获取必要的意见、答复或文件。

3.3 会议日期、时间的决定

什么日期、什么时间召开会议？要考虑议题的紧急程度及预定出席者是否方便？都由上司判断并决定。如果是紧急召开的会议，则时机是很重要的。有时重要人员没有出席，会议就等于没开一样，结果当然不好。所以文秘人员必须按照上司的指示，与特别忙碌及重要人员联系，请他们及早计划参加。

3.4 会议场所的选择

会议日期、时间决定以后，应立即安排会议场所。使用公司内部的会议室时，要向管理会议室的部门申请。若是在公司外寻觅场地，应该考虑参加者的交通是否方便？有时会议时间会延长，所以安排预定开会的时间，必须尽量宽裕。

会议场所的选择，要根据会议的性质及人数作决定。通常要注意以下几点：

(1) 避免噪音严重的场所。户外的噪音当然无法避免，但如果连走廊、邻室的谈话都能听到的话，开会就会受到干扰，不能集中精神，而且可能泄漏了会议的内容。

(2) 空间大小要合适。开会场地太大或太小都不能集中精神，会影响会议效果。

(3) 预定开会所需要的时间，并作宽裕的准备。有可能上司与客户开会，走到预定的会议室前，发觉有人在开会，于是需要等候在会议室外数十分钟。也有可能上司安排的会议不能如期结束，会影响到下一轮使用会议室的人。这需要文秘人员预定会议时间有一定的余量。

(4) 其他。对会议场地的照明、空调、遮光的窗帘等设备，以及桌椅摆设、电插座、电话、壁灯的位置等，都要详细检查。

如果有欠缺的物品，不能在现场补充的话，会议当天必须携带前往。

3.5　议程表制作和执行方法

会议议程表的制作对会议的顺利进行关系重大。由上司预定议事程序和执行方法以及时间分配等的情形相当多，文秘人员必须配合议程，详细检查接待方式、会议中的接待、会议的记录、会议后的收拾整理等在准备方面有无疏漏之处。

3.6　会议通知的写法和传达方法

召开会议的要点决定后，即通知全体人员。公司内部会议一般应在一周到十天以前通知；而公司外的人员也参加的会议，至少要在会前两周用正式的文书寄出通知。如果是紧急会议，或者在召开之前时间有限时，可暂时用口头或电话通知，但即使如此，仍应寄出正式书面通知，以防有人听错了会议时间、地点，耽误大事。

在写通知时，一定要有：
(1) 会议的名称；
(2) 出席会议者的姓名或组织、部门的名称；
(3) 日期、时间(开始到结束的预定时刻)；
(4) 地点(具体在几楼几号会议室)；
(5) 议题(或者议事日程)；
(6) 主办者的联络处、电话号码等。

如果会议场地是在公司外，除了上述之外，还必须有：
(7) 开会所在地，建筑物名称、几楼、电话号码(必要时可附上地图)；
(8) 其他：注意事项、是否备有餐点、是否有停车场，或当天应准备的资料,都要详细说明。

同时,对公司外参加人员要随函附上回执,并明示期限,让对方能在期限以前回函通知是否参加。若逾期对方仍没有来函告知参加与否,必须立即用电话确定。

如果用电话通知开会,接听电话的可能是与会者本人,也可能是其他人。如果没法找到与会者本人,文秘人员要尽可能保证请人传达到位。文秘人员可制作如下表格,一旦被通知者因为遗忘或没有出席会议,可以作为证明凭据。

董事会成员	电话号码	打电话时间	接电话者
林美玲	62717561	9:00	章晶晶
常法章	65783541	9:08	常法章
贾志康	58441566	9:12	吴 明
胡 俊	57638829	9:18	胡 俊

企发第56号
2001年10月2日

各位部门经理:

营业部长(印)

关于营业企划会议的通知

兹拟召开营业企划会议,敬请各位准时出席。

1. 时　间:2001年10月12日(星期五)
　　　10:00—12:00
2. 地　点:第二会议室(6楼)
3. 议　题:关于新产品的促销计划
4. 资　料:请携带上次会议分发的资料。

营业企划部　承办
黄大山(内线5621)

第七章 会议及会谈实务

会 议 通 知

会议主题:电子商务创新与发展
时间:2002年11月27日(星期三) 下午2：00—5：00
地点:东方电讯公司第二会议室(上海市南京西路145号)
邀请对象:张华英教授、林依南教授、罗中德工程师、古宝源工程师
　　　　　胡克明总经理、李文杰董事长、王熙琳主任
主席:张华英教授
联系人:傅丽小姐、陈彪先生
联系电话:56241852、56248912、13665894255

东方电讯公司办公室
2002年11月12日

回 执

(请于11月20日前将回执寄回。)
_____ 我将参加此次会议。
_____ 我将届时赴会,并带 ____ 位宾客来。
_____ 很遗憾,我不能参加此次会议。

署名:_____
单位:_____

会 议 通 知

　　文秘人员把参加会议的人数、谁会因事缺席等,并把无法出席会议的有关人士处获取的意见、答复或文件等资料汇总后,向上司报告,这样可以给上司一个心理准备,衡量是否因出席情况不理想而考虑会议改期,也能大致了解未出席者的态度。

　　一些会议(如股东大会)在发布通知时必须按规定的原则行事。有时还要附上一份委托书,预防本人不能出席而由代理人出席,以保证有足够的票数构成在通过决议时所需的法定人数。

如果某些人经常参加会议,可以用电脑或其他形式保存他们的地址。文秘人员可以用电脑打印出标签或准备多套邮寄标签,这样就不用老是重复打印他们的地址了,但这份地址单要注意随时更新。

3.7 会议资料的准备

作为判断议题材料的会议资料,与会议能否圆满成功关系极大。文秘人员要向上司确定会议需要的资料有哪些?必须重新收集的资料是什么?还应制作复印件,为参加者准备好需要的份数。制作资料时,尽可能逐项列出要点或绘制成图表,以便能很快地掌握议题要点。资料(譬如会议议程和上次会议记录)如果和通知一起送出,有关部门和人员就能提前知晓情况,要作什么准备,在会议上作什么发言,在开会时就能马上讨论议题,如此更能节省会议的时间。

在公司的会议中,负责准备议程的可能是公司的文秘人员,这样就必须在收集办公室信息、组织议题、给与会者寄发材料等方面做许多工作。

议程是按照它们在会上被讨论的先后顺序安排的,西方国家会议的议程就可能包括下列各项中的几项或全部:

a. 宣布议程
b. 宣读并通过上次会议的会议记录(或备忘录)
c. 财务主管报告
d. 其他报告
e. 复议旧的议题
f. 讨论新的议题
g. 委员会人事任命
h. 提名并选举新的负责人

i. 通知

j. 休会

对于正式的会议,文秘人员可以先查看一下档案中先前的会议议程,并按公司办公室领导或法律顾问提示的顺序进行。一个正式的议程所包括的细节比上述十条所列举的要多一些。美国某公司董事会会议的议程,如下图所示。

资源委员会董事会会议议程
2000年8月7日

例行会议,上午10:00——中午12:00
董事会总部:宾夕法尼亚州豪尔街4号
邮编:19076
雷诺·舒尔兹董事长主持(251—361—872)
1. 宣布议程(雷诺·舒尔兹)　　　　　　　　　　10:00 a.m.
2. 点名(各董事应声答到)　　　　　　　　　　　10:00 a.m.
3. 宣布　　　　　　　　　　　　　　　　　　　 10:05 a.m.
   (1) 法定人数(有变化)
   (2) 来宾(雷诺介绍并致欢迎词)
4. 会议记录(琼安·麦金塔;宣读上次会议记录,10:10 a.m.读完或修改后,动议通过)　　　　　　　　　　　　　10:15 a.m.
5. 负责人报告　　　　　　　　　　　　　　　　10:15 a.m.
   (1) 财务主管报告(肯扬·艾金斯;动议通过)
   (2) 副董事长(强纳森·费曼;关于设立海外办事处的报告)
6. 委员会报告　　　　　　　　　　　　　　　　10:30 a.m.
   (1) 新的项目委员会(乔治·拉诺斯;关于劳工部研究的报告)
   (2) 公共关系委员会(乔安娜·博克风;关于电视采访的报告)
7. 旧的事务　　　　　　　　　　　　　　　　　10:45 a.m.
   公司人员的重组(雷诺;过去情况的回顾与目前的选择)
8. 新的事务
   董事的特别工作组(雷诺;讨论并推荐董事会代表)
9. 通告
   (1) 例会安排(玛丽·布莱顿;宣布9月份董事会议计划)
   (2) 资源周(雷诺;宣布资源周活动计划)
10. 休会(请求动议,休会)　　　　　　　　　　　正午12:00

3.8 会议场所的布置

如果会议是在公司外部召开,文秘人员必须打电话确定一个合适的地方,并询问规模大小、何时可用、价格及任何你需要了解的信息。首先要预定,然后确认,并在会议之前提前几小时去布置会场。

会场的布置要配合会议的目的、性质、参加人数、会场的大小、形状等因素加以设定。桌椅的配置如图所示:

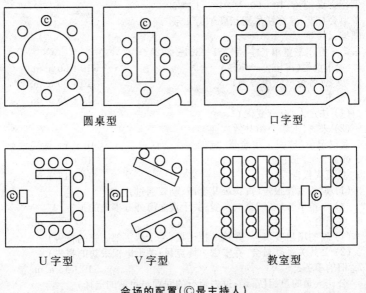

圆桌型　　　　　　　　口字型

U字型　　　　V字型　　　教室型

会场的配置(ⓒ是主持人)

(1) 圆桌型。是彼此面对面坐下,全部人员都能看到对方的脸,能够不用去考虑上下的级别关系,可以自由自在地谈话。所以适合自由谈话,或是收集创意的会议。如果没有圆桌,把方桌当作圆桌使用也可以。人数大约20人。缺点是黑板使用不方便。

(2) 口字型。如果人数增加,就在中间形成一个空间,使其成为口字型。口字型的排列,可当作最大的圆桌型。

(3) U 字型和 V 字型。U 字型是用于学习会议。在人数多并且需要使用黑板的场合,这种排列大家都能看得很清楚。V 字型是用在幻灯片或录像机时,参加的人不用移动,也能观看。

(4) 教室型。这是很多人参加的会议如股东大会所采用的会议配置。如说明会等以传达信息为目的的会议也可采用这种形式。

在会议桌的每个位置前都要放一套笔和记录簿(还要有备份),如允许吸烟,桌上还应有烟灰缸。所有的设备都应摆放好,随时可用。

应有一个专门的地方供客人存放衣服、帽子或其他物品。会议桌旁要有足够的椅子。检查室内的温度、照明、通风情况,如发现问题应立即改正,或通知宾馆解决。

3.9 出席者的位置

决定会议出席者的位置,要注意以下几点:

(1) 领导者(主持人、主席)要坐在所有与会人员都能看得清楚的位置。且其位置要容易使用黑板、投影机等。

(2) 负责记录的人,为了清楚地看得见发言者,一般是坐在发言席的正前方。

(3) 其余参加会议的人,要坐在能看清楚发言者、黑板、荧屏的地方,而且尽可能看得到其他人的位置。如果必须指定座位时,桌子上要放置好姓名牌。

(4) 列席人员。他们虽然能发言,但没有议决权。不是会议的正式成员。为不妨碍会议的进行,是坐在会议正式人员的后方。

重要会议需要预先制作座位卡或姓名牌,并根据职位高低或上司的意图准确放置到位。

3.10 会议用品的准备

会议所需的用品和小用具,必须考虑到会议的性质、内容,应该毫无疏漏地准备妥当。例如,会议经常使用的物品有:

项　目	内　　容
会议用品	桌、椅、黑板、荧屏、暗幕、电子布告板、麦克风、扩音器等。
视听机器	录音机、录像机、放映机、幻灯片、投影机、电脑及配套设备等。
文具及其他用品	粉笔、彩色笔、订书机、纸、纸夹、文件夹、透明胶带、图钉、笔记用具、录音带、电脑软盘、指示棒、姓名牌、烟灰缸等。

如果是在本单位召开会议,文秘人员可以提前很长时间就做好检查和安排。如果会议室在公司外部,有时必须等到另一个会议休会时才能去检查和做准备。假如是租用的设备,文秘人员必须确保宾馆(或其他供应者)把所需用的设备都送过来,并在会议开始前有足够的时间布置好。应检查一下,看是否需要一个能胜任的人来操作这些设备。

此外,准备茶具或供应餐点时,要预先订购,叫附近的餐馆到一定时间送到会议室来。

3.11 为来宾安排膳宿等

到达会场的人,不仅只有来开会的人。在接待时,还必须为随行的文秘人员、司机安排休息室。为了会议秩序的稳定,也需要预先确保停车场的位置及分配。

有时要为来自外地的与会者安排宾馆住宿。最方便的安排是在同一家宾馆为与会者预订房间。文秘人员必须记住,要弄清是否有与会者的配偶陪同。如果人数不定或姓名不详,可请宾馆根据估计的人数预留一些房间。

有时文秘人员还必须为与会者安排交通事宜,应及早安排各种交通工具,保证与会者的方便与及时需要。

4. 会议中的实务

4.1 接待事务

(1) 协助和监督会议签到处的工作程序。会议签到通常有四种方法:文秘人员点名(适用于小型会议,文秘人员对与会者比较熟悉);与会者本人签名报到;凭会议通知报到;磁卡签到。

文秘人员要在会场接待,核对预定出席者是否到达。这时应携带预定出席者的名单,以便核对。大中型会议还要预备好身份卡,分发给每一位与会者。对重要客人要陪同入场,并与有关人员作相互介绍。

股东会议及董事会等,如果没有达到决议的最低出席人数,就不能进行表决。所以人数不足就不能开会。

会议开始前,必须向上司报告人员出席情况。如果已预定参加但未到者,必须以电话联系,催促出席。

(2) 暂时保管与会人员的物品。暂时保管出席者的衣物等物品,要负责查点清楚,以免发生差错。

(3) 分发资料。会议使用的资料,如与会者姓名及其公司的名称、地址、会议议程等的资料,应尽可能事先就发送出去,使与会者事先了解。但有时由于制作费时,也可以在接待处分发,以便让与会人员在会前先对内容有所认知。有些出席者可能忘记携带事先发送的资料,所以在接待处仍应准备一些资料。

4.2 会场的管理及茶点招待

为了使会议舒适进行，文秘人员要调整会议场地的冷暖、照明设备。开会时如允许抽烟，则应该特别注意通风设备。此外，会议中可能讨论到机密事项，所以与会议无关者的出入，必须严加管制。

会议进行中端出茶点或湿毛巾等服务，要事先告诉上司，尽量在会议休息的时间再供应饮料。文秘人员在会场中走进走出不太好。

4.3 会议中的电话或来访者

在会议中途有关出席人员电话的处理，要事先和上司商量才能决定。如果会场有电话打入，就会妨碍会议的进行。应把电话接到接待处或休息室等会场外的地方，然后用便条告知上司或出席者即可，而这点也必须事先告知会场的接线生；或者可叫对方把电话打给另外可找到的主管人员；或记下对方的信息，告知上司会后回电话。

遇有紧急情况，应立即写在便条上悄悄递给当事人，等一等，看他是否能当场给你答复，或委托你去办理。如果文秘人员正在做记录，就不可中断或离开会议室。

4.4 宣读和做会议记录

如果是文秘人员做的记录，可能要求你宣读上次的会议记录。必须吐字清晰，语速适中，音量要让所有的人都能听见。桌上有时会放有一台录音机录下整个会议的进行情况，文秘人员要保证自己的声音被准确无误地录下来。

如果是其他人宣读会议记录，文秘人员在把打印好的记录发给大家之前，要仔细检查，同时注意附上所有必须的文件资料。

会议进行中做会议记录,其要求是:

(1) 简洁。尽量把会议要点、重要发言细节记录下来,有时可以用录音机记录。

(2) 清楚。最好列出一点点的要点,分出工作事件、负责执行的部门和人员、完成工作的最后期限、必须注意的原则,以及列明独特的、有重要参考凭据的意见。

(3) 通俗、清洁。在文字和表达方式上不要故作深奥。字里行间要留有空隙,看上去光洁舒适。

会议中有时会遇到这种情况:有人要求把他发言的一段不作记录处理,只要主持人点头答应,文秘人员必须遵守,停止笔录,关掉录音机。

重要会议记录要得到与会人员的签名认可。这时文秘人员应该做好会议记录的分发工作,并在下一次会议之前收回会议记录。

4.5 遵循会议议程的顺序规则

正式会议议程的顺序规则涉及:

a. 事务介绍;

b. 动议的大致分类;

c. 动议及先后顺序;

d. 委员会和非正式行动;

e. 辩论;

f. 投票;

g. 负责人和记录;

h. 组织和会议;

i. 负责人和委员会;

j. 各种不同的规则及实践。

在会议上,事务的处理是通过动议进行的。某人想使某项措施获得通过,必须向会议主席请求,并报上自己的姓名,获得发言的权利。在得到承认之后,此人方可提出动议。大多数动议需要有附议,因此,另一位与会者必须说上一两句,然后主席才可决定对此动议进行表决。

在表决之前,主席还要问是否对该动议进行讨论,是否有不同意见。根据会议的正式程度,在经过一定的讨论之后,可用投票、唱名、举手、起立、口头表态或一致通过等方式进行表决。

如果有人提出了不正确的动议,主席有责任宣布该动议违反了会议规程。如果某人在会议上表现不佳,主席也有责任制止这种行为。

5. 会议记录的制作

5.1 会议记录的制作方法

正式的会议记录是具有法律效力的档案。决议、动议和其他声明,以及法律上有义务制作的股东大会和董事会的记录等等,必须有专门的速记人员逐字逐句记录。但是在公司经常召开的一般会议,则只须简要地记录会议经过情形或会议结果即可,其他也必须准确和完整。文秘人员必须胜任这种类型的会议记录,因而要仔细揣摩会议记录的行文结构、细节、措辞及其他特征。会议记录被制作成议事录或保管资料,在下一次会议中就可以加以利用。另外,文秘人员在做记录时,最好同时准备录音机(用录音机时也有必要做笔记,才能知道发言者是谁)以提高工作效率。以下这些准备必不可少。

(1) 迅速作出一张座位图,便于你识别会议上的发言者。

(2) 要一份议程表和其他文件,在你需要核对事实和数据时随时可用。

(3) 简要概括一般性的讨论,但要将决议、修正案、重要声明、决定和结论等一字不差地记录下来。可以利用录音机帮助记录,但不可过分依赖它。

(4) 西方企业规定,不管是谁提出了一个动议,或附议一个动议,或提出了会后行动、意见,都要把此人的姓名记下来。

(5) 如果文秘人员漏记了什么或需要额外的信息,可提示主席,也可以事先准备某种暗号;用来提示主席应该重复的内容或对某一内容作出解释。

5.2 会议记录的内容和格式

会议结束后,文秘人员应该趁对会议内容还记忆犹新时,赶快听会议记录录音,根据会议的录音带和备忘录,在必要处修改记录,再准备一份隔行书写的草案。定稿之前把草案交给上司过目。草案获准并完工之后就定稿。如果用电脑操作,则不必再把整个文件重打一遍,只要把上司的修改之处编辑进来即可。也可根据需要,在认可后印刷所需数量,分发有关人员。

会议记录记载事项如下:
a. 会议名称;
b. 会议记录人的姓名、盖章;
c. 时间(开始时间、结束时间);
d. 会议地点;
e. 议题;
f. 主持人、主席;
g. 出席者名单;
h. 会议的经过情形及结论;

i. 相关的资料；

j. 下次会议预定日期。

会议记录的写法，应该注意如下的事项：

a. 以决定事项为重点，逐项列出较易明了；

b. 简洁而有要领地写出会议经过，不必写所有人员的发言；

c. 要注意的是，要写什么议题？以怎样的顺序提出？这些议题是什么人发言？有什么答复？表决结果有没有定案？这些都要简要地写上；

d. 要写正确、写清楚，要注意会议内容有无疏漏之处？客观地记录内容，不可写记录者的主观感觉，用主观意识去影响记录内容。

以下是一例营业企划会的会议记录：

2001年10月12日制作
刘士飞记录(印章)

营业企划会议记录

1. 时间：2001年10月12日(星期五)10：00—12：00
2. 地点：本公司6楼第二会议室
3. 出席者：营业部长李大山　　营业部经理陈洁
　　　　　营业1科长葛议华　　营业2科长林福胜
　　　　　营业3科长周合姿　　企划科长孟世纲
　　　　　宣传科长吴士平
4. 议题：关于新产品DH—523的销售计划
5. 决定事项：(1) 本计划概要说明(企划科长孟世纲)；
　　　　　　(2) 关于销售预算金额的增加(营业1科长葛议华提案)，协议结果按营业1科长葛议华提案修正决定；
　　　　　　(3) 销售价格方面，先观察市场动向，在11月上旬之前决定；
　　　　　　(4) 有关销售额的分配，由于和销售价格有关，所以不能达成协议，将继续审议；
　　　　　　(5) 关于宣传活动，决定由宣传科在下次会议前，整理出企划案(宣传科长吴士平接受)。
6. 资料：附页"DH—523的销售计划概要"
7. 下次会议预定在10月26日(星期五)10：00—12：00

西方企业的会议记录的一般格式为:

艺术和技艺协会董事会例会
2000 年 5 月 25 日

宣布:
2000 年 5 月 25 日上午 10:00,艺术和技艺协会董事会例会在马萨诸塞州(邮编 39209)劳伦斯街 24 号第六套房协会总部召开。主持人为艾德蒙·辛克莱董事长,有法定人数出席了会议,他们是:
艾德蒙·辛克莱(董事长)
威廉·基尔风(副董事长)
安吉拉·尼兹(文秘人员)
李克·朵德海(财务主管)
马里安·林得沙(董事)
雷蒙·庞恩(董事)
代理投票人有安·戴维斯和摩顿·李董事。

记录:
文秘人员安吉拉·尼兹宣读了 2000 年 2 月 22 日会议的记录,并在宣读后获得通过。

财务状况:
财务主管李克·朵德海提出了一份财政报告显示,2000 年 4 月 30 日活期存款为 5 642.28 美元(附复印件)。财务主管的报告朗读后获得通过。

委员会报告:
特别项目委员会主席马里安·林得沙报告说,下一个特别项目是劳动节艺术节,计划从星期五晚上开始,持续到劳动节周末的星期一中午。关于此事全部细节情况的广告传单将于 2000 年 8 月 1 日寄发给所有的成员。

新的事务:
雷蒙·庞恩提出,在 9 月 6 日举行的下一次的董事会例会上,协会应任命一人负责圣诞节艺术和技艺博览会,同时,董事会还应在那次会上定下一个主题。此动议得到威廉·基尔风的附议并获一致通过。

休会:
已无其他问题,会议于上午 11:45 结束。

秘书(签名)   董事长(签名)

(1) 标题居中,包括组织或公司的名称。

(2) 第一段应有日期、时间、地点、主持人及会议类型等内容。指明是否有法定的人数出席。

(3) 如果是小型的会议,在第一段下面用一行或两行文字列出与会者姓名。在下一段中,则要提到那些代理投票人。

(4) 如果记录较简短,要隔行书写,在标题和正文段落间留出三行的间距。如果记录很长,则可单行书写,在标题和正文段落间留出两到三行空白。

(5) 使用段落上方小标题或侧标题,段落上方小标题的例子看上图。

(6) 把段落缩排(如果使用了侧标题则不必)15—30 mm,如果是决议,则再缩排 15 mm。

(7) 用大、小写字母表示整数的金额,并随后用括弧把数目括起来:Four Hundred Dollars($400.00)〈肆佰美元〉,数字只用来表示数额不规则的钱:$1 653.96〈壹千陆佰伍拾叁美元玖拾陆分〉。

(8) 书页旁空白处约为 45 mm。

(9) 最后一段中注明休会时间和下次会议召开的日期(如果不是例会)。

(10) 在最后一页的底部加两条签名线,左边是文秘人员签名,右边是董事长签名。

(11) 附上相关的文件如财务主管的报告。

5.3 修改会议记录

每一次会议上都要宣读前次会议的记录。有时人们会指出需要修正的地方,此时文秘人员就要对记录作相应的修改。

在修改时要按照公司的合法要求进行。可以遵循下列程序:

用红色钢笔或黑色钢笔在每个需要改正的单词、词组或句子上画线。在此线的上方写上改正后的内容,并在旁边空白处注明是在哪次会议上作出的修正。在会议日期下方的空白处注明修改人姓名。如果改动较大,在画线上方不够写,就把它单独打印出来,并在记录旁的空白处注明该记录后面还有一页修正稿。这样单独附加在记录后的较大改动需要文秘人员和董事长的签名。

5.4 为会议记录编制索引

会议记录一般是按照年代顺序存放在会议记录卷宗里的,文秘人员可以很容易找到某一具体日期的会议记录。如上司要你找一份日期不详、关于某个主题的会议记录时,你就应该平时作好会议记录的题目索引。

文秘人员可以在卡片上按题目的拼音顺序制作索引,也可以把索引存储进电脑中,以后每开一次会议就增加一个条目,再打印出来。会议记录做好后,应立即列上新的题目。如果一个主题可用多种方法表述,把主题题目放在左边,在右边齐平处列上日期及该主题在会议记录中讨论的位置。如果在以后的会议中又出现相同的主题,加上该条目新的日期和存放处即可。

6. 会议后的实务

6.1 会议结束后的处理

会议结束以后,文秘人员要注意以下的处理工作:
(1) 出席者离去时。要替搭车回去的人安排车子。如果能事先通知司机会议进行的情况和预定结束的时间,就能顺利地安排交通问题了。

　　a. 在接待处暂时代为保管的衣物，不要遗失或被人错领、冒领；

　　b. 有留话时，切记务必传达；

　　c. 检查会场有无物品遗漏；

　　d. 要为参加会议的人员送行。

　　(2) 文秘人员离去前。要检查烟灰缸、字纸篓有无易燃的东西，如有，则必须加以熄灭。

　　a. 桌、椅早先若有移动，必须还原；

　　b. 洗涤烟灰缸、茶具等，并收拾妥当，倒去垃圾；

　　c. 携带进会场的资料和会议用品要记得带回；

　　d. 关紧门窗并上锁；

　　e. 通知会场的管理单位，会议已经结束。

6.2　会议后的工作

会议完毕以后，文秘人员的工作如下：

(1) 制作议事录并分发；

(2) 如有必要，应寄答谢卡给出席者，应立即制作、发送；

(3) 将议事录和开会的各项资料分发给会议缺席者；

(4) 会议有关文件的整理和保管。

6.3　会议业务的检查和总结

文秘人员对于会议业务应作如下的检查和总结，以供下次举行会议时参考。

　　(1) 通知开会时，是否有遗漏掉的人？有没有收到回函，被通知者有没有参加会议？

　　(2) 会议资料是否完整？份数有没有不足的情况？

(3) 为会议而准备的各种物品,有没有不足的情况?

(4) 接待业务是否顺利进行?

(5) 会场管理是否妥当?出席会议者是否都能舒适地集中精神,了解会议内情?

(6) 茶点服务是否周到?

(7) 与上司的联系是否成功?

(8) 其他方面,有没有不理想或疏漏缺失之处?

7. 编写会议简报和会议纪要

7.1 编写会议简报

政府机关、企事业单位的大型、重要会议在进行过程中需要编写会议简报,这是一种内部性质的,用来反映会议动态、进程和主要内容的简要报道。它的作用表现为:向上级部门或会议领导汇报会议情况;向有关平级和下属单位传递会议信息;在会议各小组内部交流沟通信息。会议简报大多是在会议进行过程中编写的,也有的在会后总结编写。因而,其写作要点是内容准确、新颖,编排短小精悍,拟写、印刷和发送快速。会议简报的写法有两种:

(1) 报道式。采用新闻报道的方式,介绍会议进程和动态。

(2) 转发式。把会议成员的一些有代表性的、重要的发言稿加上编者按予以转发。

7.2 拟写会议纪要

会议纪要是用来记载、传达会议情况和议定事项的一种正式公文。它是在会议记录的基础上概括、提炼而成,择要反映会议的精神和情况。会议纪要具有沟通情况、交流经验、统一认识、指导工作的作用,可以用于向上级汇报会议情况;也可以分发给平级或下属单位,以传达会议精神和议定事项,或要求与会单位共同遵守、执行。有两种形式:

(1) 议决性会议纪要。一般日常办公会议所用,是与会者经过商议,对某些问题作出一致决定,需要共同遵守、执行时写下的文字依据。

(2) 周知性会议纪要。座谈会、学术会议常用的,用于传达会议情况,传播信息、交流经验而作的纪实性文件。

8. 为上司参加会议作安排

上司接到会议通知以后,前往参加会议的各种准备顺序及工作有以下要求。

8.1 会议预定计划管理

收到给上司的会议通知书后,应仔细看清楚,确认开会目的、时间、地点,先查看记事表或工作日程安排,看看有没有预约,然后向上司请示参加与否。这一点很重要,因为如果没有预约,上司也可能另有安排,文秘人员并不知道。更有可能因该会议的重要性,非要推掉其他的约会而参加,这些应由上司亲自决定。有些上司对文秘人员素质的评价中,其中都觉得常见的缺点是自作主张,把一些会议改期或推辞掉,只因为文秘人员太信赖手中的日程安排表,却忘了最终裁决那个会议该不该出席的权力应是上司。

第七章　会议及会谈实务

收到会议通知应尽快回复对方。如果在公司以外的地方开会，一般都会在通知上说明，附有回执，可以利用回执答复对方。

假如上司不准备参加时，也不可将通知丢掉，应该予以保管，直到开会日期为止。

(1) 决定出席时

a. 在日程安排预定表中填写会议名称、时间、地点；

b. 除了送来的资料外，也必须收集其他上司的必要的资料；

c. 如果是公司外的会议，并且是第一次前往的地点，一定要先了解场地情况，并调查到达会场交通所耗费的时间；

d. 和上司先充分沟通，避免在会议进行中临时以电话联系的不便。

(2) 决定不出席时

a. 如果由他人代理出席时，要通知对方所有相关情况，并将通知件和资料递交给代理者；

b. 需要委托书的会议，应书写委托书，并寄出。

8.2　正在开会中的工作

关于上司主持的会议，文秘人员的工作前面已作了说明，而上司也可能参加别人主持的会议。当参加这类会议时，文秘人员有时坐在自己的位置上等候。有时在公司外的会议，必须随同上司前往。这时各种场合的工作如下：

(1) 在自己的座位等候时

a. 上司在开会时，从外面打进的电话或未经预约的来访者的处理，只有按照事情的重要性来判断。如果事情非常紧急和重要，文秘人员应该按照事先约定的情况通报上司。一般情况下可以不必理会在会议进行时打进的电话或来访者，但这一点应预先和上司取得默契。

b. 注意以下工作：
- 上司预先指示的工作；
- 邮件的整理和归档；
- 名片的整理及保管；
- 其他平时未做完的工作。

c. 如果上司在开会时，文秘人员非外出不可，必须事先获得上司的许可才行。

(2) 陪同上司去开会的情形

a. 在休息室等候，要随时和上司保持联系，并处理上司交代的工作；

b. 会议超过预定时间时，要调整日程安排计划表上的计划；

c. 安排交通工具等事宜。

9. 和同事一起开会

上司有时因故不能出席会议，可能要求秘书主持会议并代其讲话。有时候秘书要和助手或其他同事一起开日会或周会，文秘人员之间也要开例会等来讨论办公室事务或特别事项。

(1) 为会议作准备

文秘人员如果只是参加而不是主持会议，应注意一下发送给你的关于此次会议的初步信息，并为该主题查些资料，做好笔记。这样，在适当的时候，你才能想出一些好的主意，或作出明智的回答。

文秘人员如果负责这次会议，要先决定会址——可能在你的办公室，也可能在文秘人员的大办公室。开会时，文秘人员可能还要去接打来的电话，或迎接来访者；否则要另找一人替你处理这些事务。因为许多文秘人员必须使办公室活动照常进行(特别是在一间小办公室里),所以常常在上午正常的事务工作开始前和其他人员一起开会,或干脆把会议挪到午餐时召开。文秘人员可以根据办公室的需要,选择最恰当的时间。

尽管文秘人员的会议常常是简短和非正式的,对于将要讨论的问题最好还是列出一个提纲,并让其他人员也提前知道会议的议题,以便早作准备。如果你和他们同在一个办公室,可当面确定会议日期和时间。最好提醒他们安排有人代接打进的电话,并告知离开办公室多长时间。

(2) 如何主持会议

文秘人员如果在会议上要发言,应该先把要讲的内容彻底考虑一下,作一个总结结构的构思,简略记下发言的要点,条理清楚,重点突出。即使是即席发言,也要想好了再说,讲什么,怎么讲,哪些可以叙述,哪些必须强调,都事先有个框架。这样才能使你的发言清晰明了,富有感染力。

会议上应始终保持平稳挺直的姿态和愉快热忱的表情,用规范的语言和抑扬顿挫的响亮声调说话,并控制发言的时间,必要时可用目光扫视听众,以引起他们的注意,也可以在某些时候作一停顿,以给听众思考的余地。

虽然文秘人员的会议通常是非正式的,进行过程还是要加以引导。要求别人回答时,一次只叫一位发言人,并紧紧围绕议程或主题顺序进行。如果讨论偏离了主题,应该提醒各位时间有限。

在某件事上有不同意见时,不必进行正式投票,表示接受或反对这些意见即可。如果是一位助手,你给他分配一些日常的工作任务,提示一下解决问题的方法,再问他有没有问题即可。在很多人参加的会议上,不要当众批评某个人。应该给其他与会者发言的机会,认真倾听他们的意见。最后,对讨论和任何决定了的事进行总结,统一大家的认识。

每一位参加会议的人员都要记笔记,特别是在任务分配或作出了关于各种程序的决定时。例行的办公室会议不必做会议记录。如果是你主持会议,则要做好笔记并把每次会议纪要的打印件存放进一个专门的文件夹,如果以后出现问题,可以查看笔记,证实某一天你曾给某人安排了某件工作等等。

10. 会见与会谈实务

10.1 会见的含义和种类

(1) 会见是指双方见面会晤,交换意见,因此也称会晤。由于双方身份高低的不同,会见有不同的称呼,身份高的人会见身份低的人称之为接见和召见;反之,则称为拜见和谒见。

(2) 会见可分为礼节性会见、政治性会见和事务性会见,或者兼而有之。礼节性会见时间较短,话题较为广泛,一般不涉及实质性问题。政治性会见是国家或国际组织的领导人或特使之间就双边关系、国际局势等重大问题交换意见。事务性会见则涉及比较具体的业务或技术性问题。

10.2 会谈的含义和种类

(1) 会谈是两个(或两个以上)国家、民族、政党或企事业单位之间,就共同关心的问题进行的磋商和交谈。会谈的目的是会谈各方能在求同存异的前提下取得谅解和共识,或达成某些协议,作出某项决定。会谈形成的条件是:会谈诸方有共同关心的问题;会谈诸方既有共同利益,又有各自的独立意志;参与会谈的人员,都应是某一国家、单位或个人利益的代表。

(2)会谈从内容分,可分为政治会谈、边界会谈、经济会谈、军事会谈、科技会谈和文化会谈等;从参加会谈代表的多少分,可分为双边会谈和多边会谈;从会谈的开放程度分,可分为公开会谈和秘密会谈。

10.3 会见与会谈的前期准备工作

(1)确定议题和明确目标

文秘人员应协助领导、上司确定会见和会谈的中心议题和准备达到的目标。会见的目标一般为互通情况、沟通立场、消除分歧、确定原则。会谈的目标比较具体,往往是为了达成某个协议,应当根据双方的实际情况确定会谈的具体目标,包括最高目标和最低目标。在商务会谈中,最低目标就是价格底线。

(2)收集信息和分析双方材料

文秘人员在会见和会谈之前,通过各种渠道了解并分析对方的各种信息,包括现实资料、历史资料,对方的意图和背景、人员组成、谈判底线和可能提出的条件等。依据这些帮助领导、上司制定我方的策略。

文秘人员还应收集和会谈议题及目标有关的信息,如商务会谈中应了解货物的品名、规格、保险、检验、价格、付款方式及市场、技术、金融等方面的信息。掌握了这些资料,就掌握了主动权。

(3)确定参加人员

会见一般由领导人出面,领导人的人选应当根据对方求见的要求、双方的关系以及会见的内容性质来确定。会谈人员的组成,应该包括主谈人、专业人员、翻译和文秘人员(兼记录员)。主谈人的级别应当与对方大致相等,并有权代表一级政府或组织。

(4) 双方协商时间、地点

礼节性会见的时间一般安排在客人到达的当天或第二天宴请之前；其他会见，则根据需要确定具体时间。接见和召见一般安排在主人的办公室、会客室；回拜则安排在客人的住所进行。会谈的时间通常由双方共同协商后确定，地点可选择在客人所住的宾馆会议室。任何一方在时间、地点上有变化，必须征得另一方的同意。

(5) 布置座位

国内会见，宾主双方按身份高低排列座位，各坐一边。涉外会见，应当按主左客右的国际惯例安排座位，即客人坐在主人的右边。

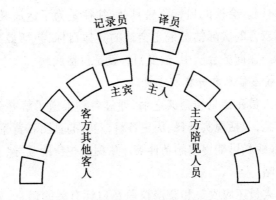

双边会谈通常将谈判桌排成长方形，双方各坐一边，主方位于背门一侧，客人面向正门。如会谈长桌一端向正门，则以入门的方向为准，右为客方，左为主方。双方主谈人位于中央，其他人员按照右高左低的规则排列；译员的位置在主谈人的右边，记录员的位置在两端或后排。多边会谈的座位可设置成圆形、多边形等。

151 第七章 会议及会谈实务

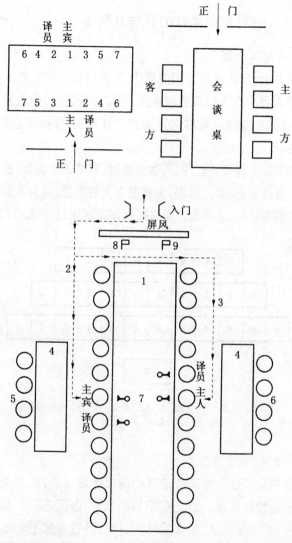

说明：1. 会谈桌　　　　2. 客方行进路线　　　3. 主方行进路线
　　　4. 双方记录桌　　5. 客方记录员　　　　6. 主方记录员
　　　7. 扩音器　　　　8. 客方国旗　　　　　9. 主方国旗

会谈现场示意图

10.4 会见和会谈时的管理及服务

(1) 迎送及合影

会见和会谈时,主方应提前到达,并在门口迎接宾客。接待人员和工作人员应在大门口迎候客人,并引入接见厅、会谈室。活动结束后,主人应视情况将客人送至门口或车前,并握手道别,目送客人离去。

合影前应安排好合影图,人数较多时,要准备合影架,使后排高于前排。涉外合影,主人居中,主宾在主人的右边,其余人员按身份高低先右后左排列,主宾双方交叉排列,两端应由主方人员把边。

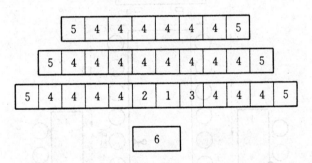

说明:1. 主人 2. 主宾 3. 第二主宾 4. 为主宾陪同插排
5. 主方陪同 6. 摄影师

(2) 翻译、记录及服务

翻译和记录是会见和会谈时的两项重要任务,应力求做到全面、准确、清楚和快速。会见时招待的饮料,各国不一。我国一般只备茶水,夏天加冷饮,如会见时间过长,可适当加上咖啡(红茶)和点心。

(3) 记者采访管理

会见、会谈是否允许记者采访,何时安排,以何种方式接受采访或发布消息,应该在准备阶段就订出计划,并报领导、上司批准。在会见和会谈前,可安排几分钟的采访和摄影,在活动开始后,除特别安排的电视采访外,一般不安排采访。

10.5 会见和会谈结束后的工作

(1) 整理文件并归档

会见时的记录必须归档。会谈结束后可能产生合同、协议书、议定书、条约、意向书、备忘录、会谈纪要、宣言等文件。这些文件是文秘人员在会谈记录的基础上起草的,应提交双方讨论和磋商,直至达成一致。最后,双方在履行签字程序后,文件才能生效。签字后的文件以及原始记录应当一起整理后归档。

(2) 安排签字仪式

会谈在达成协议后往往订立条约或协议书,以作为正式确定的依据。签约有一定的仪式(具体内容参见本章第十一节)。

11. 召开各种形式会议的方法

11.1 办公会议

办公会议是指企事业单位召开的用来讨论、决定、布置工作的会议。一般有两种:一种是参加人员职位较高,或者涉及基层单位比较多的,以讨论、决定重要工作为主,如工作计划、人事调动、机构调整等等,定期或不定期召开,会议间隔时间较长(一个月以上、半年、一年不等),可进行常规性决策,具有一定的权威性。另一种是机关或企事业单位召开的讨论日常工作的会议,以执行性为主,如局长会、院务会、董事会、经理会等等,常常定期召开(半月或一月一次)，又称"业务会"、"例会"。文秘人员组织办公会议要注意以下几点：

(1) 办公会议的时间、地点、人员相对稳定。与会人员主要为各部门负责人，比较固定。时间多数为定期，每次会议时间不长，地点通常为本单位会议室或办公室。文秘人员对办公会议可以从容地、有计划地安排。

　　a. 每次会议的安排都要经主管审批。

　　b. 会场布置比较简单，只求整洁、安静、用品齐全，无需过多点缀。

　　c. 人员通知也可采用简便的方式。

　　d. 有些会议因内容涉及，需扩充与会人员，文秘人员应事先拟出名单，经主管同意后及早通知，以便作好准备。

(2) 办公会议的议题相对集中、具体。每次会议讨论的议题不多，但力求解决。通常每次议题几乎都不同，有新的变化、发展或补充。文秘人员应该：

　　a. 精心准备每一次会议的议题。

　　b. 在领导意图、工作实践、反馈信息综合中产生议题，使其具有必要性、可行性，力求能反映工作的进程并与上下环节衔接，与各部门工作相协调。

　　c. 为讨论议题、解决问题需要足够的信息与资料，包括：① 有关的法律、法规、政策，上级的指示等指示性材料；② 本单位的工作实际状况，成员的意见、反映等基础性信息；③ 社会的反馈或有关专家的意见，报纸杂志发表的最新动态、观点等参考性信息。

11.2　代表会议

指由各级各类组织广大成员推选产生出的代表所召开的会议，规模较大、层次较高的则称"代表大会"。如人民代表大会、党的代表大会、职工代表大会、股东大会等等。

(1) 代表会议是权力最大的会议,它有权作出重大的决策,通过或批准法规、章程,讨论和通过各种议案、提案。

(2) 正式代表必须依法选举产生,参加会议前必须经过严格的程序和相应的资格审查,不允许非代表人员混入。会议需要时,经主席团提议,常务代表多数通过,可邀请少部分列席代表参加。列席代表有发言权,但没有选举权和表决权。应邀出席的来宾和记者只有旁听的资格。文秘人员要注意:

a. 代表会议依法定期召开,与会代表必须达到法定人数方为有效。文秘人员应该仔细核对人数,保证所作决议的合法性。

b. 代表会议的议题往往来自有关部门的议案和代表的提案,文秘人员必须注重收集、整理议案和提案,呈交大会议案审查委员会审议、通过后方可列为正式议题。

c. 会场布置必须庄严、隆重,每个细节都不可忽视。有些会议还应采取严格的保密措施。

d. 代表会议通常有选举或表决,文秘人员应做好选举、表决工作的准备,如选票、票箱、工作人员、划定投票区域、路线,保证表决机器不发生故障等等。

e. 跨地区的代表大会,文秘人员应安排好代表的接送、食宿、交通、保健等事宜。

11.3 联席会议

联席会议是由不同系统、不同地区、不相隶属的组织、单位为了同一目标而举行的会议。其目的或是为了交流信息、建立友好关系,或是为了谋求合作与支持,或是为了协调关系,解决矛盾,如党政联席会议、城市新区建设协作会议、高校与企业联合开发新科技项目会议等。

（1）联席会议是不同组织在互相平等、尊重,有互相协作意愿的基础上召开,任何一方都不能把自己的意愿强加于其他各方。因此,会议的目标、效果有很大的不确定性,往往需要很大努力才能达到目的。

（2）联席会议的最低效果是各抒己见,互通信息,互相了解;最高效果是达成共识。如果能达成共识,可以"意向书"、"协议书"、"会议纪要"或"会议公报"等书面形式确定并巩固之。

a. 联席会议必须由一方主动牵头召开。牵头方要承担更多的组织、协调、会务、经费等义务,但不能因此而享受更多的权利。会议召开时,应由各方联合主持或轮流主持。

b. 会议的时间、地点、议题、与会人员等,应由牵头方与参会各方平等协商确定,充分体现互礼、互让的精神。

c. 参加会议的各方代表,应由负责人或由负责人授权的代表出席,能充分表达组织意见和态度,说话算数,有权达成协议,以免会议议而不能决,决而不行。

d. 文秘人员在会前、会间、会后特别要多做沟通、反馈和协调工作。

11.4 学术会议

学术会议是由高等院校、科研机关、学术团体召开的,以专家、教授为主要成员、以探讨学术课题、发表研究成果为目标的会议。

（1）会议应能反映最新的科学研究动态和成果,与会人员应是确有专长并有研究心得的专家、学者和科研机关、部门的负责人。一般行政人员尽量少参加,以免冲淡学术气氛或改变了会议性质。

（2）会议贯彻"百花齐放、百家争鸣"的方针,充分发扬科学、民主精神,各抒己见,服从真理,不强求一致,反对以势压人和学阀作风。

（3）会议形式不拘一格,可以是论文报告会、现场演示,也可以是小型座谈会,也可穿插进行。

(4) 会议成果往往汇编成论文集,内部交流或公开出版。

文秘人员安排会务要做到:

a. 学术会议要求准备充分,通常至少提前三个月发送预备性通知,让学者们准备、提交论文或提纲。经审查后再发正式通知。

b. 会场布置应简单、朴素、实用,开幕式、闭幕式等礼仪性程序尽量简化,以更多时间组织实质性讨论。

c. 参加筹备、服务的文秘人员应有一定的专业知识。

11.5 新闻发布会、记者招待会

是组织为实现一定的宣传目的,邀请报刊、电台、电视台等新闻媒介单位记者召开的会议。"新闻发布会"与"记者招待会"两者略有区别。

(1) 新闻发布会以单向沟通为主,即重点在组织发言人将事先准备好的内容报告给记者们,以期理解和支持,要求记者们广为宣传。报告完毕即告结束。报告内容必须新鲜、真实、坦诚,或有鲜为人知的内幕,否则难以引起记者们的兴趣。

(2) 记者招待会则以双向沟通为主,主方报告应简明扼要,更多的时间是答记者问。这种会议比较活跃,效果也较好,但组织和准备工作有相当难度。

文秘人员安排新闻发布会、记者招待会应注意:

a. 会议地点应选在交通便利又比较热闹的场所,既方便记者们参加会议,又能引起社会各界注意,扩大影响。偏远的企业多假座城市中心的宾馆、酒店举行。

b. 会议时间尽量不安排在休息日,以免影响记者们的出席率。

c. 会议通知用请柬形式,以示尊重,应及早发送,并附宣传提

纲,以便记者准备提问。对重要的记者应提前预约。

d. 应由专业人员事先做些调查访问,了解或估计记者们可能提出哪些问题,帮助会议主持人、发言人做好充分准备。

11.6 报告会

主要是指为了宣传、教育目的而举办的,邀请劳模、英雄、先进人物或专家、学者、党政领导干部所作的专题报告会,如:先进事迹报告会、形势报告会、学术报告会等。报告会以单向宣传、教育为主,通常是一人讲、众人听。报告内容必须为听众所关心和感兴趣,切合实际。文秘人员安排报告会应注意:

a. 报告主题必须慎重选择,尽量使每一场报告会都能达到预期的效果,防止赶时髦或流于形式。

b. 选择的报告人应有一定的社会地位或知名度,有一定的表达能力,才有吸引力,才能产生最佳的效果。邀请报告人时,可事先对内容提出些要求,尽量做到有的放矢。

c. 报告会应中等规模,人数百人以上,千人以下为宜。人数过少,影响报告人情绪;人数过多,又众口难调,难以维持秩序。

d. 报告会时间不宜过长,一般以一两个小时为宜。

e. 报告会后,应收集反馈意见,及时总结、汇报,以便改进。

11.7 座谈会

座谈会是政府机关、企事业单位为收集信息、征求意见、调查研究而邀请有关人员召开的小型会议,包括各种"座谈会"、"恳谈会"、"见面会"、"茶话会"等。座谈会既集中,又民主;既认真,又轻松。

集中,指主题集中,主持人应始终扣紧主题,防止发言东拉西扯,漫无边际;

民主，指主持人作风民主，让不同意见充分发表，正确引导而不加限制，更不应批评；

认真，即态度认真，主持人和与会者都应认真发言、认真听取、认真思考、认真讨论；

轻松，指气氛轻松，发言无所顾忌，讨论也不激烈争论，不搞紧张、对立。座谈会的成功与否，很大程度上决定于主持人的水平、引导和组织艺术。文秘人员组织座谈会要注意：

a. 座谈会邀请对象必须是知情人，能独立思考、有主见又敢于发表意见者。如果只是听众，或只是人云亦云者，座谈会就失去了作用。

b. 座谈会以小型为主，人数以七八人至二三十人为宜。人数过少，缺乏代表面，也影响讨论；人数过多，又影响发言面和发言质量。

c. 座谈会上，文秘人员应与主持人密切配合。主持人负责引导、组织，可不做记录。详细的记录应由文秘人员在不引人注目的座位上去做。

d. 座谈会的时间不必严格规定，话多，可适当延长，话少或已无话可说，即告结束。

e. 会场应准备些饮料、茶点，边吃边谈，可使气氛轻松。

11.8 国际会议

国际会议指来自两个以上国家(不是指地区)的政府、政党或社会组织、民间团体就共同关心的问题召开的会议。内容涉及广泛，如世界妇女会议、东南亚经济发展研讨会、APEC会议等等。

(1) 所谓国际会议，必须具备两个特点：一是来自或代表两个以上国家，也可以是多国会议、世界性会议；二是议题必须是共同的，当然观点可以不同。如果各讲各的题目，就没有必要坐在一起开会。

(2) 参加会议的国家无论大小、一律平等，互相尊重，尤其是各国的参会人员应考虑职位、地位的相应性，如过于悬殊，很难达成协议。

文秘人员安排国际会议应该注意：

a. 国际会议由东道国发起、组织、邀请。必须写明议题、时间、地点、人数（包括职务）以及差旅、食宿、会务等费用承担情况。

b. 国际会议往往存在语言障碍，一般使用英语，也可商定采用联合国规定的其他正式工作语言，如汉语、法语、俄语等。但不管采用何种语言，东道国必须准备足够的同声翻译，文件也应准备不同文字的文本。

c. 地方政府、企事业单位、民间团体要召开国际会议，应向上级主管部门申报、获准，以便办理出入境等手续。

11.9 电话、电视会议

现代化和高科技的通讯设备为召开电话、电视会议提供了可能，电话、电视会议适用于重大、紧急情况之下，或干部之间商量紧急措施、布置重要工作，或向公众直接宣布重大决定，阐述方针政策，进行动员等，如地方政府紧急抗洪救灾会议、国家领导人重要电视讲话等。

(1) 电话会议的优点是可跨越空间，与会人员无须集中到会场，就地在电话机前就可参加会议，能节省人员赴会的时间和差旅费用。电话会议可以讨论问题、布置工作。缺点是与会人员不在一起面对面沟通、讨论，影响会议的气氛和效果。

(2) 电视会议的优点是跨越空间大，覆盖面宽，可传递到家家户户，而且有声有像，直接效果优于电话会议，适用于区域性甚至全国范围。缺点是单向传播，无法交流或即时取得反馈信息。

文秘人员安排电话、电视会议要注意：

a. 电话、电视会议事务最重要的是及时、切实做好通知工作。会议时间一旦决定就无法更改，如果错过时间就失去了获取会议信息的机会。

b. 保密性电话会议不可使用普通电话线路，而要专门拉线。文秘人员应督促此项工作，保证线路畅通，使通话无障碍。

c. 电视讲话往往事后以文字形式在报刊上发表，电话会议只由文秘人员作书面记录，以备日后查考。

11.10　签约仪式

国内或国际间双方或多方就某些问题达成协议后，往往订立条约或协议书，以作为正式确定和执行协议的依据。签约，必须在双方或多方充分讨论、平等协商、达成共识并形成表达清晰、周密的文本的基础上进行。不同国家签约，文本可采用不同的语言文字，但内容、语意、格式必须完全一致，不允许产生歧义。

签约仪式是一种比较隆重、正式的方式，文秘人员应做好以下工作：

a. 仔细做好签字文本的定稿、翻译、校对、印刷和装订工作。

b. 准备好签字桌和签字用品，包括各方单位的名称牌、文本、签字笔、吸墨水器、小国旗、印章印盒、桌布、横幅或贴字等。

c. 与上司商量各种细节，安排签约方职位相当的负责人主签，由更高一级的领导人及相关部门的负责人参加，以示监证。

d. 布置好签约场所，签字桌后面放两把椅子，作为主签人的座位，按照主左客右的规则在桌上放置各自的文本和姓名牌。

e. 安排参加人员，有签约人、助签人（文秘人员）和参加人。

文秘人员负责或者陪同上司参加签字仪式时，可以遵照以下程序：

a. 引导各方人员进入签约场所。

b. 引导主签人入座,并安排其他参加人员按照身份顺序排列,分主左客右站立在各方主签人的身后。

c. 助签人(文秘人员)的工作是将文本打开,向主签人指示该签字的位置,待主签人签字后,用吸墨水器将墨迹吸干。

d. 双方在本方保存文本上签字后,由助签人员互相传递文本,主签人再在对方保存文本上签字。

e. 双方主签人相互握手,交换文本,互作依据并资共同遵守、执行。

f. 可预先准备香槟酒,在签字完毕后,双方共同举杯,以示庆贺。

g. 保存好签字文本,陪同上司送别客人。

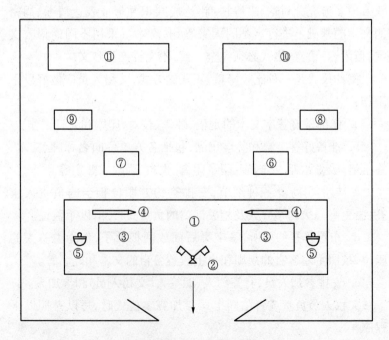

签约场所的布置:①签字桌;②小国旗,主左客右;③文本;

④签字笔;⑤吸墨水器;⑥主方主签人座位;⑦客方主签人座位;⑧主方助签人站立位置;⑨客方助签人站立位置;⑩主方参签人员站立位置,依职位高低由中间向左边排列;⑪客方参签人员站立位置,依职位高低由中间向右边排列。

12. 提高会议效率

社会化大生产和快节奏生活要求节约会议成本,提高会议效率,这也是企事业单位提高经济和社会效率最本质的要求。要提高会议效率,文秘人员必须注意以下几点:

12.1 遵循法律法规

会议的目标、议题、程序以及形成的决议是否符合国家的政策和法律法规,这是安排会议必须遵循的基本原则。应坚决反对维护小团体形象、助长不正之风、违反财政纪律、与社会主义市场经济规律相抵触的会议。

某些重大会议,如股东大会、职工代表大会、人民代表大会等,从代表的产生、资格的审查、主席团人选的确定、工作报告的讨论修改以及决议的通过等,都应遵循有关法律法规,有严格的、明确的规定和程序,以保证会议的有效性和科学性。

12.2 合理确定会议目标

会议组织者和与会人员应该在共同的目标和价值观的基础上,作共同协调一致的努力,这样取得的才会是整个组织的有效成果。确定会议目标,首先,必须考虑它在企事业单位总体目标过程中的地位和作用,保持它与总体目标在方向上的一致性;其次,必须使会议目标具有实际的可行性、可操作性。目标如果过高、过于理想化,会使人望而却步;目标过低,又会使人缺乏积极性,因而,会议目标要实事求是,从实际出发,把理想与实际结合起来,充分考虑各种相关因素,争取优化的会议成果。

12.3　确定必要的与会者

会议需要选择与会人员。哪一类的会议,应由哪些人参加,才有利于提高会议效率,实现会议目标。

会议效率是由出席会议人员的群体功能体现的,合理的群体结构,才能产生最佳的群体功能和最佳的会议效率,否则则相反。《帕金森定律》里形容了一次财务预算会议的情况。会议有二个议题,第一个议题是讨论建造原子反应堆问题,职能部门介绍了情况后,提议由某公司承包这项工程,预算费用为1 000万英镑,11位与会者中,有4人完全不知道反应堆,有3人不知道反应堆是干什么的,另4人也知之甚少,没法发表看法。结果只有一人说工程价格高了一点,对把这样一项大工程给一个已经被起诉的公司表示不理解,其他人均不发言,会议冷场,议题最后不了了之。第二个议题是讨论在办公楼修建自行车棚,造价350英镑。会议气氛热烈,发言十分踊跃,经过研究,决定降低50英镑预算,第二个议题得到了很好的结果。由此可见,会议需要选择在职务、专长、思想品德、性格特征等方面的相关人员参加,才能保证提高会议效率,实现会议目标。

12.4　减少会议数量

会议,尤其是大中型会议,必然带来时间、人力、物力和财力方面的耗费,必须谨慎地运用这种工作方式。

会议的过多过滥,扰乱了正常的生产和生活秩序,助长了某些人的官僚主义作风。有些人把会议看作推动工作、汇报成绩的主要手段，成为他们职能工作的主要内容，不仅花费了自己大量的工作时间，挤掉了深入现场调查研究的机会，而且耗费了与会者的宝贵时间和精力，造成"会海"成灾，不能自拔。针对这种情况，应该少用会议层层传达的做法，而由对口部门深入实际推动工作。也可以采用审批制度，严格控制会议数量，需要召开的会议，必须提前一周填报会议申请单，经过批准后才能进行。

减少会议数量，还应统筹安排会议，要突出重点、主次得当、科学合理，优先安排中心工作所需要召开的会议，暂缓安排或取消一般工作会议；优先安排那些影响面大，非集思广益不能解决的会议，而暂缓或取消那些用其他方式也能解决的会议。

12.5 缩小会议规模

除了某些有法定比例人数的会议之外，一般都应坚持开小会。就是在确保会议效率和效果的前提下，严格遵循与会者选择的相关原则，尽可能精简人数，节约成本，提高效率。

12.6 简化会议程序

有些会议，特别是重要会议有法定程序，必须严格遵守。但有些会议，其程序是会前临时拟订的，则应力求简化。什么会议安排什么程序，完全应该根据会议议题的实际需要，要去掉一些无实质性内容的形式主义做法。还可以限制与会者的发言时间来保证会议的精干。

12.7 缩短会议时间

效率＝价值/时间，将这一公式用在会议上，即在会议产生的价值不变的情况下，时间与效率成反比。会议时间越长，会议效率越低。时间就是效益,把大量宝贵的时间用于会议上,无疑是极大的浪费。而且经专家测试,人脑保持最佳状态的持续时间仅为45分钟左右,在这个时间限度内,人们思维活跃,作出的决策全面、深刻,正确程度高,超过这个限度,人们会产生急躁情绪和偏激倾向。因而应该提倡并大力推行不超过一小时的会议,以达到节约会议时间,提高会议效率的目的。

12.8 控制会议经费

由于会议规模和性质不同,会议经费的使用差异是很大的。小型或单位内部会议花费不多,而地理位置分散的大中型或特大型会议则往往需要召集大量人员,会议时间长,议题多,需要大量的耗费。

控制会议经费的做法,一是会前应该作出科学的、严格的预算;二是会间要严格地控制使用;三是会后要及时地结算,发现超支应立即找出原因,总结经验教训,如果超支过多,必要时可以追究有关人员的责任。

12.9 分析会议成本

对会议成本进行分析是一种先进的会议管理和控制方法,也是提高会议效率的极好方式,借鉴并运用这一方法,应当成为我国企事业单位改进会议管理的目标和方向。

会议成本的基本内容包括:

(1) 参加会议人员花费在会议活动的时间价值,由以下组成:

a. 与会者的工资及其在本单位所获得的其他收入;

b. 因会议时间而减少的个人工资与其他收入以外的劳动产值;

c. 因会议活动而引起的经常性领导工作停顿所造成的损失

(领导者参加会议造成相关管理工作的削弱,重大问题处理的延误,以及不能及时会见有关人员而耽误了他们的时间等)。

(2) 会议活动后勤工作等实际经费的开支。包括交通费、住宿费、伙食补助、差旅补助、会场租用费、文件材料制作印刷费、会间饮料茶水费、文化娱乐费、摄影费、会议纪念品费、服务人员费用等等。

会议成本的计算公式为:

会议成本 = $2 \times 3[(G+S) \times T] n +$ 后勤开支

= $6(G+S)T \cdot n +$ 后勤开支

公式中:

G——参加会议人员的每小时人均工资数;

S——参加会议人员每小时人均其他收入数;

T——参加会议人员人均到会时间;

N——参加会议人数;

后勤开支——等于支票开支、现金开支和实物开支的总和。

以上公式说明,一般而言:

① 与会者个人每小时工资加上每小时其他收入之和乘以实际参加会议时间,即得到个人此项时间价值,所有参加会议人员的时间价值之和,即为会议花费的时间价值。

② 因会议时间而减少的个人工资与其他收入之和以外的劳动产值,个人劳动产值应为其工资和其他收入的 3 倍以上,即①乘以 3。

③ 因会议时间引起经常性领导工作停顿而造成的损失,以①、②项之和的 2 倍计算。

例:某企业召开办公室扩大会议,参加人员为总经理、副总经理、各职能部门的正副经理、办公室正副主任和职工代表等,共 30 人,文秘人员和其他服务人员 4 人,会议时间为 5 小时。

参加会议人员月平均工资为 2 400 元,其他收入 600 元,如果按照一个月 30 天、一天工作 8 小时计算,则每小时平均工资为 10 元,其他收入 2.5 元。

会议后勤费用开支有:文件材料费 90 元,饮料费 70 元,因会议紧张安排午餐,餐费 300 元,总计 460 元。

$$会议成本 = 6 \times (10 + 2.5) \times 5 \times 34 + 460$$
$$= 12\,750 + 460$$
$$= 13\,210(元)$$

由此可见,以上显示的仅是企业内部的小型会议,34 人花费 13 210 元,人均约 388 元,如果是地理位置分散的大型会议,其会议成本则会非常高,因而我们应该慎重选择会议形式,降低会议投入,提高会议效率。

第八章 日程安排

1. 日程安排与文秘人员

在企业里工作的人,大都是根据个别事项的行动计划在进行。尤其是管理者,由于职务关系,经常需要作非常周密的行动计划,以便能够落实施行,若形势有了变化,就有必要加以变更,或者调整计划。

而管理者所作的行动计划,有两个部分:一是自行决定的部分;二是与企业内外的人有关系的部分,如会议、面谈、出差、访问等,需要获得有关人员同意才能执行。一般来说,关于日程安排计划的制作和管理并不十分困难,但与有关人员的联络、调整等事项,则是个大问题。因此,若有人能够代替这些联络、调整或辅佐工作,则管理者的工作效率就可显著地提高。

如某经理在某天下午 2 点要与业务部开会讨论销售工作,这项销售任务的安排关系到本年度的销售预算能否完成。下午 4 点又要和某位客户商洽一笔重要的合同,经理准备在 5 点结束。但是这天上午公司收到了政府某个部门的临时开会通知,写明开会时间是下午 3 点,经理必须亲自参加。会议将持续多少时间没有标明。这样一来,2 点的会议到 3 点无法结束,而 3 点的会议可能会影响到 4 点的约会。这时,文秘人员就能为经理出主意了。她可以将经理下午的会议安排调整为:2 点和客户谈合同,3 点参加政府机关的会议,4点半或5点,召开销售会议。只要经理同意,文秘人员想办法求得那位客户的谅解,变更约会时间,并通知公司内的业务部人员,将讨论会延后。这样既保证了政府部门的会议,又不至于失掉一份合同,只是拖延了内部工作人员的下班时间,影响不大。由此可见,能够适当支配管理者的时间,制造充裕的时间,以及辅佐管理者有效率地完成主要工作的,就是文秘人员。

2. 日程安排的意义

所谓日程安排,就是"关于管理者的会议、面谈、出差、访问等作计划、实行、变更及调整"。概括地说,是指"文秘人员为使管理者(上司)能够有效发挥其功能所作的辅佐活动"。

管理者对于有限时间的分配及使用,可以说是与该企业的业绩息息相关,所以日程安排计划的制作、管理有很大的意义。通常,上司对于应该从事的各种活动,先判断其紧急和重要程度之后,再编进日程计划中。为处理管理者所遭遇的各种问题而制作的日程计划,可以说是对管理者能力的一种考验。

文秘人员所扮演的是辅佐管理者活动、增加管理者管理能力等的角色,其工作包括把会议或访问等编入日程计划中,以及执行、变更和必要的联系、调整。同时文秘人员也必须具备良好的判断能力和敏捷的行动能力。

3. 文秘人员在日程安排中的工作

属于日程安排计划项目中的会议及访问,基本上是由上司自己判断去决定,而有关日程安排计划的制作:(1)由上司自身去做,文秘人员只从事这个计划事务的管理;(2)文秘人员不仅是管理,也受上司委托去做日程安排计划,此外也有介于这两者之间的;(3)重要活动由上司做计划,一般性的活动则交由文秘人员判断处理。

如下图所示,在日程安排计划管理的过程中,允许文秘人员自行决定的程度并不一定,特别是私人秘书,其差异更大。

由文秘人员决定的程度是因为下列原因:

(1)该企业的经营性质与形态(外资、合资、国有企业、私营企业等)和习惯(特别是有关分派文秘人员时的习惯);

(2)上司所负责业务的类型;

(3)上司的性格;

(4)文秘人员本身的能力及经验;

(5)上司对文秘人员的信赖程度;

(6)上司和文秘人员的合作年资及其内容。

以下为上司和文秘人员在日程安排计划方面工作分担的示意图:

日程安排计划	日程安排计划的制作		填写日程安排计划表	日程安排
	重要部分	简要部分		
	上	司		文秘人员
	上 司		文 秘 人 员	
	上 司		文 秘 人 员	

由日程安排计划中,可以强烈感受到上司表现在业务上的

价值判断及工作方针,因此,如果文秘人员不熟悉该业务的内容,就无法制作出符合上司意愿的日程安排计划。换句话说,在决定日程安排计划时,文秘人员必须了解"优先顺序"的评价标准,而该评价标准一般而言不属于文秘人员,应该是上司的标准。因而,文秘人员为了解这个标准,必须具有良好的判断能力,掌握有关上司业务的丰富知识,了解上司所处环境的条件及对公司环境的认识等。

另一方面,上司也的确只能把自己的日程安排计划的制作交给能够信赖的文秘人员,这种信任关系不可能一朝一夕形成,而是经过长久时间才建立起来的。

在另一些情况下,文秘人员有可能获得上司的完全信任。他(她)的成功取决于两点:一是在工作和时间的调配上,掌握了足够的知识和信息,了解每一项业务的轻重缓急,每一个与上司约会的人物在上司心目中的重要性,对方的地位、身份的高低,以及其他外在环境的要求等。文秘人员把自己的安排决定告诉上司,只需上司的点头或摇头,这可说是做到尽心尽职了。二是具有某些说话的技巧,能够了解要求约会者的心理,巧妙地推掉某人的要求,而不得罪对方,帮助解决上司的某些困扰。

4. 日程安排计划表的种类和管理

文秘人员制作的日程安排计划表在上司看来,是为了按照该计划表有效进行工作的一种工具;但在文秘人员看来,则是为了使上司能够在某一天、某个时间,依照计划行动而辅佐上司对时间进行调配的备忘录或核对表。

在制作日程安排计划时,文秘人员被授权能够自行决定的程度,如上一节所述,有许多种,但是文秘人员不管在任何情况下,都必须能够适当地应对。因此,无论由谁去管理日程安排计划并不重要,重要的是要讲求管理的方法。

4.1 日程安排计划表的种类

日程安排计划表可分为:

(1) 年预定表。是企业在每年度例行的主要业务活动及有关公司的活动事项一览表,所记载的活动事项有股东大会、董事会、公司创立纪念日、年休假等。

预定表是为了能够一目了然公司一年内所有活动事项而制作,所以,通常是由总经理办公室等管理全公司的部门于年初将整个年度的活动事项整理成表,再通知各部门。

日程安排计划表例一:年预定表

一月	5日(星期一) 8日(星期四)	开工典礼 董事长视察
二月	2日(星期二) 9日(星期一) 25日(星期三)	常务董事会 公司纪念日 成本会议
三月	2日(星期一) 3日(星期二) 25日(星期三)	常务董事会 分行经理会议 成本会议

(2) 月预定表、周预定表、日预定表。月预定表是从年预定表中抽出一个月的预定计划,以一个月为单位,填写该月要进行的会议、面谈、出差、访问等预定计划。

日程安排计划表例二：月预定表

		月　预　定　表			
1	一	9：00～9：30 林处长来访 12：00～16：00 周会	16	二	9：00～17：00 分公司会议
2	二	9：00～12：00 董事会	17	三	
3	三	15：00～16：00 上海起飞──→南京	18	四	
4	四	南京	19	五	9：00～12：00 销售会议 15：00 贝尔公司古经理约见
5	五		20	六	
9	二		24	三	
10	三		25	四	3：00 成本会议
11	四	12：00～14：00 午餐会：锦江饭店	26	五	10：00～12：00 营业部会议
12	五	10：00～12：00 营业部会议	27	六	
13	六		28	日	
14	日		29	一	11：00～14：00 长城信托会谈，福德饭店
15	一		30	二	

（3）周预定表是一个月预定计划中的一周计划，此预定计划比月预定表更详细。

日程安排计划表例三：周预定表

22日(一)～28日(日)

日期	星期	上 午	下 午	备 注
22	一	9：30 光大银行吴处长来本公司	参加金茂画廊酒会	*(要与吴处长联系) (1/20 光大银行来信)
23	二	8：30～10：30 人事科高科长面谈，第一会议室	华灵集团李部长洽谈	*1(要准备好人事组织表) *2 新产品介绍约45分钟
24	三	8：00 早餐：与刘行长 10：00 惠普公司林经理访问	参观	*13：30 从公司出发；林处长同行；
25	四	9：00 李先生商谈私事	11：30—13：30 午餐：与王厂长，公司餐厅 3：00—5：00 成本会议第三会议室 6：30—8：00 晚餐：高董事长	*1 田总经理缺席 *2 晚餐已经预约衡山饭店二楼
26	五	10：00 营业部会议 第一会议室	4：00 会见田总经理 5：00 小会议室	*1 中午10人客饭已经订好 *2 准备成本会议文件
27	六	打高尔夫：太阳岛。乡间俱乐部，已经预约4名		9：00 李董事长、罗董事
28	日			

(4) 日预定表则是从周预定表里写出一天的预定计划,进一

步以时间为单位,详细地预定从早到晚的业务活动。

日程安排计划表例三:日预定表

25日(四)预定表(例)

时间	事项	地点	备注
9:00	行业协会的李先生(私人谈话)		据说是上一次打电话之事
9:30			
10:00			
10:30			
11:00			
11:30	与王厂长午餐	午餐在公司餐厅,三个座位已经预定	华成公司的谢经理同餐
12:00			
12:30			
1:00			
1:30			
2:00			
2:30			
3:00	成本会议	第三会议室	田总经理因出差,无法参加
3:30			
4:00			
4:30			
5:00			
5:30			

(续表)

时间	事项	地点	备注
6:00	6:15从公司出发		
6:30	6:30晚餐	衡山饭店二楼	思达公司的罗董事长(据说会晚到10分钟)
7:00			
7:30			
8:00			
8:30			

由以上可知,除了年预定表以外的活动计划表有三种,但一般企业却是以综合这三种模式的情况比较多。

4.2 约会

约会就是"想与对方面谈时,和对方联系获得同意并确定时间、地点等"。约会有己方向对方要求,或由对方向己方提出等两种方式,而约会在制作行动计划时是不可或缺的。一般都是由文秘人员获得上司的指示之后,再把已经决定的约会明细记录在行动计划表上。

(1) 要求约会时。要求的方法有以电话、写信、访问时或在开会、集会时决定下一次约会的时间等多种,不过现在使用电话的情况比较多。

向对方要求约会时应注意的事项:

a. 要获得上司的许可;

b. 对方如果有文秘人员,一般由文秘人员办理;

c. 如果用写信的方式,在等到对方收到信后,再打电话给对方的文秘人员以确认;

d. 要正确告知对方赴约者的姓名、职务、目的、时间、地点、方式（早餐会、午餐会等）、所需要的时间等等，关于日期的确定应该以比较有弹性的说法问对方："你们什么时候比较方便？周一下午或周二上午，如何？"这样让对方能够有所选择。

e. 告知你或上司的联系电话，以便万一约会取消或有所改变时可以马上通知。

f. 对方越忙越必须早一点联络，时间应尽量有弹性，这是身为文秘人员所应具有的常识。

g. 连续参加两个以上的约会时，要充分考虑路上交通所需要的时间。

h. 如果上司出差，不要在他回来的当天安排约会，可能会发生飞机误点及其他情况。

i. 决定时间、地点时，要注意对方的业务情况、工作场所等。

一般说来：

- 星期一早上、周末下午每个人都会很忙碌，尽量不要安排约会；
- 即将下班之前的那段时间，公司内也会很忙碌。
- 午餐前后约会则会影响吃饭时间；
- 对方的休息日、节假日或有特殊政治和宗教意义的日子不要安排约会；
- 公司有重大活动的那一天不宜安排约会；
- 地点必须选择对方比较方便的地方；
- 地点还应考虑约会的礼仪规格、是否需要保密、是否需要就餐等因素。

j. 对方不能确定接受时，要求约会的这一方最好再联络一次。

k. 已经约好且需要预定会议室时，就要立即预约，如果对于该地点没有充分把握，应该事先调查路线，了解如何前往、房间大小、桌子的配置等。

l. 约定好以后,一定要向上司汇报,并填写在日程安排计划表上。如有必要,还应准备约会所需要的文件资料。

m. 上司和某人会面后,可能要求文秘人员安排下一次与那人的约会。文秘人员安排好后,应确保那人清楚地明了约会的时间,并给予了明确的答复后,将此约会记录在你和上司的日程表上。

(2) 被要求约会时。和上述的情形正好相反,不过应注意事项也有重复部分:

a. 要听清楚对方的姓名、公司名称、职务、时间、日期、方式、所需要的时间等,这时应注意切勿有太探究性的语气。

b. 如果对方是以信件要求的约会,收信后应立即回信,尤其是决定拒绝时,更应提早回函,若觉得回信可能延迟,那就要先以电话联系对方。

c. 假如对方所要求的日期已经被预约,除非有相当的确认,文秘人员切不可独断地拒绝,应该问明上司的意思,因为或许那是件必须取消原定约会的重要事情。

d. 即使对方所要求的日期并未被预定,但上司不在时,要先向对方说明:"暂时接受。"然后询问上司的意思,决定后再立即和对方联系。不过,得先确定应该如何与对方联络。

e. 如果对方的名字是初次听到,文秘人员就要特别提高警觉,详细了解对方面谈的目的、要谈论的事项,并暂时保留答复。要是对方是个连上司都不认识的人,就要立即着手调查那家公司的情况,将所得到的信息告诉上司,征询上司的意向。

f. 如日期已经事先与人约定而不得不拒绝时,要先获得上司的答复之后,再向对方提示若干自己这方面方便的时间、日期,让对方选择。

g. 拒绝时,也应考虑对方的心情,要客气地拒绝。

h. 假如是公司内的人,尤其是上司的部属或部门的负责人要求约会时,要先询问他们约会的目的,然后再告诉上司,并依照紧急程度安排,就算是极短的时间,也要编入日程安排计划中。

文秘人员为了约会而被牵连惹来麻烦,一般来说都是在这种情况下发生的,而这些事情通常与文秘人员的应对方法有很大的关系。文秘人员应该牢记的一件事是,即使对方是下属,那也是上司的下属,而不是你的下属。

上司自己安排的约会,以及文秘人员为上司安排的约会都应记录在日程表上,有时,你的上司可能会忘了事先告诉你他的计划,这时出现的约会冲突是很令人尴尬的。因此,每天早上或前一天临近下班时,你必须笑容可掬地坚持和上司核对当天或第二天的日程表,你应该坚持要上司这样做,并说明这是保证自己与上司协调一致。

文秘人员对上司以及他的工作越了解,就越能分辨出他对每个人的态度,感受到他处理每件事的方法,你也能根据他的评判标准准确地安排约会。

4.3 日程安排计划表的制作和填写

(1) 年预定表。文秘人员制作年预定表时要考虑上一年度的预定表。关于时间、地点、主题等,也应向上司或负责办理该事项的部门确认。通常制作年预定表时的注意事项如下:

a. 由于预定表的目的在于一目了然,所以文字表达一定要概括、简要、明确。

b. 简要记载的事项大多数都属于例行的事,其详细内容在抄写于月预定表、周预定表、日预定表上时,应该再补充记载。

c. 完成之后即制作复印件,然后向上司提出。

(2) 月预定表、周预定表、日预定表。在这三种表当中,究竟以哪一种为基础呢？这应该根据一个企业的行业类别、例行之事、上司所负责部门及上司的习惯来决定，并没有一定的标准，所以不妨参考过去用过的模式。多数以月预定表为基础。至于日程安排计划表，目前在市场上有小笔记本式、日历式或电子的如"掌上电脑"、"商务通"之类，而文秘人员一般都是以一年用的日程安排计划笔记本为主。每当需要将日预定表及周预定表交给上司时，就从这里抄出有关内容制作成表。文秘人员一定要养成良好的习惯，即只能有一个主要的日程安排计划表，以及有事情就一定填写于计划表上。

这个日程安排计划笔记本如果已经使用一年以上，也不要废弃，而应当作为记录保存下来，仍很有参考价值。保存期限大约3至5年。

一般说来，上司都是把日程安排计划写在自己的日历式、电子式小笔记本上，并随身携带。文秘人员应该注意：

a. 在替上司安排约会时间之前，必须先对上司的工作时间表有全盘的了解，才不会发生错误。而且所有的日程安排计划都要在征询上司意见之后再决定。

b. 在作日程安排决定时，应立即填写在文秘人员的主要日程安排计划表上，同时也在上司的日程安排计划表上填写，或写在便条上交给上司，再由上司自己填写。

c. 上司没有经过文秘人员而决定的日程安排计划，也必须填写在主要计划表上，所以文秘人员应请求上司若有这种情况，应主动告知。

d. 信息要尽量详细地填写并补记，如果表上的空白处太少，可以使用速记符号或自己能够了解的简单符号。

e. 暂定的预约用铅笔填写，等决定以后要马上用墨水笔改写。

f. 先将年预定计划抄写在文秘人员的主要日程安排计划表上,而有关时间、地点及其他当时已经很清楚的信息,也要记录下来。

g. 然后再把每个月的会议、报告书的截止日期(由下属送来)、报告书的提出日期(呈送上司)等,这些以月为单位的例行日程安排计划填写进去。

h. 在制作日程安排计划表时,要留意上司改变需思考的时间,到下一个地方去所花费的时间(充分考虑交通阻塞的情况)等,而在时间的安排上应宽裕些,也可以避免临时有事仓促应付。

i. 如果不小心发生日程安排计划重复的情形,就要排定能够动用的空挡,请上司决定优先顺序。

j. 为了了解各级主管和有关管理者的日常动态,有些公司是由办公室制作日程安排计划一览表,放在固定地方,但根据上司职务的不同,有时候日程安排计划属于机密事项,不便公开。因此,文秘人员只需表示"没有空闲时段"即可。

k. 从黄昏至夜晚的日程安排计划,经常会有私事及不属于业务的事项,所以必须先获得上司的同意,再将时间、地点清楚地填写进去。

l. 在日程安排计划表中,若遇到上司出差(国内或国外)时,要清楚地填写出发和返回的时间、日期,并另外制作旅程表。假如是到国外出差,旅行社一般都会送来一张概略的日程表,不过文秘人员在收到这张日程表时,必须先确认该日程表、机票的日期、时间、班机名称、起飞、降落的机场名称、地名等等。

旅程表除了预定行动以外,也要填写:

● 旅店名称、地址、电话号码;
● 当地联络者的姓名、地址、电话号码;
● 会面者的姓名、公司名称、地址、电话号码;

- 当地的本国大使馆地址、电话号码等必要的信息。

另外,旅程表要制作两份,一份交给上司,一份交给上司家人。

4.4 日程安排计划的确认

上司为了按照日程安排计划顺序进行,必须预先确认行动计划中的各种事项,一旦经过确认之后,就会有以下的效果:

(1) 能够防止错误。在制作日程安排计划表时,经常会发生误记的情形,因而有必要预先核对,检查错误,并予以改正。

(2) 然后做确认备忘录通知有关人员,因为有时候有关人员会由于工作忙碌,以致忘记在日程安排计划表上所约定的事。

而为了要预防这种由于不小心而发生的错误,所以才要确认,而且这种确认工作的目的不仅是上司,对于所有的有关人员都必须做。

确认的时期和方法如下:

(1) 如果面谈或开会的预定计划是以电话决定的,要根据备忘录尽量早一点以书面形式确认。

(2) 进一步在会议的前一天或前两天,和会议的主办者或要访问的对方联系,确认时间、日期、地点等。

(3) 上司和文秘人员必须在周末核对下周的行动计划,或是每天早上核对当天的行动计划。

(4) 在每月底、周末之前或者在每天早上把下个月、下周或当天的行动计划表或备忘录交给上司,其中比较重要的事项也可以画上一条红线。

(5) 如果会议的主办者是上司,就要确认(至少在举办日的两三天前)会议室。假如临时邀请其他上司参加,应再电话联系所属的文秘人员。

(6) 会议、面谈所必须的文件及资料,要在前一天就准备好,尤其是重要的会议，更要请上司查核。

（7）如果会议或面谈的时间太长，以致即将接近下一个预定计划的时间，此时文秘人员应该把这件事写在便条上，悄悄交给上司请示，但在写法方面要使正在开会中的上司能够简单回答。

例如：跟你约好四点见面的思达公司的鲁先生已经来了，要不要请他在会客室等你呢？

Yes or No?

是否要请经办的李副经理先和他见面呢？

Yes or No?

（8）如果上司要使用公司的汽车，应该在前一周的周末把写清楚日期、时间、地点的一星期外出行动计划表交给司机，假如上司是星期六、星期日要使用，就要尽量早一点联系，但因迎送的时间、地点比较容易发生错误，所以文秘人员和司机应保持密切的联系，这样便能够防止发生失误。

（9）上司利用火车出差时，要先调查当天火车的误点情况；如果是乘飞机，则要特别查核误点情况、预约的确认、到机场路上的拥挤情况等。

4.5　日程安排计划的变更和调整

有时候由于无法预测事情的发生或因为对方的关系而非变更日程安排计划不可，其所造成的有形、无形的损失不少，而且还可能影响到今后彼此的信赖关系。所以，应考虑到尽量减少变更以及不得不变更的应对方法：

（1）在制作日程安排计划时，要按照业务动态预测可能召开的会议或集会，而保留宽裕的时间。

（2）最重要的是上司与文秘人员之间必须有密切的联系，这样就能避免任何一方不小心所犯的错误。

(3) 也需要与有关部门的文秘人员彼此联络,以便能预先获得会议等信息,并通知上司。

(4) 对于变更及信息的追加,每一次都要在主要的日程安排计划表上填写,同时也要通知上司及所有相关人员。

(5) 日程安排计划表上的行动被注销时,要立即和上司联系,以便能够将别的行动计划编入。

(6) 为了在发生变更时能够快速地应对,要事先准备好与相关人员联系的有关事项。

5. 日程安排计划管理

日程安排计划表的制作、变更、调整是管理工作的主要部分,如今许多管理者已经引入了先进的通讯设备和现代办公器械来进行日程安排计划的制作和管理。

其中最简单的是把日程安排计划资料输入电脑进行处理和储存,也有些将决定召开会议的规则及手续等输入电脑,利用电脑的管理软件来制作会议的日程表。此外,目前的高科技已经开发出许多新软件,可以对日程安排计划进行确认、变更、调整。用商务通、掌上电脑、手机等都可以分担文秘人员的繁重工作。

5.1 提示工作

文秘人员经常要提醒上司在什么时间做某事,可以使用提示系统,包括电子提示系统和人工提示系统。

(1) 电子提示系统

许多电脑软件都有提示功能。文秘人员可以指定某一天、某一时间建立"报警系统",把这些信息输入电脑。当打开电脑时,就可知道这一天、什么时间有什么活动，还可以随时把这些安排打印出来。

根据文秘人员下达的指令，电脑会显示出日程表、报警系统、一周计划以及其他提示事项。文秘人员应该随着情况的变化不断编排和修改输入的信息，修改后的日程表、计划表和提示符号将出现在电脑屏幕上。文秘人员还可以给每项任务一个优先选择、日期和开始与结束时间，电脑就会提供一份相应的日程安排表并提醒你完成该做的事情。

(2) 人工提示系统

文秘人员有时会觉得用手工来提示更方便、更实用，这些方法有：

a. 基本办公日程表。文秘人员都有一份台历，上司为了旅行和开会的方便经常使用袖珍日历。尽管电脑在计划大的项目、提示生日和假日之类事情上很有用，但纸日历在做现场记录方面却更胜一筹。譬如标上一个符号提醒明天上午回电话或作一个备忘录记住两天后请某人吃午饭。旧日历至少要保存一年时间（如果上司有要求，保留时间会更长）。做纳税准备的时候或者查对一些日期如旅游日期、特殊约会时，通常要查考日历。

b. 固定活动日期一览表。每年在日历上要标出固定活动日期。如果在这些日期通常要送礼品或贺卡，可提前几天标上一个提示日期。

- 特殊的家庭活动日期，如上司的结婚周年纪念日、上司与职员的生日；
- 节假日，如中秋节、圣诞节；
- 会议日期，如董事会；
- 付款日期，如保险费到期日；
- 更新日期，如各种订购；

● 纳税日期,如季度纳税日。

c. 使用提示性备忘录。要提醒上司注意没有事先安排但十分确定的活动,最好的方法是在标明这次活动的文件夹中放入一份提示性备忘录。如:需要提醒上司见一个客户,这个客户要来上海,但具体时间还没有作出安排,文秘人员就要准备一个文件夹,在里面放上一份必要的提示性备忘录。一旦旅行日期确定下来,在文件夹里放上有关资料,然后把整个文件夹交给上司。

提醒上司做某事,可以直接把有关文件放在他的桌子上。如果上司想就某事采取一定的行动,在文件里附上一个简短的提示。例如:假设上司说过:"如果我们得不到沈力平的消息,我想在星期五给他发个传真。"那么文秘人员就要在星期五准备一份这样开头的备忘录:"你准备给沈力平发传真",把它附在沈力平的档案里,然后把档案放在上司的桌上。如有可能,帮上司起草一份发给沈力平的电文,并附在档案里。

d. 准备约会表。文秘人员利用电脑程序,在每天早上或前一天打印一份最近活动安排表(注意把最后一分钟定下的约会输入电脑)。

每天早晨在上司办公桌上放上一份一天约会时间表和日程安排表。这张表应该在前一天工作结束的时候准备好,并注意自己留一份作参考。

每次约会的时候,把需要的有关资料或准备好的报告交给上司。有些上司喜欢每天早晨把文秘人员叫到办公室询问当天要开哪些会,讨论哪些问题。你应该把日程安排表及有关材料带在身边,上司会把事情一件件交代清楚。

e. 准备特殊提示卡。有些上司觉得每天晚上离开办公室的时候有一张提示卡片非常有用。卡上不仅有第二天的活动安排,而且还可以提醒在家中应该做哪些事情。

f. 准备交往提示文件。如果上司一年之中交往很多,但很难记住每一个人和每一次见面的情况,这时交往提示文件就可以派上用场。文秘人员把有关资料输入电脑并打印出来。如果上司想要一份小型文件,你可以在活页笔记本上准备,记下上司见过的每一个人的姓名、职业或其他关系以及见面时的情况。为帮助上司回忆起某个人,文秘人员可以提到一些具体的个人情况,如这个人有什么特征,或老板送过他什么东西等,都要作简单的记录。

第九章　差旅事宜

企业管理人员进行商务旅行,常常需要文秘人员帮助上司作出旅行安排,做好出席会议和与别人见面的准备。上司一般会告诉你打算使用什么交通工具,这时,文秘人员需要掌握某些信息来做决定,如:想乘坐什么航班或火车、时刻表、飞机和火车上的条件(用餐和卧铺)、往返机场的安排、目的地的迎接、客房的预订、费用、行李、设施等等。

文秘人员或可以联系一家旅行社,告知上司初步计划和个人喜好,旅行社可以根据情况提供一份或几份计划安排表。

1. 文秘人员的职责

文秘人员应该为上司的商务旅行做许多准备工作,以下是文秘人员在准备国内国际旅行时要履行的主要职责。

(1) 准备旅行计划和旅馆信息。旅行计划表要说明出发和到达地点、是乘飞机还是汽车、火车或轮船,出发和到达的日期及时间、座位情况、旅馆情况。

旅行计划要准备三份,一份给上司,一份给他(她)的家人,一份给办公室存档。如果办公室其他人想要并有权利要,应再额外准备一份。

(2) 制定约会计划。约会计划表应该包括：城市名和省(州)名(如果是国外旅行,写明城市名和国家名),日期和时间,与上司约会者的姓名、公司和地址,电话号码及任何备注或特别要提醒的事情。

如果上司与某位洽谈业务的人以前见过面,要把当时记录的档案找出,交给上司。

(3) 为商务洽谈收集资料。把上司旅行中将要处理的每一个问题的文件准备好,如与某项要探讨的问题有关的信件、备忘录及其他相关资料。你可以用橡皮筋或大号回形针把所有相关的文件扎在一起,每一扎都要标得清清楚楚。

(4) 决定旅行用品。把上司作商务旅行时需要带的信笺信封和文具用品列出清单。打点行李时按照清单检查,这样就不会落下任何东西。

旅行用品一览表

- 信纸、信封(普通的、公司的、大号的)、邮票
- 笔记本
- 地址目录：电话、传真等号码
- 日历卡
- 世界各地时间表
- 国际电话号码表
- 文件夹
- 商业名片
- 声像材料
- 手机、手提电脑、U 盘或光盘、微型录音机,或者是掌上电脑等
- 现金、私人与商业支票簿、私人与商业信用卡

- 相关档案
- 旅行指南和地图册、旅行目的地的风土人情介绍
- 日程表、约会安排表、时间表和计划表
- 护照、签证等
- 钢笔、铅笔
- 回形针、剪刀、橡皮筋、透明胶带、别针、尺子
- 图章和印泥盒
- 急救药盒

(5) 行李问题。上司也许想知道在飞机上可以免费带多重和多大的行李,而且经常旅行的人总是想增加他们的个人保险金以获得毁坏、损失的赔偿。文秘人员通过航空公司出版的旅行计划手册或旅行社代办人可了解这些信息。要准备随身携带的行李。有些主管人员短途旅行时随身带一只小提箱和一只公事包,或者一只从旁边打开有两格的公文包。可以把衣服放在下格,这样下飞机可直接去约会,而不必先去旅馆放行李。

另外,要为每件行李准备识别标签,注意每件行李里面还要放一套(出于安全考虑,有时不能把上司的姓名和地址写在贴在外面的标签上),办公室要经常准备一些这样的标签。

(6) 安排差旅费。旅行时,商务人员可使用下列方法带差旅费:

a. 预支差旅费。有些公司为出差人员提供预支差旅费,等出差回来报销。文秘人员拿到上司的出差信息,就可以填表申请预支差旅费。

b. 个人支票。经常出差的人一般持有信用卡,如 VISA 卡、万事达卡或美国运通卡,这些卡可以把个人支票兑换成现金。

c. 旅行支票。这种支票经常带有不同的面值,如美国就有 10 美元、100 美元、5 000 美元等。文秘人员为上司在开有账户的银行或其他银行购买旅行支票时,要填写一张申请表,然后你的上司

要当着银行代表的面在支票上签字。

　　d. 信用证。在美国,如果差旅费超过 1 000 美元,到国外旅行的人一般从银行购买信用证。信用证可以作为到大银行去的介绍信,可以在世界各地银行提取现款,直到信用证上的面额提完。文秘人员可以填写申请表,你的上司也必须当着银行代表的面完成这笔交易。

　　(7) 建立旅行——旅馆信息资料库。如果上司经常出差,文秘人员应该收集一些交通图、时间表和飞机时刻表,还要有一些介绍旅馆方面的小册子,并随时与旅行社联系,建立最新信息充实自己的资料库。

　　(8) 办理旅行保险。如意外伤害保险等。

2. 与上司一起旅行

　　有些工作无法交给另外一座城市或国外临时办公室的助手处理,在这种情况下,文秘人员最好与上司一起旅行。

　　(1) 旅行安排。上司会规定好文秘人员要去的地方和时间。在有些情况下,你可以和上司坐一样的车、住同样的旅馆;在另一些情况下,你不一定所有的地方都去,或在某些地方呆的时间要短些。这时,文秘人员要按照上司的意图排出行程和程序表,标明出发时间、到达时间和地点(包括中途需停留或中转的地点和抵离时间)、每天的日程活动安排(包括充足的空余时间以便上司或文秘人员参加各种应酬及处理私人事务)。

　　(2) 设备安排。大型宾馆都有计算机和其他设备供旅行者使用。此外,你的公司可能在当地有分公司,文秘人员可以使用那里的办公室设备。文秘人员也可以自己携带手提电脑、微型录音机等。

(3) 行为举止。商务旅行的目的是为了工作,文秘人员每天都有可能忙于为上司收集信息、制定以后的旅行计划、做会议记录、为上司整理旅行档案、准备和处理信件等。另外,文秘人员可能是商务小组的一分子,代表着公司形象,因此必须在穿着打扮、行为举止方面多加注意,尊重当地的风俗习惯,讲究礼仪礼节。要准备好个人的替换衣物及用品,正式场合穿着的服装应放在免烫储衣袋中。

(4) 工作交代。出发前,将自己外出时的工作交代他人代为处理,并把旅行前手头未完事宜记录在备忘录上,以便回来后不忘继续办理。必要时,安排好家庭事务。在旅行中,要随时保持与公司本部的联系,并注意对上司的健康、安全保卫工作。

3. 差旅的预订工作

3.1 订票

文秘人员安排上司的商务旅行,进行飞机或火车票的预订,要考虑如何准备时间及路线资料。如果上司准备去的城市有好几次航班,文秘人员应把主要的列出来标上出发和到达时间,然后交给上司来决定哪次航班最合适。如果是乘火车,可利用火车时刻表。

可以用信用卡、支票或现金付款,在相关网站上取得电子机票。必须检查订票,仔细核对预定时提出的要求。如果是飞机票,要检查以下几点:

(1) 航班号是否正确?
(2) 出发时间是否符合你的要求?

(3) 飞机是否在你预想的飞机场起飞？
(4) 到达的城市是否是你上司想去的地方？
(5) 预订的机票是否是你预想的航班？
(6) 机票是否完整无缺？

检查火车票要注意时间、日期、目的地、火车车次、铺位和火车站，检查火车票是否完整无缺。

3.2 预订飞机票

文秘人员可以询问航空公司、旅行社及其他机构了解飞行时间信息，也可以在网上寻求旅行服务，询问机场往返车、免费车、直升机服务或者其他地面或空中服务。

文秘人员要搞清楚上司想作什么样的安排。许多公司要求员工旅行时尽量坐经济舱。飞机上有头等舱、商务舱、二等舱或经济舱。只有短途往返飞机例外，一般只设一个等级。短途往返飞机的机票不能预订。

办理预订飞机票手续之前材料一定要备齐。与人联系时要记下对方的姓名（同时告知你的姓名），如果需要再打电话弄清楚旅行计划的任何疑点，你应找同一个人。

(1) 需要提供的信息，解释清楚你想预订什么样的机票：
- 出发地点和到达地点
- 预期出发日期和时间
- 航班号（如果知道的话）
- 希望的舱位等级
- 任何特殊要求（如轮椅、不吸烟区）

(2) 折扣机票。航空公司会提供特价机票，如果想购买，必须问清有何限制。

(3) 中途停留。如果上司准备旅行中途停留几次，或者不得不作短暂停留,应告诉旅行社中途停留各站到达和离开的大约时间以及在当地的膳宿要求。如果有一段旅行要坐火车,也可代办预订、租车及往返接送。记住,出发之前直接与航空公司再次确认任何一段行程。

订票一般采用电话,如果要求规范,最好用书信或传真形式,有凭有据。文秘人员应该使用规范性的职业用语简洁清楚地告知对方所有的信息。一旦订票,则应提前在取票前或出发前再用电话予以确认,如果欲取消,也同样。以下是书信或传真订票示例:

> 东方航空公司××售票处先生(小姐):
> 　　本公司总经理吴达临先生希望搭乘贵公司从上海飞法兰克福的班机。如果您能为他预订一个头等舱的座位,在11月25日当天或次日飞离上海的话,则不胜感激。
> 　　我们将用支票形式支付此笔预订费用和机票费。
> 　　我们感谢您尽早确认。
> 　　　　　　　　　　　　　　　　　上海银河集团有限公司
> 　　　　　　　　　　　　　　　　　总经理秘书　古凯铃
> 　　　　　　　　　　　　　　　　　2000年11月12日

3.3　预订火车票

文秘人员首先要了解火车运行时间,上司对铺位的要求,如坐铺、(软、硬)卧铺、用餐、电话等要求。预订程序与预订飞机票基本一致,要提供出发和到达地点、时间、车次或火车名称、想订什么座位等信息。

3.4　预订旅馆

文秘人员可以要求旅行社办理旅馆的预订,并对住什么样的房间提出建议。有些公司会向某些旅馆争取优惠价,并在这些旅馆开立账户。文秘人员也可以利用地图和旅行手册,或网上旅行服务,或800免费电话进行预订。

预订时,要提供住宿者姓名、抵达时间及大概的离开时间、需要预订什么样的房间,应说清楚有什么特殊要求,如健身或运动设施,或者计算机远程通信设施。

(1) 保证预订。如果预订需要有保证或者确定,文秘人员应事先申明,这样旅馆就会在第二天结账时间之前一直把房间留着,如果想取消预订,也要在结账之前打电话。

(2) 结账时间。询问旅馆的结账时间,在上司旅行之前,要把结账时间放在备忘录里面。如果文秘人员直接与旅馆的某个人联系,要问清这人的姓名和预订号码,以便进一步做预订联系。

(3) 房间位置。如果上司有要求,预订的房间要靠近电梯或者在大厅的中部而不是在最尽头,尽量不要一楼。要住具有足够安全保障的旅馆,如侍者为顾客停车、锁死插销和电话号码保密服务等等。有时还要根据上司的职别及享受的待遇,选择有会客室的套房,以便上司开展业务。

(4) 确认预订。一定要弄到确认旅馆预订的传真或其他书面形式的证明,把确认信附在上司随身携带的那份旅行计划后面。

(5) 为大型会议预订房间。应直接与一家接待会议安排的旅馆销售经理洽谈。这种旅馆可以为文秘人员提供很大的帮助,如安排团体预订房间、选择合适的会议室和其他设施、处理其他琐事等等。

4. 国(境)外旅行

出国或出境旅行,必须办理出入境手续。各地要求不同,文秘人员必须先向当地政府的外事部门和公安部门咨询了解，然后才能根据要求逐项办理护照或有关出境手续。我国企事业单位有关人员一般需要办理以下手续。

4.1　申领护照

护照是各主权国家发给本国公民出入国境和在国(境)外的身份证件，分为外交护照(红色)、公务护照(绿色)和普通护照(棕色)。普通护照又分为因公普通护照，颁发给因公出国、访问和学习的人员；因私普通护照，颁发给本国侨民和因私事出国的人员。

文秘人员携带主管部门的出国任务批件、出国人员政审批件、所去国有关外国公司或组织所发的邀请函、2寸正面免冠半身相片等去办理护照。因公出国人员的护照应到外交部或其授权的机关办理；因私出国的护照由公安部授权的机关办理。以上海市为例，向上海市公安局申领护照需要提供的材料有：

(1) 提交填写完整并贴有申请人近期正面免冠彩色照片(48×33 mm、背景为白色)的《护照申领表》，并提交相同规格照片2张。

(2) 提交本市居民户口簿(或户籍证明原件)和居民身份证(或临时居民身份证)，并交验原件。

(3) 下列(特定身份)人员还需提交单位意见：

a. 在职和退(离)休的市管干部；

b. 各级机关包括工、青、妇等人民团体和各民主党派机关中处级领导干部；

c. 涉及国家政治、经济、安全、商业秘密以及金融、财税、科研、教学等机关、国有企事业单位的重点岗位工作人员；

d. 参照以上规定的在沪中央直属单位、外省市自治区驻沪单位的工作人员。

(4) 如果申请人原先申办过中华人民共和国普通护照(已过期失效),请提交该失效护照或中华人民共和国旅行证及复印件(如该护照已遗失,应向上海市出入境管理局声明作废)。

(5) 提交公安出入境部门认为确有必要的其他材料。

如果遇到紧急情况,可在提交申请时申请加急。

文秘人员应该认真填写有关卡片和申请表。在拿到护照后,应仔细检查姓名、出生年月、地点是否正确,核对无误后在签字格上签名。

护照均有有效期,一般为五年。过期、失效的护照不得使用。护照期满,应到发照机关或本国驻外使领馆申请延期。文秘人员要凭护照办理签证和购买国际航班机票、车船票等。在国外住旅馆、银行取款等也需要使用护照,因此需要妥善保管,防止丢失,也不得污损、涂改。如有遗失,应立即报告本国驻当地的使领馆,并申请补发。

文秘人员在拿到普通护照的同时,还取得了一张出境登记卡。边防检查站需要查对护照上的前往签证和出境登记卡上注明的前往国是否一致,只有两者相符合了,才能成行。

4.2 办理签证

签证是一个主权国家官方机构对本国和外国公民出入国境或在本国停留和居住的许可证明。签证一般签在护照上,分为外交、公务和普通签证三种。签证分为入出国境签证(入境、入出境、出入境、过境签证)和居留签证,有些国家还有礼遇、旅游和非移民签证。签证的内容包括:有效期、有效次数、停留期、入出境口岸和偕行人等。如果超过有效期限,应该申请延长签证。办理签证需要的证件如下:

a. 旅游签证:需要有效护照、两张一寸免冠照、签证申请表、旅行及在该国逗留期间费用担保证明(担保人或银行存款证明)、无不法滞留可能性的情况证明、已预定的往返机票的复印件。

b. 办理因私签证(探亲、就诊等)除上述证件外,还需要亲属的在学、在籍、在职证明书、亲属关系表、公证书、医生推荐就医证明等。

c. 办理商务签证除上述证件,还需要国外邀请公司的邀请函、单位同意证明、个人在职证明等。

但必须注意的是：

a. 所需文件不齐备的话,申请会不被受理。

b. 所有材料最好为原件,并随附复印件一份(中文材料应翻译成相应的英文或法文)。

c. 利用伪证或欺骗手法企图获得签证者,可能导致永远被拒签或禁止进入该国。

d. 拿申请表应提早,可在驻华使馆门口的箱内取到。

e. 各驻华使馆收取申请、签证费时均不备零钱,只收取准确数目。

f. 有的大使馆申请签证需预约,如美国、德国。

g. 各国签证从申请到签发所用的时间不同,如美国的探亲签证批准后需一个工作日,其他一到十个工作日不等,泰国需三个工作日,德国需五个工作日等,所以应根据自己的出发时间提前申请。

4.3 办理"黄皮书"

即办理预防接种书。这是各国为了防止国际间某些传染病的流行,对进入本国国境的外国人规定必须接种某些疫苗,主要有种牛痘,防霍乱和防黄热病的接种。有些国家还规定入境时要出示不带艾滋病毒的检查证明。

4.4 购买机(车、船)票

可以根据护照预定国际航班的机票、车船票等。

4.5 办理入出境手续

入出境手续需要进行边防检查、海关检查、安全检查以及卫生检疫等。过海关注意事项：

出入境中国口岸：

a. 排队依次过海关柜台，进行边防检查，填写入出境登记卡，交验护照，检查签证等。过关后将身份证等证件收好(境外只需要护照，身份证不再使用)。

b. 有申报物的客人必须填写申报单，填妥后，有一联需要自己保存，等到入境时再交回海关。

c. 为防止恐怖事件发生，需要进行安全检查。按照规定要通过安全门，接受红外线透视、磁性探测器检查以及搜身检查等，旅客应该配合协助。

d. 过关不可替陌生人带物品，以免违禁品等非法物品出入境，给自己带来不必要的麻烦。

入出境外国口岸：

a. 填写所赴国的有关材料，"入(出)境卡"和"申报单"，如果是参加旅行社，在客人出境前已代客人填好。

b. 入境、出境的旅客、员工个人携带或者托运可能传播传染病的行李和物品应当接受卫生检查。卫生检疫机关对来自疫区或者被传染病污染的各种食品、饮料、水产品等应当实施卫生处理或者销毁，并签发卫生处理证明。海关凭卫生检疫机关签发的卫生处理证明放行。

c. 来自黄热病疫区的人员，在入境时，必须向卫生检疫机关出示有效的黄热病预防接种证书。

d. 抵达目的地后,按通道所示至海关,持本人护照,填好入出境卡及过境签证。

e. 过关后,按屏幕显示的航班号,提取行李后,持"申报单"过无申报柜台(绿色通道)入境。如果带有需申报的物品,应该如实申报,海关有权开箱检查所带物品。

f. 旅行结束后离开该国时,持本人护照、出境卡及登机卡过海关。

4.6 旅行过程安排

(1) 旅行中的注意事项

如果在国外旅行,应争取把房间订妥,如不需要了则要及时退订。住旅馆期间,可以在旅馆餐厅用餐,也可在外面合适的饭馆用餐。但不能在房间内起伙,也不应带自备食品去旅馆餐厅食用。开水可请旅馆提供,适当付给小费。房间冰箱内的食品,除了国宾为招待用品外,一般要自己付费。如果要使用电热器,应经过旅馆同意。住旅馆时,个人的零星物品、钱币、笔记本等应收拾保管好,不要散置或放在枕头下,以免在换床单、打扫房间时被清理掉。如果感到身体不适或有病,可以让旅馆代请医生或去医院医治。离开旅馆时应将房间钥匙交服务台保管。

在国外期间,应尽可能使用旅行支票,少携带现钞。外汇换成当地货币购物,用多少换多少,换得太多用不完,换回时要受外汇买卖差价的损失,有时还换不回来。

在国外旅行,应注意时差。飞机时刻表上一般印的都是当地时间,注意不要弄错。在工作安排上,也应该注意时差的影响,以免过于疲劳。可以安排一天的时间用于调节和适应时差的变化,以保持旺盛的工作精力。

世界上多数国家都有给小费(Tips)的习惯,有的称服务费(Service charge)。付小费的方式,可根据当地习惯灵活运用。例如,不必找零钱,或将小费放置于桌上适当处。有的地方账单上已收服务费(一般为全部费用的10%—15%),按规定可以不再付小费。但实际上,开关车门、存取衣服、提取行李等,仍需付小费。如接待人员不肯收小费,可以酌情赠送小纪念品。

(2) 旅行时饮食安排

公务旅行过程中,对起居要注意安全舒适;对饮食则要考虑卫生、方便。文秘人员本人出差时还应考虑报销费用标准。如果与上司一起时,安排饮食应由上司定夺,上司要你拿主意,文秘人员应掌握上司的口味和爱好,以及上司用餐的分寸,此外也要兼顾品尝一下旅行所在地的风味。

旅行中需要宴请招待,则应根据有关的招待礼仪、规则来定。

(3) 旅行时的安全防范

旅行时要妥善保管好携带的贵重物品如钱物和重要文件,或随身携带,或存放于宾馆的保险箱内,以免失窃及泄密等恶劣情况。应记住如下安全防范措施:

a. 钱财、信用卡、证件分开放,文件资料锁入箱中。
b. 坐出租车不坐在司机旁边,而应坐在后座。
c. 坐飞机不坐在头和尾处,最好坐在紧急舱门旁边。
d. 坐船尽量选择上层舱。
e. 走路走上街沿,遇墙角拐弯应绕开走。
f. 随时与公司保持联系,让公司知道你在哪里。
g. 身边带好身份证及其他证件,如果有事,可以让帮助、援救你的人知道你的姓名。
h. 不单身一人在夜间出门。
i. 不与陌生人深入交谈交友。

j. 不随意暴露自己的身份和旅行目的。

5. 旅行结束后的工作

文秘人员在旅行结束后,要做好以下工作:

(1) 整理好旅行过程中所有的单据、凭证,送上司审阅、签字后向财务部门报销,或者结算预支的出差费用。

(2) 回到公司上班后,应将出差过程以及有关事务写出工作汇报。如果是与上司同行的,可根据上司的原始记录整理出报告,送上司过目或批准,然后存档备案。

(3) 尽快恢复正常工作和生活状态,继续旅行前未完的工作。

(4) 对在出差时结识的有关人士、单位等的情况做好记录,以便将来有用。

(5) 对在旅行过程中给予帮助和照顾的有关部门和人员,分别去函或去电表示感谢。

第十章　照料上司身边琐事

1. 照料身边琐事的意义

在大多数企事业单位中，文秘人员是特定上司的直属员工，工作性质明显地有别于其他的员工，只为本身所属的上司服务。文秘人员有其特定的功能，尤其需要随机应变地处理直属上司身边的一些琐事。

有权力和特别忙碌的人，往往有专人为他处理身边的琐事。这种工作自古以来就存在的。现代企业经营者为了减轻负担，于是设立了文秘人员一职。在欧美，产业革命以后，出现了不少有权力且忙碌的经营者，他们所需要的服务不仅是个懂得速记、打字的人员，还要是个能处理各种约会、日程安排及种种身边大小琐事的私人秘书或文员。从那时候起，就确立了今天文秘人员的工作性质。

在日本，多年前就有代理一部分经营者工作的文秘人员，或是为上司身边琐事提供各种服务的文员，后来才渐渐形成现在一般所见的文秘人员。

从文秘人员或文员确立的过程来看，文秘人员业务显然是从属性质，尤其是照料身边琐事乃是很平凡的工作，其工作绩效也不明显。但是，这种工作不仅足以使上司专心工作，节省时间，也可以减轻上司的精神负担，使身为管理者的上司可以有效率地完成工作。

本章就是针对如何"照料身边琐事"的辅助性业务为主要的探

讨课题。

2. 照料身边琐事的准备

2.1 照料身边琐事的心理准备

如上所述,文秘人员是直属特定的上司,其业务比其他从业人员的从属性更强,有时,这种强烈的从属性使得一些从事文秘工作不久的人,对上司深感不满,甚至将这种情绪表露出来,这些都是由于对从属性的认识不足所致。

从属性包括了工作上的从属与知识、能力上的互补。这种关系是上司信赖文秘人员的基础,文秘人员以其知识和能力,能够有效地辅佐上司。

有了这样的认识之后,文秘人员才能产生对工作主动负责的意识。在各种工作中,照料身边琐事这种工作,尤其有更多的机会体会到从属性。

2.2 各种照料身边事务的工作

照料身边事务的工作有很多,从下表中可以了解各项工作及其对上司的重要性。

项 目	内 容
对上司的重要程度	各种身边工作:
直接的	安排餐饮、协助服饰、办公室的联络事项等。
中间的	私人日常例行事务调整、采购物品、注意上司的健康。
间接的	协助上司消除紧张及疲劳、某些私人事务的协助、财务管理等等。

一般来说,文秘人员的工作会因为企业性质的不同而有所差异,也因上司的职位或其负责的业务而有所调整,同时也得注意到上司的工作仍有其基本的实践方法。

3. 照料身边琐事的做法

3.1 便利上司处理业务的工作

(1) 安排饮食。管理阶层虽然有一般的办公时间,但并非一成不变,有时会因为公司内部的会议,与客户应酬到深夜,或者忙得连吃顿午饭的时间也没有。

工作忙碌的上司,经常会有在公务车、火车、飞机等交通工具上进餐的情形。这时文秘人员就应该准备好便于携带的简单餐食,并按照上司的行程加以安排。

除了上司要参加宴会、午餐会等,不必准备午餐外,平时在办公室里,有时也需要文秘人员安排上司的午餐。如果上司开会到午后,文秘人员则需要与主办会议的部门沟通,安排午餐。如果到了用餐时间,上司仍有公事或正在与人谈话,文秘人员要利用适当时机提醒上司用餐。

至于餐食的内容,通常是按照上司个人的喜好和公司平常的菜式决定,但仍要注意对上司的健康是否合适。若上司当晚有晚宴,午餐的菜式最好避免与晚宴类似,也不要让上司摄取过多的盐分、糖分及热量。类似这些事项,往往只有直属上司的文秘人员才能做到。

有关上司的餐食,如能在公司的餐厅准备,自然是最为方便,但对外采购的情形也不少。一般的做法都是把经常采购的那家餐厅的菜单一览表列出,从中选择菜式。

(2)打点更换服饰。目前,普通的西服已可以应付许多不同的场合,特别是深色二件一式的西服,在正式集会中都可适用。但在婚礼、喜宴、葬礼、纪念典礼、欢迎会等重视形式的场合,还是应该穿着礼服,以示慎重。

由于上司在各种应酬及会议场合有时必须更换服饰,此时文秘人员应准备更换的衣服,要事先通知上司或其家人,确定衣服当日一定送达公司。

不仅是开会、应酬需要更换衣服,上司出差,返回公司时都有需要更衣的情形,应该根据当时情况,时间是否急促,以及上司个人的需要,随机应变地给予协助。

(3)与上司家人的联络。例如上司后天要参加某一奠基仪式,必须穿着礼服,文秘人员除了提醒上司外,还要与上司家人保持联系,确定礼服在当日一定送达公司,这样才较为可靠。否则上司穿着便装参加,不但上司本人,就连文秘人员都将感到场面相当尴尬。

然而文秘人员的工作范围仅限于与上司办公室有关的部分而已,绝不能牵涉到上司的私生活。身为文秘人员,可能经常要与上司家人联系,但有些上司并不喜欢文秘人员与家人经常联络,所以文秘人员必须要特别注意。

另一方面,也有必要建立能够获得上司家人协助的渠道。当一位文秘人员被指派专属某一上司后,最好前往拜访,或打电话向上司的家人致意,并把上司的日常安排计划表送一份给其家人,以便获得协助。与上司家人保持亲切的关系,往往可促使工作上的方便,例如有时工作上需要用到上司的照片,即不必麻烦上司,可直接向其家人借取,快速而方便。

3.2 上司的主体工作与私人工作的调整

(1) 私人日程安排计划的调整。有时,文秘人员会受到指示,把上司理发或前往医院探病的时间也列入主体工作的计划表内,这是因为身为管理阶层的上司,工作时间并非朝九晚五的形式,而十分具有弹性。正因为上司的生活必须受到工作计划表的支配,所以才有必要把上司私人的活动计划表列入主体工作的计划表内。

即使如此,若能预先计划,就应该尽量预约,或安排专用车辆,使上司的时间不致浪费,这也是文秘人员日常主要工作,应给予重视并妥善管理。

一般主管认为这种情形是理所当然,但对不了解内情的人而言,往往难以谅解,或还有怨言。有时上司的日程计划表不仅不能向外透露,也不可告知公司内部的人员。

(2) 采购物品。有时,上司会指示文秘人员采买某些书籍或礼物,这时仍有若干事项应该给予注意。

a. 书籍——购书时,最好知道书名、作者、出版社及出版日期,至少也得知道书名及出版社名称。但上司通常只记得书名,其他都要文秘人员去处理,这时文秘人员就应该询问书店,或查看书目再去采购。上司有时只交代购买某种主题的书,要文秘人员自行加以选择。文秘人员必须亲自办理,如果有特约的书店,则不论在查询、订购或结账等方面都可获得比较满意的服务。

b. 礼物——上司如果交代文秘人员选购,文秘人员就应请示有关礼物的用途、预算费用、受礼者的喜好等。礼物也尽量选择与公司或对方公司有关的物品为好,一般可送自己公司的产品或特产,祝贺对方生日则可送花。文秘人员不妨将各种礼物加以分类,并按照场合,将礼物的名称、商标记录下来,作为日后送礼的参考。

有时，也可能是上司本身要购买私人用的物品。文秘人员为上司从事这一类的服务时，因业务信用或交易来往的关系，而获得许多方便。这样不但可省却上司很多麻烦与时间，又可获得上司的赞赏，所以这种服务如没有联络或调整上的困难时，文秘人员应该乐意效劳才对。

(3) 关心健康。为使上司全力投身在繁重的业务上，上司的健康是不容忽视的。一般担任领导职务的人，多半因工作繁重而不重视自己的身体。文秘人员应关心、留意上司的健康状况。

对上司的健康管理包括预防、治疗、病后调理各阶段。文秘人员在这些阶段中都要为上司分担效劳。在预防阶段，定期健康检查是不可忽视的，文秘人员应将公司内定期检查与全套的体检计划，列入年度行动计划表内。注意不要将上司的日程计划安排得过于紧凑，使得上司疲于奔命，以致影响到身体的健康。

在治疗方面，分短期与长期治疗。这时无论是以人道主义立场或上司未来工作体力的立场而言，都应以妥善疗养、早日康复为优先考虑。上司住院或在家疗养期间，文秘人员有时要扮演上司与公司间的桥梁，让上司能一面疗养，一面处理业务。如有必要，文秘人员也应扮演看护上司或安排医疗药品的护士角色。

上司病愈上班后，定期地追踪检查，并列入计划表，同时将日程安排暂时调整得较为轻松，在饮食上多费心思，促使上司迅速恢复体力。这样辅佐上司才是个称职的文秘人员。

3.3 文秘人员对上司主要工作的辅佐

(1) 提神醒脑的服务。上司早上到公司上班或外出返回，以及工作告一段落，文员可适时端些饮料或准备湿毛巾使上司消除工作疲劳、舒缓心情，使上司能精神焕发地工作。

在美国，常常以咖啡招待来客，而在日本，常以茶点水果待客。文员要学习如何把茶泡好，如何按季节准备冷或热的湿毛巾。要选择适当的时机端上饮料，以免打扰工作，也要避免让饮料弄脏文件等。

（2）私事方面的协助。例如：上司的子女结婚、家人的意外等。当上司有重要私事时，上司可能要求文秘人员从旁协助，文秘人员要帮忙到哪种程度，没有一定的标准，但应该尽量了解上司的需要，再尽力加以协助。

协助的方法，应视实际情况，其一是与业务有关的部分，另外是上司身边的纯粹私事。

a. 特别指示事项的时候——虽然是上司的私事，但因为关系到上司的形象问题，所以文秘人员必须从头到尾替上司办理这些琐碎的事，使上司得到充分的便利。

b. 纯私人性请求时——遇到这种情形，就把它当作上司利用文秘人员是下属同事的关系来协助他解决私人的事务。但上司会客气地请文秘人员协助，文秘人员也会乐意协助他。如上司举行宴会、聚餐时，文秘人员担任招待工作，这种协助可谓司空见惯。

（3）财物管理。有时上司会把个人财务交给文秘人员办理。但这也因实际情况的不同而有所区别，上司是公司的老板，或上司只是公司的部门经理，在交付文秘人员的事务上就有区别。

当老板兼任营业经理，文秘人员会事无巨细地受托办理上司所有的动产及不动产，但要告诉上司或他的家人办理的情形，不过这大多数是跟随日久，并且获得上司信任的文秘人员。另一种是专业经理上司，因他们是应聘而来，任期不定，而且与公司各股东间亲疏有别，所以不可能要求文秘人员为其处理财务，充其量也只是文秘人员跟会计师、税务人员接洽办理手续而已。

以下说明常见的薪金收入管理与支票往来管理。

a. 薪金收入管理——薪金收入达到一定的金额，或有两种以上收入来源者，以及薪金以外有超额的收入，都需要按税法申报。特别是稿费、版税、演讲费等副业收入多的时候，由文秘人员保管单据，以备申报所得，或直接替上司办理申报手续。我国的《个人所得税法》规定，除了工资、劳务、稿酬所得需要交纳个人所得税，还包括以下项目：特许权使用费所得、利息、股息、红利所得、财产租赁所得、财产转让所得、对企事业单位的承包承租经营所得、偶然所得等。

b. 支票往来的管理——如同财务部门的负责人保管公司法人代表的印章或私章，文秘人员也保管上司的印章、银行专用印章及普通印章。在会计方面，文秘人员需要负责的是支票往来的部分。

支票往来的保管，最主要的是保管支票簿、支票专用印章，而这也是上司对文秘人员极其信任时才托付的。所以文秘人员要更加谨慎，支票簿与印章应该分别收藏，以避免被盗用冒领。

(4) 其他。在公务活动中，也有不少是具有私人色彩的。例如每年的各种节日，上司收到礼物，有时要文秘人员代写致谢函，并做纪念保管。又如上司参加各种团体协会时，文秘人员应事先了解各种团体的行动预定计划，按照上司的需要做好安排及联络工作，并将各团体有关事项制作一份备忘录，以利于参加各项活动。

第十一章 交际与礼仪

在日常生活中,人与人的交往相当重要。同样,在企业工作范围内,与其他公司或企业的交往也是不可或缺的重要活动。

这一类的活动并非仅限于工作范围,对于其他有交往的公司遇到婚丧喜庆时,也必须适当地加以应酬。在这方面多加注意,一定能给对方留下良好的印象,从而增进对公司的信赖感。文秘人员能否胜任这项工作,对公司与上司的评价都有极大的影响。

即使是上司私人的应酬,文秘人员也应该积极、乐意地去协助。而做好交际工作,要求文秘人员有端庄、优雅的举止、仪态和规范的礼仪行为。这些是处理好人际关系的先决条件,也是培养个人修养和魅力的重要方面。

(本章部分内容可与第五章接待的礼节互相参照)

1. 日常举止规范

1.1 站立

作为职业女性,文秘人员在站立时必须保持头部挺拔,目光平视,肩平直,胸部略挺,双肩打开自然放松。双腿略微分开,成小八字或小丁字步站法,身体重心落在两个前脚掌。千万不要交叉双腿站在那里。

1.2 行走

走路要保持一条直线,步伐要稳健,步态要轻盈。脚步朝前跨时有一点点踢的感觉,跨出着地后,身体重心应在前脚掌,千万不能用后跟着地。这时双膝内侧似乎有些摩擦的感觉,手随着步伐前后轻轻摆动。

如果是沿着人行道走,两个人并行,"尊贵的位置"是在右边,三个人并行,则在中间。

1.3 就座

按照礼仪规范,就座时应从左侧进入,或直接走到坐椅前,站定,侧身回头估计与椅子的距离,然后右脚后撤半步,收回左脚入座后,腰板依然挺拔,头放松。女性文员坐下后,臀部在椅子上只坐三分之二,后背离椅背有一个拳头大小距离。膝盖并拢。脚尖在膝盖垂直线以内,也可稍向左侧后右侧,但膝盖与双脚始终靠紧,否则就很不雅观。双手自然放松,两手交叠。如果要靠在椅背上,也应该挺直身板斜靠下去,然后身体内部放松,而不应像堆烂泥瘫倒在椅子上。如果要起立,也应在身体内部绷直身体然后站起来,这样会显得精神十足、仪态万方。

在非正式场合,女性文员的双腿可交叠翘成二郎腿。抬腿时,脚背伸直,膝盖以上大腿部分始终不分开,然后在空中划一个优美的弧线,把腿架起来。

1.4 下蹲

女性文员如果穿着短裙,则要注意下蹲姿势,应跨前半步,后腿虚跪,上身保持挺直,蹲下时慢悠悠地弯下腰。捡拾物品时,应走到物品的左侧,呈半蹲状,上身挺直,用右手从体侧捡拾,然后站立起来。

2. 握手礼仪与名片的使用

2.1 握手

握手的正确姿势是:距离对方约一步,两腿站正,正面朝向对方,上身稍稍前倾,双目注视对方,微笑着伸出手去,右手四指并拢,拇指张开。握住对方的手时可略略用些力,给对方一种诚挚和尊重的感觉。女文员与男士握手,只需微笑着把手伸向对方,对方只能轻轻握一下女士的手指部分。

按照礼仪规则,年长女性先向年轻女性伸手,女性先向男性伸手,职位高的先向职位低的伸手。如果文员参加一个聚会,应先与主人握手,然后再与房间中较尊长的人握手。女性要先伸手,男性才能与之握手。在西方,无论什么时候也不应在街上去吻女性的手表示敬意,这种方式只适合在室内,当男性向自己特别尊重的女性表示敬意时才用。

男性在任何场合都应摘下手套握手,女性可以不必,但与年长的人握手,都应摘下手套以示尊重。有时对方可能没有注意你伸出去的手,这时你要微笑地收回你的手,只要对方不是有意不与你握手,便无须太在意。

2.2 名片使用

在商业事务和社交往来中,名片是最得体大方,能详细便捷地介绍自己和所在单位的工具。文员印制的名片,所用文字以中英文为佳,以适应不同的需要。

第十一章 交际与礼仪

文员应在任何时候、任何场合都随身携带名片,并放在名片盒中或名片夹中,不要放在衣袋或钱包中。某公司文员因为在参加一次业务应酬中没有随身携带名片,其上司的脸色立刻阴沉下来。第二天在职员会议上,上司用严肃态度把这件事提出来讨论,三番五次表示这是一种失职行为,强调名片是职员的形象。

文员还应该确保上司随身带有名片。一个聪明而仔细的文员应在不同的地方,分别放置上司的名片,以作不时之需。

向别人递送名片时,应双手捧交,将名片文字正面朝向对方表示尊重。接受对方名片时,也应双手接过,并轻声阅读名片上的文字,如有不认识的生字、冷僻字,应请教对方,同时也可加深印象。

如果对方给你名片,而你恰好没有带在身边,应立即说明并表示歉意。如有可能,应在事后补寄给对方。

名片有多种用途:在送礼时附上名片,等于亲自前往;遇对方生日、结婚等喜庆活动,在名片左上角写对方姓名,右下角书"敬贺",可代替贺卡,显得郑重;拜访长辈或地位较高人事时,可先请人递上你的名片,以作通报;如果自己调动工作或迁居,寄去名片以示招呼。

按照国际礼节,可以在名片的左下角用小写字母写上法文的含义,来表达不同的意思,如:

a. 敬贺 p. f. (pour felicitation)
b. 谨唁 p. c. (pour condoleance)
c. 谨谢 p. r. (pour remerciement)
d. 介绍 p. p. (pour presentation)
e. 辞行 p. p. c. (pour prendre conge)
f. 恭贺新年 p. f. n. a. (pour feliciter le nouvel an)(大小写均可)

g. 谨赠，不用缩写字母，而是在姓名上方写上 Avec ses compliments（或者用英文 With the compliments of……）

譬如，收到朋友送来的鲜花或礼品，就可以立即回复一张名片。左下角用铅笔写上 p. r.，以表示感谢。再如，朋友有什么喜事，或者逢什么节日，可以送一张名片，左下角写上 p. f.，也可同时送一束鲜花。

3. 交际应酬的内容和信息收集

3.1 各种婚丧喜庆

交际应酬的主要项目是参加婚丧喜庆等活动。

(1) 个人方面的应酬

a. 喜事——就任、升迁、得奖、祝寿、建筑物落成、建筑物装潢重新启用、结婚、生子、毕业、就业等。

b. 丧事——葬礼、告别式、追悼、忌辰。

(2) 公司方面的应酬。诸如创业周年、开业、设立分公司、新任董事长就职、股票上市、开工、落成典礼等。

以上这些企业方面的应酬与公司营业均有密切的关系，所以文秘人员应该向上司请示，遵照公司的规定去处理，不可擅自做主。

3.2 信息的收集

文员平时应多注意有关信息的收集。例如注意报纸上的信息（经常会有开业、颁奖等的报道），并设法尽量与有关方面或对方的有关人士保持联系，以求消息灵通。

当文员获知婚丧喜庆的消息后,首先要查证消息的可靠性,再向上司报告,请示应酬的方式。

(1) 是否是由上司直接出面应酬(拜访或参与)。

(2) 是否由他人代理,应派何人代理? 是文员或是其他的人员。

(3) 公司方面或上司个人应作何种程度的表达(贺金、奠仪、礼物、贺卡、贺信、唁电等)。

3.3 交际业务应该注意的事项

(1) 消息要正确。得到婚丧喜庆的消息,要加以查证,以免发生错误,尤其是丧事,若不查证确实,可能产生严重的后遗症。

(2) 适当的时机。交际应酬要讲求时效,若时机错过再来补救,不但无法表达诚意,反而可能破坏彼此的关系。

(3) 遵循传统。处理应酬事宜,必须按照当地的社交礼节和形式来进行,或以传统的方式或物品来表达自己的诚意。

4. 喜庆实务和宴会礼仪

4.1 喜庆的处理

有关喜庆的一般处理方法如下:

(1) 与公司有往来,或上司的朋友等有关人士的就任、荣升、晋升时,拍贺电或赠物以表示祝贺。

至于调职或退休,虽非喜庆,但必要时也可举行聚会欢送。

(2) 得知有关人士获奖或受到表扬时,必须尽早安排,如果是上司亲近的朋友,则由上司亲自表达贺意,拍发贺电或送礼均可。

被邀请参加庆祝会时,也可当场致赠贺礼。

(3) 参加寿宴时,除了要表示祝寿之意外,也应该赠送礼品。如陶瓷器、补品、健身器、书籍等。

(4) 参加其他公司的创立、开业、新厦落成、新董事长、总经理到职典礼时,应该及早送贺礼以示祝贺。只有在不得已的情形下才现场送礼。

(5) 在种种喜庆中,最常见的便是婚礼。上司收到请帖后,无论参加与否,都应送礼给对方,有时上司也可能被邀请以介绍人的身份赴宴。

关于送礼事宜,应向上司请示,如果对方与上司十分熟悉,甚至可以直接询问对方喜欢什么。尽量在婚礼前一星期送达,并表达专诚致贺之意。

如果请百货公司或快递公司代送,一定要说明使用礼品包装纸包扎,贺信则可随贺礼或个别送达。请帖中如果夹有征询参加与否的回条,也应尽早寄出,以便对方统计人数而预作安排。

拍发贺电祝贺时,应先查明新郎、新娘的全名,婚礼的日期、地点,并指定送达的日子。

(6) 如果是上司的子女结婚,文秘人员很可能担任助手的角色。

a. 婚礼的日期、地点决定后,协助请帖的付印与寄发。按照上司交代的名单书写,并附上回条、路线图一起寄发,并且尽量安排在婚礼前一个月寄出。

其他有关婚礼当天座位及休息室的安排、礼堂的设置,也应经常与婚礼当事人接洽商量。

b. 文秘人员在婚礼当天担任接待的工作,招呼客人、签收贺礼,注意有无错漏签收或遗失礼物,引导客人前往安排好的座席上。

4.2 宴会的种类与形式

文秘人员往往需要协助上司所主办的宴会,有时还要与上司一起出席,所以文员业务中也包括了对宴会的认知与礼节。

(1) 宴会的种类。宴会包括公司创立、新楼落成、新董事长、总经理就职、纪念典礼、客户招待会、年会、迎新会,以及公司内部的荣迁、颁奖、个人庆祝会等各种各样的宴会。

(2) 宴会的形式。宴请的形式,常见的有宴会、冷餐(或称自助餐)会和酒会。宴会又有国宴、晚宴、午宴、早餐、工作餐之分。自助餐和酒会有时统称为招待会(Reception)。

- 国宴(State Banquet):是最隆重、最正式的宴会。逢国家庆典或欢迎外国元首、政府首脑时举行,由国家元首或政府首脑出面主持。宴会厅内悬挂国旗,乐队奏国歌及席间乐,席间致辞或祝酒。
- 晚宴(Banquet, Dinner):是一种正式的宴请形式。西方习惯,正式宴会大多安排在晚上举行,一般在晚8时以后。我国习惯在晚6—7时开始举行晚宴是为了向主宾表示很大的尊重,或为了某项庆祝活动等。正式晚宴一般要安排好座次,在请柬上注明对着装的要求。菜式是全套的酒席,席间致辞或祝酒,有时也有席间乐。晚宴一般以邀请夫妇同时出席为好。
- 午宴(Luncheon):正式程度不如晚宴,但有时因日程安排较紧,也有在午间举行正式宴请的。比较正式的在中午12时至下午2时举行。采用简单的菜式,服装可以是一般的礼服。一般不请配偶。迟到或早退均不礼貌。
- 早餐(Breakfast):也是一种简便的宴请方式,有时为某种特定的目的,如募捐、赞助慈善事业等;也有领导人亲切会见知名人士,共进早餐。
- 工作餐(Working Breakfast, Working Lunch, Working Dinner):非正式宴请形式,边吃边谈工作。早、午、晚举行均可,形式与安排以便于交谈为适当。一般不请配偶。
- 冷餐招待会(也称自助餐)(Buffer,或 Buffer-Dinner):是一种比较方便灵活的宴请形式。设置餐台,大型招待会还需要设置多处餐台,上面陈列各种食品菜肴,并有餐盘、刀叉及餐巾、餐巾纸等,供客人自由取用。有专用的酒水台,可供客人取用或由招待员端送,不设固定席位,以便于客人社交。
- 酒会(或称鸡尾酒会)(Cocktail 或 Drinks):也是一种通行的招待方式。以酒水招待为主,略备小吃,以牙签取食。酒会气氛随便,边饮边谈。时间一般在下午2时以后7时以前,请柬上应注明从几时到几时。不指定服装,客人可随时到场或退席,不设坐椅。
- 茶会:对茶叶和茶具的选择比较讲究,一般在客厅而不在餐厅举行。在下午4时以后举行,可能供应茶和咖啡,食物有饼干、小三明治等。

此外,西方国家可能还有以下形式的宴请:
- 晚餐:在重要活动或舞会后举行,客人通常穿晚礼服。如邀请参加正式舞会的请柬右下角可能有一行字,写有"午夜晚餐",表示会供应某些热食。
- 野餐:在野外举行的娱乐度假形式,备有酒、饮料或烧烤食品。

4.3 参加宴会礼仪

文秘人员经常会陪同上司或代表公司出席各种酒会宴席,应该熟悉和掌握宴请的礼仪规范。宴请方邀请本公司,文秘人员应代表上司或企业用电话、信函答复对方,一旦决定赴宴,非特殊原因不可取消,如果取消也应事先求得邀请者的谅解。

(1)宴会服饰。女性如要求穿着晚礼服即正式的礼服。而文员在自己公司举办的宴会,或上司子女的婚礼上,可穿着一般华丽的连衣裙,佩戴饰物即可,但应选择轻软而富于光泽的衣料,用黑、红、白等纯色为宜。鞋应选择高跟鞋,皮包与鞋应是同样质感,最好配套。皮包的大小不超过两个手掌宽度,手拿式最优雅。佩带的饰品包括耳环、手镯、项链、戒指、发饰等,也应配套。白天赴宴应选用香味较浓的香水,夜晚则应选用香味优雅的香水。

男性应穿无尾的半正式礼服、大礼服、简单式礼服。无论何种礼服都应考虑宴会的地点、时间、形式而定。请帖上指定打"黑领结",便表示穿无尾正式礼服。大礼服也是正式的礼服。如果请帖上写着"平常服装"或"非正式礼服",即指一般的黑礼服。

(2)赴宴入座。应准时到达酒宴场所,见到熟人应落落大方地打招呼,对生人则应礼貌地微笑致意。如果与上司同行,还应为上司作介绍。等主人或上司入座后,文员才能从椅子的左方入座。入座后不要东张西望,应姿态优雅地和邻座的上司或客人轻谈几句,或者神态安详地倾听别人的谈话。

(3)用餐。当主人示意用餐时,可将餐巾拉开平铺在自己的双腿上。如在中途需要离开座位,可将餐巾稍微折一下放回桌上,不能将餐巾放在椅子上。餐巾可擦拭嘴唇和嘴角,也可擦干手指,但不可用来擦刀叉或碗碟(中西餐餐具的摆放模式可参见下图)。

应先用公筷或汤匙将所需菜肴取到自己的餐盘中,然后用自己的筷子慢慢食用。在使用筷子时,不可一次夹菜太多;不可夹菜至自己的餐盘时滴汁不断;不可用筷在桌上笃齐;不可用筷在菜盘中挑拣或在汤中洗刷;不可用筷敲打餐具或指点别人,也不可用汤匙时手里还同时拿着筷子。应该用筷子将骨头之类的东西从嘴唇

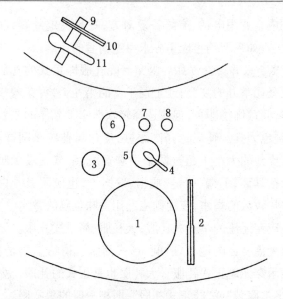

说明：1. 垫盘（搁碟） 2. 筷子 3. 餐巾（啤酒）杯 4. 汤匙 5. 菜碟 6. 白葡萄酒杯 7. 红葡萄酒杯 8. 白酒杯 9. 搁架 10. 公筷 11. 公勺

中餐餐具摆放示意图

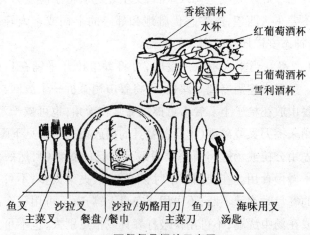

西餐餐具摆放示意图

间接送至自己的碟盘中,而不可直接吐在碟盘中或桌上。用毕汤匙,应放在自己的碟盘中,不能直接放在桌布上。

西式餐具中,正确的持刀姿势是大拇指与食指相对,五指相握在刀柄处。持叉姿势是轻握五指持住叉柄,叉柄顶端应处在食指的第二关节处。用餐时,左手持叉,右手用刀,用刀叉切割食物时应用叉牢牢地按住所切食物,刀紧贴在叉边切下以防滑开;不能用力过猛,以免发出刺耳响声。一般应切一块吃一块,每一块以一口咬入为宜。

用完一道菜时,应将刀叉平行排放在盘子上右侧,叉尖向上,刀刃向内。如果未用完,正确的摆放姿势是刀叉相交成夹角位置。(如下图)

 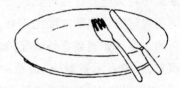

左:尚未吃完时刀叉摆放法　　　右:已吃完时的刀叉摆放法

汤匙专门用于喝汤,不宜用来进食,但可以与叉并用,帮助叉盛取食物。喝汤时应用右手持匙,左手扶着盘子,由自己一方向桌中心方慢慢舀去;喝剩少许时,应用左手把汤盘靠近自己一边方向稍稍提起,再用汤匙轻轻地由里向外舀去。喝完以后,汤匙应匙心向上放在盘子里,匙柄位于盘子右边缘外。

(4)饮酒。祝酒时,应由主人和主宾先碰杯。如配合上司赴宴,文员应在上司之后与对方碰杯,碰杯时应目视对方以示敬意。倒酒时,应一手执瓶身,一手扶瓶侧,面带微笑、全神贯注地将酒慢慢倒入对方杯中。斟啤酒,应让泡沫溢至杯口;甜酒宜倒至杯的八成;白酒或烈性酒宜倒至杯的三分之二强。别人为你斟酒,你应一手持杯,一手扶住杯底,微笑对人并轻声道谢。

(5) 宴会规矩

用叉、匙进食时,不能将餐具的整体放入嘴里,也不能用舌头去舔。

不能站起身来在餐桌的另一边夹取自己喜欢的食物,只能要求服务员或主人代劳。

当别人夹给你不喜欢吃的食物时,一般不能拒绝,而应取少量放在自己的盘内,说声:"谢谢、够了"。不想再添酒时只要稍稍做个挡住酒杯的手势表示一下,不可用手蒙住杯口或将酒杯倒扣在桌上。

不要在酒宴上评论或附和别人对某人的议论,也不可评论菜肴的优劣,也不宜在酒宴上独坐孤芳自赏,更不可一手持酒瓶、一手拿酒杯与人逞强好胜对酒,与上司在一起时更应避免。

用餐时狼吞虎咽或发出声音,口内含有食物和人说话是极不雅观的。席间如遇到意外情况,如将汤汁翻溅在邻座身上了,应保持沉着,一边表示道歉,一边帮助擦干。如果别人弄脏了你的衣裙,不应责怪别人,而应说:"没关系",随即去洗手间擦洗一下。

4.4 举办宴会

无论是哪一种宴会,若宾主双方彼此有了隔阂,可能影响公司及上司的形象。所以应该记住客人才是宴会的主角,从而慎重准备。

(1) 客人的选择。文秘人员向各部门经办人收集客人的名单,再请上司核定。正选的客人因各种原因无法出席,应有候补的人选,如果为了凑足嘉宾人数临时去拉几个人来,这对客人是非常不礼貌的。候补宾客名单也要经上司批准。文秘人员必须记住在宴请前两三天,将完整的名单交给上司过目。这样有时间在新的人选上,上司可能会想到一些相关的业务关系,或需要作些特别的准备。譬如新的宾客名单中有个客人是刚荣升为某公司总经理的,大家对他从前的背景出身不很清楚,就需要收集资料,以便在宴会上应对自如。这些都是文秘人员的分内职责。

（2）确定时间。如果是涉外宴请，宴请时间应该按照国际惯例，要避免选择对方的重大节假日。确定时间后最好能征询客人的意见，不应按照我国的传统习惯确定了时间后才通知对方。

（3）会场的选择。决定举行宴会后，要及早选定会场。会场的选择应配合宴会的性质、客人的数目以及预算费用等，如果是新建筑物落成，多半在自己公司举行。应注意下列几点：

a. 宴会的形式与气氛；
b. 交通是否方便；
c. 场地大小是否合适；
d. 菜式；
e. 有无停车场。

（4）拟订菜单。宴请的菜谱应符合对方的饮食习惯，最好能查询一下客人有什么是特别不喜欢的。如西方人士出席的宴会，不应出现各种宠物和珍稀动物，但也应该有反映我国传统风味的土特产品。一般来说，应尽量用酒精含量较低的酒，茅台等烈性酒只有在比较特殊的场合才饮用。还应考虑宾客的宗教习俗，如伊斯兰教忌吃猪肉等。文员可以跟宴会场所联系，请专业人士建议菜单，最好能以三种不同价钱的菜单作为选择的标准。可从宾客的身份、宴请层次、目的等方面去考虑，至少要提供一份比较常规便宜的菜单和一份比较昂贵的菜单，供上司挑选。如果是隆重宴会，为每一位客人印制一份装帧精美的菜单（中外文对照）则更能给宴会增添色彩。

（5）寄发请柬。宴请需要发请柬，请柬上应写明邀请人姓名、被邀请人姓名、宴请的目的、方式、时间、地点，以及着装要求、要求回函及其他说明等。请柬一般要提前一至二周发出，以便客人及早安排，已经口头约定的通常还要补发请柬。宴请时发出的请柬通常在左下角标明:"需回函",并印有回函的姓名和电话号码,或者印好回函卡并搭配信封,与请柬一起装入信封邮寄。西方宴会有时在请柬上说明:"本请柬仅供阁下本人使用"、"提供接送服务"(喝醉酒的客人由在场的工作人员开车送回)、"打黑领带"(要求客人穿晚礼服)等等。

(6)席次的排列。宴会的成功与否,与事先的安排和进行过程都有关系,会场的布置与装饰要强调喜气洋洋和热闹的气氛。座席式宴会的座位安排,其座次排列等于在人前表明了有关人士的社会地位,需要精心安排。宾客名单落实之后,文员应主动把各宾客的席次排位表画出来,交给上司批阅。原则上,以社会地位与年龄作优先考虑来安排。另一个法则是根据谁是主要嘉宾,宴会是为他而设的,那么他以及他的配偶都应该是上座。正式宴会在请柬上应注明席次号。席次的排列原则是:男女主人对坐桌椅的两端;男女宾客间隔而坐;夫妇分开坐;男主宾坐在女主人的右边,女主宾坐在男主人的右边。主人方面的陪客,应插在客人中间坐,以便同客人接触交谈。以下为三种宴会席次的示意参考图。

1. 椭圆桌

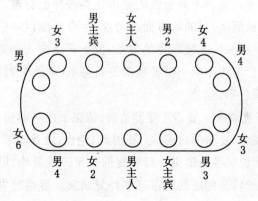

2. 长桌 3. 圆桌

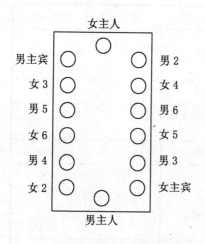
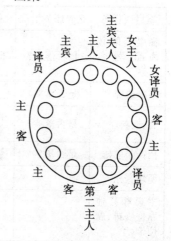

4.5 宴请中的文秘工作

国际惯例的宴请有以下程序：迎接、小憩、开宴、致词、宴会、宴毕、休息、告辞。文秘人员经常要协助上司举办各类宴会。准备宴会需要精心、细心和耐心。正式宴请应该完全符合社交礼仪规则。文秘人员对参加宴会的每一个人都应彬彬有礼，温和体贴，不让任何人受到冷落。文秘人员自始至终都要留意细节问题，应该准备一份备忘录，列出需要解决落实的事项，如下所示。

项目或任务	完成任务情况	备注、提示	负责人	完成进度
宴请人数	是否落实？	男女比例？	接待人？	
重要客人的陪同、接待				
场地	是否落实？	时间？		
场地布置	是否落实？	特殊要求？		

(续表)

项目或任务	完成任务情况	备注、提示	负责人	完成进度
餐桌上的装饰品、姓名标签	是否落实？	提供者？		
菜单选择	是否落实？			
酒、饮料	是否落实？	特殊饮食要求？		
招待员安排	是否落实？	管理？		
现场音乐				
主桌和其他席位安排、席位卡				
签到桌和签到本				
门口的接待工作				
上司的特别提示、要求（如发言稿）		如发言稿		
衣物寄存处、洗手间		专人负责？		
来宾的司机安排、车辆停放				
意外情况（停电、客人酒醉等）				
桌椅摆设、其他物品准备				
结束后清场				

文秘人员应在宴请开始的前几天通过电话了解情况，一切

是否按照计划执行。可以采用倒计时的方法,将以上内容再细化成更详细的表格,逐项确定时限、要求、负责人、完成进度。在宴请的当天,文秘人员必须亲自检查每一项工作是否妥善安排,有否临时发生的问题,如有,应尽快给予解决。文秘人员在宴会当日应负责招待的工作,迎客、带路、宴会结束分送纪念品、礼物,以及送客。要提醒客人带回代为保管的物品。会后协助收拾会场。

5. 丧事实务和吊唁礼仪

5.1 丧事及处理的方法

因死亡随时会发生,所以文秘人员平日即应留心这类事情。如听说自己公司或有来往的公司,以及上司的朋友中有人死亡,应向有关方面询问如下的事项,再请示上司如何处理。

- 去世的时间及原因(如果对方不把死因说清楚,绝对不可追问到底);
- 守灵的时间及地点;
- 葬礼的形式、时间及地点;
- 丧家的姓名、住址及电话号码。

(1) 拍发唁电或唁函。丧者在外地,无法亲自参加丧礼时,应适时拍发唁电或唁函。若随函附上奠仪,则须以保值挂号信寄出。

(2) 致送奠仪、花圈、供品。奠仪的金额,花圈、供物的多少均需斟酌。以上司的名义或公司的名义送致以及亲自送去或请人代送,都需要安排妥当。

(3) 出席事宜。上司无法参加,请示何人代理参加,有时文员代理参加,所以也需要了解这方面的礼节。

5.2 吊唁时的衣着

参加守灵不一定要穿着丧服,无论男女,均着平常朴素衣服即可。参加葬礼及告别式时,男士可着简单礼服,黑色或深色的西服及黑领带;女士穿着黑色连衣裙或西服,应避免浓妆及深色指甲油,发型力求朴素,不可戴着发光的饰物,结婚戒指也不可佩戴。选用黑色暗面的鞋子、手提包。

6. 与社会团体扩大交往的准备

身为经营管理阶层的上司,为了扩大人际关系,获取更多的信息,应以个人的身份或代表公司参加各种社会团体。这对公司无疑具有直接或间接的利益。

一般社会团体的种类如下:
(1) 与出生地与母校有关的团体;
(2) 经济团体;
(3) 学校、协会等公益团体;
(4) 政府机构与民间机构;
(5) 学术及研究机构;
(6) 慈善及社会福利团体;
(7) 文化、艺术、体育活动有关的团体。

文秘人员需要尽早了解上司有关的社团,并将这些信息整理成名册,记录各社团的名称、宗旨、地点、电话号码、入退会的时间、会费等有关资料。同时应了解上司在各社团中扮演的角色,以便辅助上司在社团中的活动。

7. 礼品和贺卡的处理

7.1 收、赠礼品

在有些人眼里，文员权力是很大的，许多人只有通过文员才能接近上司，因而为了自身的利益，他们给文员送礼，或请吃、休闲娱乐。文员对于一些低值的、带有企业标志的、纪念性的小礼品可以接受，但如果接受了对方昂贵的礼物，就很难拒绝送礼者对你及公司的进一步要求。因此，文员应该婉言谢绝，或把礼物退回送礼者，并附上一张表示感谢的便条，说明你所在公司的纪律不允许收受客户的礼物，还应写上退回的日期和方式，并复印下来(这是一种自我保护的手段)。如果实在无法退回，应把礼物交给上司处理比较合适。如果是上司送给文员的珠宝等贵重礼物，退回时可不必解释退回该礼物的原因。

文秘人员经常要代替上司选择礼品，向他人赠送礼品，处理节日活动方面的事情。在赠礼前必须搞清赠礼目的，如是为周年庆典、生日、结婚、荣升、乔迁，或是圣诞节、中秋节等等，还要清楚赠礼对象身份、爱好、文化背景、性格习惯等。如西方国家可以用来赠送的从50美分到50美元的礼物有：高脚玻璃杯、皮带扣、书、工艺篮子、精致名片盒、年历、微型计算器、普通照相机、帽子、组合数字锁、梳子、化妆盒、信用卡盒、袖扣、装饰用文件夹、日记簿、手电筒、高尔夫球、高尔夫衬衫、手帕、钥匙链、修指甲用具、茶具、领带、钢笔和铅笔组、小刀、袖珍字典、球拍套、收音机、围巾、领带夹、网球、温度计、T恤、伞等。

文秘人员在日历上应该清楚地标明节日活动的安排以引起上

司的注意,时间如何取决于当地的购物环境。例如,春节或圣诞节前安排 6 个星期左右的购物时间。文秘人员可建议和帮助上司挑选礼物、决定寄送礼物的去向并协助寄出礼物。文秘人员还应熟知以下规则:

(1) 除非上司有特殊的要求,不必送太昂贵的礼物,只要用心为对方选择适当的礼物即可。

(2) 要看对方的实际情况选择礼品,做到恰如其分,适合对方。

(3) 赠送的礼物应去掉包装上的标价,并请商店用精美包装纸重新包装一下。

(4) 如果不是亲自送礼,应该在礼物的外包装上写上赠送者的姓名或附上名片、贺卡。

7.2 准备礼品名单

文秘人员应准备一张节日礼物名单,如图所示。这张名单不用解释就很清楚,上司可以在上面作一些增减,表示是否同意你提的建议或者提出一些其他的意见,以及标明价格范围。为了避免所送礼物的重复,文秘人员应该为所有接受上司礼物的人做一张卡片记录,如下所示。

圣诞节礼品名单(2002 年)					
姓名	前年送的礼物	去年送的礼物	所花费用	建议	准备花费多少
莫尔夫妇	茶具	高级奶酪	¥180	手工画屏	
透纳·李尔	古典音乐录音带	保湿器	¥100	运动器材	

有些节日贺卡一般是不要附带节日礼品的。如果上司准备

邮寄包装很精美的礼物,文员购买礼品时要带着贺卡。邮寄礼品时要遵守邮政服务部门的规章制度,在繁忙的节日如圣诞节、中秋节寄礼物要提前7—14天,把礼品寄到国外时这一点尤其重要。

(1) 把上司寄贺卡的人按照拼音或英文字母顺序列好姓名、地址存入电脑中,如果你的上司给某些人邮寄私人贺卡或者与他们的配偶一起寄,文员应单独准备一份名单。你的上司也许想在某些贺卡上签名,这些人的名单也要单独挑出。另外,文秘人员还要为收到公司贺卡的顾客或客户列出一份名单。

(2) 文秘人员为生日时接受礼物的人建立电脑档案或者卡片记录。记录里应该有每次送的礼物名称和大概花费。这样为以后寄送礼物提供了方便。

8. 捐赠记录的保存

很多公司经常开展一些捐赠活动,文秘人员最好把捐赠要求写下来存入一个文件夹,在适当的时候拿给上司看。如果有新的单位要求捐赠和赞助,文秘人员可以搞些调查并把详情告诉上司。

文秘人员做好捐赠记录,有利于扣除所得税,也有利于上司掌握非税收如声誉等方面的原因。因而,上司考虑是否进行捐赠要给予一些信息:(1)去年给某个单位捐赠的数目;(2)当年的捐赠总数。在把捐赠请求信交给上司前,文秘人员要写上去年捐赠的数目,把当年的捐赠记录和每封捐赠请求信一起交给上司。到年底时,把给过捐款的单位列一个清单。当捐赠有分期付款时,文秘人员在日历上要标上每次付款的日期。

第十二章 办公室用语

1. 文员和口头语言

1.1 文员的口头语言和人际关系

文秘人员能否胜任事务性工作,能否被上司信赖,与是否具备语言交流能力有非常大的关系。或许有人会觉得奇怪:"语言不是每个人与生俱来的吗,人一出生不是就会说,就会听吗?"其实,文秘人员的言辞及说与听的方式有它职业的特点,文秘人员需要用语言与各式各样的人沟通,传递信息,把上司的指令和意见传送到有关人员身上。如果文秘人员的口齿不伶俐,或者不懂得掌握说话的分寸,即不了解对哪一类、哪一级的人应用什么语调和口吻,一旦传送错误,产生的误导和阻碍作用非同小可。本章主要探讨文秘人员日常事务中使用语言的要求和方法。

在一个对文秘人员的调查中,关于文秘人员的出色表现方面,有100%的被访者认为重要的一项本领是口才,即语言表达能力。

文秘人员在日常事务中扮演着沟通和协调的角色,而沟通的方法主要有:

(1) 书面语言的沟通。文书、报告、统计资料、信函、报纸、书籍等等；

(2) 口头语言的沟通。来访者的接待、交谈,与上司和组织内外人员之间的交流、传达、协调,电话的接打等等。

由此可知,语言乃是沟通的必要的媒介和重要的讯号。

1.2 口头语言的结构及发展

所谓口头语言,指为表达自己的意思而发出的声音、讯号。文秘人员的口头语言需要(1)心脑,(2)动作,(3)适当的语言,这三要素都要平衡才能发挥语言的作用。如果文秘人员经常都以诚恳及谦逊的态度,给人美好印象的丰富的口头语言和人接触,就能够建立起良好的人际关系,从而产生自信心和主动意识,得到上司和同事的信赖,把工作做好。

口头语言会随着人的成长而发展,从而更富有深意。口头语言发展的原因有：

(1) 除特别情形外,人自出生后由于亲情的交流就能自然地熟练运用；

(2) 经过生活环境的熏陶以及与朋友之间的练习；

(3) 经过培养和教育得到提高(文字语言和外国语等)；

(4) 从大众传播媒体(电视、收音机、有线广播、电影、录音带等)获得的表达方式。

从以上总结可以看出,人的语言能力是在自然成长中培养和在社会环境后天锻炼这两者的总和。因此,文秘人员只要努力锻炼,就能加强自己的口头语言交流的能力。

1.3 口头语言的特征

口头语言是表达意思的一种方法,它有如下特征：

(1) 语音听过就立即消失,但语义让人明白了,可能留在记忆中。所以发声要清楚,尽可能说得通俗、生动、规范,使人一听就明白,并留下印象。

(2) 有重音。(一句话强调的重点不一样),譬如:"昨天下午我给何经理送了一份文件。"可以分别强调"昨天下午",而不是"今天下午"或"昨天上午";"我送"而不是"别人送";"给何经理"而不是"王经理";"一份"而不是"三份";"文件"而不是"杂志"。这些强调的成分,在口语中都是通过重音表达的。

(3) 有歧义。譬如,文秘人员接到一个电话,对方邀请上司在"liangcheng饭店"共进晚餐。文秘人员必须问清是哪一个"liangcheng",因为她知道有两个"liangcheng饭店",一个是"凉城饭店",另一个是"良辰饭店",要请对方确定。

(4) 口头语言视时间、场合、对象的不同而有所不同。譬如,在上班时间,开会的场合,口语就应规范、简明些,语调也应认真、严肃些。休息时间,在餐厅,口语就可生动些,语调也可轻松、愉快些。对上司或长者说话,应文雅些;对一般同事或顾客说话,就可通俗、明白些。

2. 敬语的使用

表达敬意的方式有用语言(敬语)的表示法和非语言(外事礼节、普通礼节及日常礼貌等)的行动所作的表示,如举止、态度、表情等。当这两种表示方法使用恰当时,对方会觉得满意、愉悦,并正确了解、接受你的意思。

2.1 敬语的用法

敬语的用法常常因时代、地区、具体情景不同而有多种不同的用法。一般人对于自己尊敬的人,当然会使用敬语,不过除此之外,有时与并非很熟悉的人或是在正式场合(生意场合或婚丧喜庆时的致词及谈话)也需要使用。敬语是针对:

(1) 年长或比自己辈分高者;

(2) 具有较高职务、职称或社会地位者;

(3) 给(给过)自己恩惠者;

(4) 有求于对方,或希望得到对方帮助,或好感者;

敬语应按照说话者和对方的人际关系分别使用,也即依据上下的关系(纵向关系)、内(亲)外(疏)的关系、业务或社交往来(横向关系)等社会因素及心理上的距离感而使用不同的敬语。

敬语的使用,要注意不能太过分。过分了就成为阿谀奉承,反而令人生厌。如初次见客人说:"久闻大名,如雷贯耳,今日得见,三生有幸"。经常对上司说:"您真英明"、"您一贯正确"。又如对领导说:"您亲自来视察"、"您亲自来做报告"。这些事本来就是领导应该做的,无所谓"亲自"。曾有一幅漫画讽刺:一位文员在厕所门口见到领导,也说:"首长,您亲自来……"下面的话他自己也不好意思说了。

2.2 敬语的种类

敬语一般有尊敬语、谦虚语、客套语等三种。譬如:

"幸会,幸会!"或"久仰,久仰!"

"劳驾,帮我一下行吗?"

"我可以再请问一句吗?"

"请教一下,这件事是否可以……"

"别客气!"或"请别介意。"

"不用谢,这是我应该做的。"

"承蒙夸奖,实在不敢当。"

"有什么事请尽管吩咐。"
"只要我能办得到的一定效劳。"
"这件事要仰仗贵公司的大力啦。"
"敝公司十分感谢!"

3. 接待用语的使用

  对文秘人员来说,接待用语是为了处理事务而与别人接触时的重要工具,而其中最重要的莫过于言行必须一致。如果在接待来访者时,让人感觉不到你的诚意,而只是口头上客气地应付,则来访者将不可能对你产生好感。所以在接待用语方面,必须能够使用适当的敬语,口齿清楚地表达出尊重对方,并保持自然大方的态度。下面即是一些日常的接待用语:
  "欢迎光临。"、"早上好。"(向经常见面者说这句话,以产生亲近感)
  "您是某某公司的林董事长吧(正在等您哪!)请这边走。"

"请问您 { 怎么称呼?
在哪家公司高就呢?
贵姓……? }"

"请问您 { 有什么事我能帮忙吗?
有何贵干? }"

"让您久等了!"
"请跟我来!"
"我刚才已经和经办人联系了……"
"行李请放这儿。"
"请(伸手表示)坐!"

第十二章 办公室用语

"董事长马上就来了,请稍等。"
"董事长,某某公司的总经理某某来了,我已经请他到会客室去了。"
"很抱歉,麻烦您了。"
"(下雨),请小心地滑……"
(道歉:带着由衷的道歉之意)
"很抱歉,麻烦您了,我立即和经办单位联系,再给您答复,请给我们一些时间好吗?但不知要跟谁联系才好呢?"
"您特地来访,很不好意思,不过,赵处长现在不在。"
"很抱歉,李经理出差了,由别人代理可以吗?"
(拒绝时:要客气并且清楚地说明理由)
"很抱歉,这件事我实在无能为力。"
"很抱歉,这件事情我不清楚……"
"恕不远送,请走好。"
"再见,欢迎您再来。"

4. 说话的方法

4.1 说话的要领

为了使口头语言的内容让人易于理解,从而产生好感,所以适当地利用口头语言的特点,以自己的说法去表示,并在传达时不使对方产生误会是很重要的。为此,必须正确掌握说话的目的和重点。

有效加强印象的说话要点是:
(1) 语句要简短。口头语言是一听到便立即消失的声音,如果说得太过冗长,内容就会变得模糊而不易了解。

(2)由结论先说。选择符合目的的说话非常重要,一般来说,是以"结论——→理由——→经过"的顺序说话。

另外,也要使用尽量具体、有条理、容易了解的表示法。如听对方说话,常用"5W2H"加以整理。5W 就是 when(何时)、Where(何地)、Who(何人)、What(何事)、Why(何故);而 2H 则是 how(如何)How much(多少)或 How many(多少);为了增加视觉了解,可以利用图画或表格。

(3)利用重复的效果。注意对方的反应。希望加强对方印象的重要事项可以重复再说一遍。不过第二次重复时就要改变表达方法(按照内容,有时得举出具体例子)。

(4)话说完之后要整理。按照必要列举重点作一总结,如(我已经告诉你①——②——③——)。

(5)说话时考虑时间、地点、场合、对象因素,使用模糊语言。有时候,为了不得罪人,有些话又不能说得太清楚,而只能模糊些。譬如,当上司问到文员可听到其他职员背后有什么牢骚、批评。文员既不能说没有听到,又不能说出某某人什么原话,而只能说:"听说……(大概的意思),具体的,我也记不清了。"当客人问及一些有关公司的秘密时,文员与其直截了当回答:"这事保密,我不能告诉你。"或"这事你不该问。"还不如说:"对不起,这事我不清楚。"婉言拒绝。有时,上司教训,文员不宜反驳或顶撞,可以说:"好的,我听到了"、"我明白了",甚至"我记着了"。听到了、明白了、记着了,不等于我就照办。

要依照当时气氛选择适合对方的言词(用语及敬语),有礼貌地以平静情绪看着对方的眼睛说话。而且对说话速度的控制、语气的停顿上也要多下工夫,尽量使话语生动,重点突出,加强效果。还有一点,一面判断对方理解的程度一面说话也是相当重要的。

4.2 说明的方法

说明是传递信息(指示、报告、联系、调整、说服、委托、忠告、拒绝等)的手段。文秘人员可说是以组织的内外人员为对象,在进行有目的的信息传达。以下解释如何让对方了解说明方法的基本条件。

(1) 把要说明的内容和目的弄清楚。对于说明的事项,对方是否有充分的知识和信息去了解,并抓住要点呢?

(2) 对方对于所说明的事项具有多少兴趣,以及关心的程度如何呢?

(3) 要使用彼此(共同)都容易理解的话(措辞)。使用适合对方的通俗用语,以避免产生误解,因此,除了专业客户外,对一般的客人,专用语、外来语、专业术语等,尽量不要使用。

(4) 说明的顺序:

a. 按照顺序说明——按照过去、现在、未来这样依时间、空间、地点组织成说明的顺序,让听者易于明了。

b. 扼要地说明要点——要特别注意简洁扼要的开头,如"我要说明……"或"关于这件事,我要先说一个大概,然后再详细说明。"

c. 以说话的段落确认——"关于这点各位能够了解吗?"或"到此为止,各位可有问题要问?"如此确认或询问以促进对方的了解,以及明白对方不懂的部分。

d. 对方若不易了解,即改变用比较的方式或对比方式说明——如果话意无法完全传达给予对方时,还可引用类似事项,甚至举出完全不同的例子作比喻。

e. 说话具体——利用实物、照片、图表、统计、录像、投影仪等辅助说明,而在说明的时候必须符合实际情况。

f. 结束时总结——再重复一次要点,"关于某某,我已经说明四种原因了,①——②——③——④——。"让对方询问不明了的地方,或由说话者主动询问对方不清楚之处。

4.3 报告的方法

文秘人员所作的报告就是把上司所指示工作的结果,在上司所期望的期限以前提供给上司。通常,报告是以口头或书面表示,这里要谈论的是口头报告。

报告的方法基本上有:

(1) 不要失去报告的适当时机。报告时机原则上最好是在完成被指示工作之时,但有时也要在尚未完成之时先作期中报告。例如,虽然工作还未完成,但觉得有必要让上司知道时,或虽然做起来要花很长时间,却已看得出结果将会是怎样时;被指示的工作遭遇障碍时;可能会赶不上期限时;以及可能会产生不良结果时等等。

不过,有时候因为上司太忙,虽然想报告却无适当时机,或者报告不能在短时间内结束时,不妨预先约好时间。例如,向上司说:"我想向您报告有关您这次出差的事,开会之前能否给我大约十分钟的时间呢?"

(2) 不要弄错报告对象及顺序。要直接向指示工作的人(上司)报告,报告的顺序基本上是先说结论,接着依照必要说明理由及经过,如:"结果是这样,理由有三个,一是……"由于上司都很忙碌,所以得事先把要说的事及顺序整理好,一定要简短、扼要、流畅。

如报告过于复杂,应事先以 5W2H 的原则检查是否有遗漏。如果觉得仅仅以口头报告对方,对方不易明了,或者报告项目很多时,可以制作"报告备忘录"提出来。

4.4 联系及调整的方法

联系及调整主要是以上司的有关人员为对象所从事的横向信息传递,对于站在上司与有关人员立场工作的文秘人员来说,适当地做好联系与调整可说是特别重要的工作。所谓适当地联系与调整,就是正确地将上司的意思传达给对方,并与对方交涉及调整,以符合上司的期待,并肯定这样做的结果。为此,文秘人员必须能够以适当的言词说话及注意聆听对方所表达的意思。除此之外,说明、委托、说服的方法、拒绝的方法、接受抱怨的处理方法等,这些基本的知识和技巧都应该具备。

(1) 联系。指将自己的意思传达给对方。就文秘人员而言,即代替工作繁忙的上司与有关人员联系。这时,文秘人员必须比上司亲自处理时更客气且谦虚的态度去做,千万不可以使用命令的语气。

联系时应该注意的事项如下:

a. 正确了解联系事项;

b. 决定联系的对象;

c. 传达时切勿歪曲上司的意思;

d. 确认信息是否正确地传达;

e. 重要联系事项如有必要可制作文书交给对方;

f. 联系后立即向上司报告。

(2) 调整。也即与所联系的对方产生意见分歧或对立时,彼此交谈说服对方或让步找出妥协之处。文秘人员需要做好调整工作,否则,不仅会给上司带来困难,还会影响上司周围的人际关系。还有很重要的一点是,如果调整遭到挫折,要注意绝不可显露出"狐假虎威"的状态来。

调整时应该注意的事项为:

a. 清楚地把自己的意思传达给对方；
b. 注意听对方所说的话，并了解他意见的要点是什么；
c. 原则上要先获得上司的准许，才可向对方让步；
d. 调整结束立即向上司报告，若有需要就向上司说明经过的情形。

通常，联系、调整经常都可能发生，尤其在日常事务的计划变更时，这种情形更加普遍。为了适当调整执行计划，平时就应该详细了解上司的行动计划，以及发生变更时的周围情况，以此来作客观的判断，并以冷静且弹性的态度来应对。

4.5 委托的方法

委托就是请求对方协助处理自己的工作。在业务上，文秘人员(或经过文秘人员)委托公司内、外人员的情形非常多，以下说明委托时应该注意的事项和心理准备。

(1) 对于委托事项，文秘人员本身先要将委托内容以 5W2H 整理好，并掌握要点。

(2) 先告知委托事项的内容，然后按照顺序说明目的、意义、理由、重要性等等。

(3) 选择适合对方的说明方法(委托时的言词)，并及早察觉对方对于委托事项的了解程度和看法。

(4) 要诚恳而具体地委托，换句话说，就是向对方表达平时敬重、信赖的心声，而且要以商量的口吻提起委托之事，绝对不可强迫对方(尊重其自发性行为)。

(5) 按照委托事项的内容，有时要提出若干请对方协助的条件(程度)。

(6) 要婉转告知方法，并让对方知道若顺利完成后的成就或好处，努力使对方对委托事项产生好感。

(7) 注意开口的方法,例如:
a. "很冒昧,有事想求您……"
b. "我想您可能很忙,不过我有事要请您帮助……"
c. "我有些事能否请您抽一点时间帮帮忙……"

4.6 说服的方法

说服是让对方接受自己的看法而没有勉强的感觉。也就是说,改变对方的看法、态度、观念、行动,而与自己的想法一致。

一般而言,人在面临被说服的时候,会害怕是否会因此失去自己的利益而产生不安的感觉,以致提高警觉,但一旦觉得对自己有利,就会主动接受说服。因此,进行说服时,最好要符合对方的利益观点,向对方示意,争取主动与你合作。

其实,最理想的方法是经由态度和行动去感动或影响别人,但因这种做法要花费许多时间,很不容易。所以,通常也只有运用语言和态度而产生合理的说服力去打动别人。

说服的要领如下:

(1) 清楚地知道在所说服的事项中,最想说什么

a. 以逻辑分析自己的意向,并对目的、效果、重要性、关联性等,抓住重点。

b. 说服时,要尽量具体客观,使对方产生了解的动机。

c. 偶尔也需要引用某些权威人士、专家的意见,或者用图表、资料、经验谈等等。

(2) 要具体了解对方的立场和意向

a. 先注意聆听对方所说的话,切勿以自己主观的方式进行谈话。要掌握对方不能了解的地方,努力加以说服。

b. 主动发问,了解对方的想法,对方有关信息的种类和数量,以及背景如何等等(明确了解对方的情况)。

(3) 以诚恳的态度为对方着想而发言

a. 不要使用令对方反感的言词。

b. 让对方打开心扉,使对方对自己的看法产生兴趣(让对方认同自己)。

c. 不可伤害对方的自尊心。

4.7 拒绝的方法

拒绝是和说服完全相反的行为。诚如上面所提到的,由文秘人员去委托或说服他人的情形不少;反之,文秘人员本身受到别人委托或被说服的例子也相当多。通常可分为金钱、时间及劳务安排等项。

一般非拒绝不可的情况有如下的几种:

(1) 超越自己权限、能力的事情。

(2) 虽然有能力办到,但在时间、地点上无法配合。

例如,无法中断手中的工作,变更工作顺序非常困难,无法离开工作场所等。

(3) 在道义上不能答应的。无论在什么场合,切勿尚未听清楚对方的要求就忙着拒绝,最好是依照自己和对方的人际关系程度,分别使用表示方法,以避免因为拒绝而发生不必要的困扰,其要点有以下两点:

a. 即使已经决定"拒绝",也要很有耐心地倾听,让对方把话说完。

b. 用诚恳的表情,先给予对方好感以缓和对方情绪,在言词及态度方面都要直率地表现出自己因无法答应对方请求而觉得很抱歉的心情。譬如可以由衷地说:"是这样啊!"如此同情的口气,然后再告诉对方:"虽然您特地来,可是这件事我实在无能为力……"、"因为我已经事先和别人约好,所以很抱歉无法帮忙……"

(4)清楚而客气地拒绝。不要说出可能让对方误解为对他有利的那种模棱两可的话,而应该明明白白地说明拒绝的理由:"对不起,我之所以不能帮忙是因为……"或"真不巧,我手头那份资料刚刚给经理送去了"。

(5)告知补救方法。如果觉得断然拒绝对方要求太不合情理,那么不妨双方各让一步,变更所提出的条件,而找出折中的方法。譬如说:"您的要求实在太高,能否请再考虑考虑。""这件事,您可以找(另一家或另一个人)帮忙解决"。不过,在文秘人员事务中,有关提示折中的方法,文秘人员必须先取得上司的谅解和许可,或文秘人员本身精通、熟悉上司的业务需要,又或者这件工作事先已经有过协调,这样才能为之。

5. 听话的方法

5.1 听的要领

文秘人员应该懂得要站在对方的立场上去听,所以,必须具有能够仔细倾听对方说话的宽容之心。此外,还要有能够制造能让对方舒舒服服说话的气氛。

怎样成为一个好的听众,就要记住以下几点:

(1)用认真的态度集中精神聆听。脸部应朝向说话者,以表示不仅只用耳朵听,同时也用眼睛及整个身体在聆听。

(2)听话时同时在脑海里想5W2H,把对方所说的话整理好。如此在听话时就不至于会有遗漏,并且能准确扼要地理解内容。

(3)在适当时机适当地"附和":"是"、"嗯"、"是吗"、"我明白"、"结果呢"、"那实在太好了"等。依照情形附和,使说话顺利进行或引发对方说出自己想要听的话。但得注意必须附和得有技巧,否则可能会打断对方的话头。

(4) 在对方谈话告一段落后再发问,若发问事项很多,就逐项列举,依照谈话内容的顺序发问。

(5) 对方说话时,不要挑语病或抢话。即使对方说话缓慢或突然中途说不出话来,也要静静耐心地倾听,同时尽量表示理解。

5.2 指示的接受法

文秘人员的工作大多从接受指示开始,直到完成工作提出报告结束。所以指示和报告可以说是以上司为主,并以纵向信息传递为目的的基本工作。

大体而言,接受指示的基本步骤是以下三点:(1)上司召唤;(2)边听指示边做笔记;(3)复述给上司听,以便确定。

(1) 上司召唤立即前往。听见上司召唤即应清楚地答应"是",然后尽快前往,不要忘记携带笔记本或备忘录纸。

(2) 听指示并作笔记。听指示时,不可只是聆听,同时也要做笔记。将指示内容记录下来,尤其是在指示中有数字、时间、地点、姓名等时,为避免弄错,更有必要做笔记。做笔记时,一定要弄清楚什么事情在何时之前,并按照谈话内容弄清楚在何处与某人如何、大约多少、为什么等等。

(3) 复述一遍以便确定。为确认是否正确地听取了指示内容,应该边看着笔记边复述内容,以便校正。

(4) 要发问或有意见时,应该等上司说完话之后再发问。如有不同意见时,也应明确自己的文秘人员身份,谦虚地提出自己的看法。如果上司不加采用,也不可坚持己见,而必须服从上司的意见。

(5) 被指示的工作不能如期完成时。如果由于指示工作量过多,以致无法如期完成工作,文秘人员就应将这种情形据实告知上司,并请示优先顺序。因为若轻易接下工作,却不能如期完成,不仅会给上司带来困扰,也会影响和上司之间的信赖关系。

（6）受到直属上司以外的指派时。假如是文秘人员自己能够安排办理,而且不会影响到直属上司所指示的工作就可以接受,否则要向直属上司请示后再作决定。

5.3 忠告的接受法

文秘人员要注意,可能的话应尽量避免在人际关系中发生忠告别人,或被别人忠告的情形,但是因为世界上没有完美无缺的人,而且每个人都有自己的感觉、想法、处理方式,所以这种情形仍是难以避免的。尤其是文秘人员除了会受到对自己本身的忠告之外,有时也会听到别人对自己上司的批评,因此,培养能够温顺地接受忠告、冷静地听取忠言的平常心和涵养是很重要的。

接受忠告的反应应该这样:

（1）以平和的心情和态度倾听。要想到忠告者也是经过充分考虑之后才提出忠告的,所以此时你应该以平和的语气回答说:"对不起,这件事我原先没有注意到",要由衷地认为别人的忠言对于自己（或上司、公司）的成功有所帮助。即使忠告者因为误会而忠告,也可以在事后再向他说明,这样就能维持良好的人际关系。

（2）客观地思考忠告内容。要冷静地思考为什么被忠告? 被忠告的是什么? 并客观地分析如果真有错,就要虚心地接受。这时候,重要的是切勿感情用事,必须有能够思考如何改善自己的宽容心。

（3）不推诿责任给别人。与其辩解说:"那是因为……"、"可是……"、"虽然这么说……",还不如平和地说:"抱歉"、"对不起,给你带来麻烦了,关于这件事我会负责答复你。"这样彼此都不伤和气。因为,挨骂也是文秘人员应承受的压力之一,而且,对于善意的忠告者,如果好好接受,也能使他(她)成为自己的合作者。

6. 社交话题的选择

人们交谈时通常是由开始讲话的人选择一个话题,大家围绕这一话题各抒己见,然后转向另一个话题,因此选择合适的话题便非常重要。如果选择的话题能够被大家接受,谈话就能顺畅地进行下去。如果选择了不适宜的话题,引不起大家的兴趣,没有人作出反应,交谈就失败了。

6.1 合适的话题

合适的话题可以有以下内容:

(1) 谈话双方都感兴趣的、有共同利益的话题。譬如双方共同的专业和业务,合作的意向,科学技术的成果和新发展,积极的、美好的社会新闻等。

(2) 一般人喜闻乐见的话题。为了搞活气氛,可以谈谈天气情况、时事新闻、体育报道、娱乐电影、旅游度假、烹饪小吃等。

(3) 显示地方或民族色彩的话题。譬如本地的经济建设、风景名胜、历史名人、风土人情、人文景观、地方风味等。

(4) 比较高雅的话题。譬如古典音乐、书法、绘画、中外名著、展览会、新闻人物、卓有成就的科学家、作家、电影演员等等。

(5) 积极、健康的生活体验的话题。

(6) 风趣、幽默的小故事,无伤大雅的笑话,有时也能活跃气氛。

6.2　不合适的话题

(1) 应当忌讳的话题。如个人私生活,包括女性的年龄、婚姻恋爱、收入、财产、住址、履历等。

(2) 令人不快的话题。如疾病、残疾、死亡、凶杀、丑闻、惨案等。如果因疏忽而提到以上内容,应该马上道歉。

(3) 过于敏感的话题。譬如个人的特殊的生活习惯、宗教信仰和政治观点的分歧等。

(4) 自己不甚熟悉的话题。比如对于专业问题略知皮毛,就不应该随意发挥,夸夸其谈。

(5) 夸耀自己的话题。专门谈论自己,以为别人会感兴趣,实际这是一种以个人为中心的自我表现意识,大多数人是不会欣赏的。

(6) 庸俗的、色情的话题。即所谓的荤段子。在正常的社交场合,这些话题只能暴露自己的低俗,引起别人的厌恶。

(7) 不宜谈论的保密的话题。比如公司的生产流程、工艺技术、组织人事、资金运作、客户资料、流通渠道等机密性的内容不可随便提及。上司正在考虑、讨论而未作定论,未公开宣布的内容也不可泄露。上司的隐私、疾病和公司内发生的事故、人事争端、内部失窃、经济纠纷等更不能泄露。

第十三章　印信、值班工作

　　印信工作是指对本单位印章和介绍信的管理和使用工作。机关、单位的印章,代表该机关、单位的正式署名,领导人的印章则代表着负有某种职权的领导者。印章是机关单位及领导人的职责权限的象征,具有权威作用。公文、介绍信和各种来往函件,必须盖了章才有效,因而印章具有依据作用和凭证作用。介绍信是证明本机关、单位员工的身份,在外出联系、接洽公务中广泛使用。印信工作通常由单位领导指定一名地位较高、经验较多的秘书或文员负责。

　　文秘人员负责印信工作,就是要深刻认识到印信管理的重要作用,如果一旦使用不当,或被犯罪分子窃取,将给机关单位造成损失,也会对社会产生危害。

　　有些文员虽不负责印信工作,但文员是办公室事务的主要操作人员,经常接触到公文、公章、介绍信等,必须有深刻的认识和准确的掌握,才能与办公室其他人员密切配合,使印信工作不出差错,起到应有的积极作用。

1. 印章的制发和使用

1.1　印章的种类

(1) 单位印章。代表机关、单位的正式署名,具有法定的权威和效力,多用于正式文件和介绍信、证明信等。

(2) 套印章。指印刷单位经授权制版而成,用于印制大量文件,与正式印章具有同样效力。

(3) 钢印。不用印色,利用压力凹凸成形,一般加盖于贴有照片的证件上,起证明持证人身份之用。

(4) 领导人签名章。是根据机关、单位主管用钢笔或毛笔亲自签名制成的印章,为方形或长方形,由文秘人员保管使用,多用于签发文件、公告之用。

(5) 其他印章。还有会议专用章、财务专用章、收发章、办事章、校对章、封条章等等。

1.2 印章的刻制

印章的刻制,必须按照有关规定执行,不得私自刻制。刻制公章有两种情况:一种是由上级主管机关刻制颁发;另一种由本单位法人代表申请,经主管部门批准,公安部门登记后,由专门刻制厂刻制。

国务院规定:国家行政机关和企事业单位、社会团体的公章一律为圆形,外资单位通常为椭圆形。其他印章如收发章、财务章可用长方形、三角形或椭圆形。领导人和法人代表的印章一般用方形。

公章按规定使用国务院公布的规范简化汉字,字形为宋体,自左向右环行排列。领导人签名章由个人书写习惯而定。民族自治机关的公章应并列刊有汉字和当地民族文字。外资单位公章一般外圈用外文,内圈用汉字。港、澳、台资单位公章可用繁体汉字。

按国务院规定:国务院的公章直径为6厘米,各省、直辖市政府和国务院各部委的印章直径5厘米,中央刊国徽,由国务院制发。国务院设置的议事机构、非常设机构的印章，直径5厘米，中央刊五角星，由国务院制发。地、市、州、县政府机关的印章，直径为4.5厘米，中央刊国徽，由省、直辖市政府制发。乡、镇政府和其他机关、部门、企事业单位公章直径一律为4.2厘米，中央刊五角星，由县政府制发。此外，县以上政府机关、法院、检察院、驻外使馆的公章的中心部位刊有国徽；党的各级机关印章刊有党徽；企事业单位公章则刊有五角星图案。

印章在正式启用前，为让有关单位知晓新印模，必须选定启用日期，提前向有关单位发出正式启用通知，附上"印模"。还应填写"印模卡"，一式两份，一份留存，一份交上级机关备查。办妥手续之后，到了规定日期，方可启用生效。

1.3 印章的使用

公章一般由指定的文秘人员统一使用，其他印章也应专人专用，做到制度化、规范化。用印指在印制好的公文落款处加盖印章。与用印密切相关的是签署，指以领导人名义发出的公文，由领导人在公文正本的落款处亲署姓名。

（1）印章的使用规范

加盖单位公章，原则上是哪一级的公章，须经哪一级的负责人批准，并审核签名，并要将盖用文件名称、编号、日期、签发人、领用人、盖章人等项详细登记（公章使用登记簿见下图）。譬如要加盖部门的公章，监印员凭部门领导人批准用印的签名和核准的份数，加盖印章并履行用印登记手续。一般日常事务的用印，如在介绍信上加盖公章，单位领导人可委托管理印章的文秘人员具体掌握。

盖印是公文生效的一种标志，但有些公文如会议纪要和以电报形式发出的公文等，可以不盖印而同样有效。普发性文件则使用专用印模，在公文印制过程中将公章以红色套印在文件落款处。

第十三章 印信、值班工作

公章使用登记簿							
文件名称及发文号	公章类别	盖章次数	批准单位	批准人	公章管理人	备注

文秘人员在加盖印章时应注意：

a. 应以领导、上司在定稿上的签发意见为依据，未经签发或不同意发出的文件不得盖章。

b. 印章必须与发文机关一致。以组织名义发文并由正职或主持日常工作的领导人，或经授权由办公室主任签发的公文，应加盖单位组织的印章；以部门名义发文，应加盖部门印章。

c. 盖印的位置，应在公文末尾的日期上，要求做到"上大下小、骑年压月"。两个以上组织的联合发文，要分别加盖各自机关的印章。

d. 加盖印章必须做到用力均匀，使印章端正、完整，不歪斜、更不能颠倒。印章要保持清洁，印油均匀，使字迹清晰、醒目。

e. 需要领导人亲署姓名的公文，如一些以领导人名义发出的命令（令）、指示、任免通知等，领导人的职务和签署的日期应事先标印好。只有正职或代理正职的领导人才可以签署文件。签署的公文不需加盖公章，如印制份数较多，可由文秘人员代盖领导人手书体签名章。

（2）不同印章的用途

凡以单位名义发出的公文、信函等都必须加盖单位公章方能有效。使用不同的印章，或加盖在不同的位置，其意义、作用是不同的，常见的有以下几种：

(1) 落款章。加盖于文书作者的落款处,用来表明作者的法定性和文件的有效性。凡文书应加盖落款章,无印机构可以借印,如工作组、调查组等派出机构可以借用所驻机构的印章;如在水利局内所设立的防汛指挥部等共体机构,可以借用实体机构(水利局)的印章。

加盖落款章的部位,按照规定是在落款处的年、月之间,应"骑年盖月"。印章加盖之页,应有正文记载,以防止别有用心之人利用空白页,添加有害文字,给单位造成损失。

(2) 更正章。对文书书写中的错字、脱字、冗字、倒字,可以在改正后,用加盖更正章的办法作为法定作者自行更正的凭信。

(3) 证见章。对以他人名义出现的文书盖章作证。如两个单位签订合同,请双方上级主管机关加印证见。摘抄档案内容要由档案保管部门证见;旁证材料由旁证人所在单位证见;个人邮政汇款,在需要时,也需要收款人所在单位盖章证见。

(4) 骑缝章。带有存根的公函、介绍信,还要加盖在正本和存根连接处的骑缝线上。介绍信与存根衔接处必须骑缝加盖印章,以便对同及必要时查核。

(5) 骑边章。重要案件的调查、旁证,以及座谈记录等材料,很多是由调查人自作笔录,为完备手续,除由当事人盖落款章、所在单位盖证见章外。必须将同文多页沿边取齐后均匀错开,从首页到末页,骑各页边加盖一完整公章,可以证明文件各页确实是同时形成,以杜绝日后篡改之嫌疑。

(6) 密封章。在公文和其他重要文件封套的封口处加盖印章,以确保传递途中没有私自拆封。

(7) 封存章。在封条上加盖印章以封存账册、财物,以及文件橱、仓库等,常常在节假日前夕或特殊情况下使用。

1.4 印章的保管

单位公章和领导人公务活动使用的个人名章,必须由单位主管指定的文秘人员或其他专门人员来保管、使用。要有必要的防范措施,放置在机要室或办公室的装锁的抽屉或保险箱内。

监印员要认真做好印章的保管工作,每次用毕应将印章加锁存放,随印随锁,不得擅自放在办公桌上,也不可把钥匙挂在抽屉或保险箱上,应由保管人随身携带,也不可委托他人代管,或者代开代用印。监印员如因事外出,须经批准交他人代管。

印章必须存放在办公室内,监印员不得把印章携带出办公室。在节假日期间,保安和值班人员应加强对印章保管处的保卫工作,以防止发生意外事故。如果重要印章如公章等丢失,必须报告上级机关,并向公安局登记,声明作废。

1.5 公章的停用与销毁

凡是单位撤销,原公章应立即停用,也应尽快通知有关单位,宣布原章失效。通知中仍应附上印模,并写明停用日期。

公章停用后即为废章,应及时送交原制发单位或经主管部门批准后销毁。经销毁的公章也应留下印模,以备日后查考。

2. 介绍信的保管和使用

2.1 介绍信的保管

介绍信是用来介绍被派遣人员的姓名、年龄、身份和接洽事宜等情况的专用书信。正式介绍信通常为专门印制并有编号,如联系一般事务也可以单位信笺代替。

2.2 介绍信的使用

(1) 应指定专人保管,放在有保险设施的抽屉中保存,随用随取,以防丢失或被盗。

(2) 领用介绍信者必须经主管批准,文秘人员不得擅自开具发放。

(3) 文秘人员必须在主件和存根上认真填写前往单位的名称、派出人员的姓名、身份、需要联系的事宜、开出的时间、有效期限等项,正本和存根必须一致。不得出具空白介绍信。

(4) 介绍信必须加盖公章方为有效。公章盖在开出日期处,同时在主件与存根的骑缝处也要加盖公章。介绍信如果写错了,在修改处要盖章证明。

(5) 介绍信的存根要妥善保存,以备查考。

3. 电子签名和电子印章的制作及使用

3.1 电子签名和电子印章的概念

(1) 电子签名

是指数据电文中以电子形式所含、所附用于识别签名人身份并表明签名人认可其中内容的数据。而数据电文,是指以电子、光学、磁或者类似手段生成、发送、接收或者储存的信息。

(2) 电子印章

是合法的数字化印章与数字证书绑定的,用其私钥进行了数字签名的权威性的电子文件,其中包含了用户身份、印章信息、公开密钥、有效期等许多相关信息。通俗地说,电子印章就是电子签名加上印章图片。安全电子印章是将电子签名技术与符合国家标准的印章印迹通过高科技手段捆绑而建立起来的国家级信用体系。

(3) 电子签名和电子印章的有效性

为使电子签名和电子印章具有与传统手写签名和盖章同等的效力,必须具备相应的保障条件。我国《电子签名法》规定,电子签名同时符合下列条件时视为安全的电子签名,具有与手写签名或者盖章同等的效力:电子签名生成数据用于电子签名时,属于电子签名人专有;签署时电子签名生成数据由电子签名人控制;签署后对电子签名的改动能够被发现;签署后对数据电文内容和形式的改动能够被发现。

3.2 电子签名和电子印章的制作及使用

(1) 电子印章的制作和使用

要制作电子印章,文秘人员必须去国家认可的电子印章制作部门,填写单位信息、单位负责人信息、经办人信息、持章人信息、电子印章信息等,个人电子印章需填写经办人信息、持章人信息、电子印章信息等,完成订购手续后携带相关证明文件去有关管理部门审核验证、备案和批准后才能刻制。

(2) 电子签名的制作

要制作电子签名,必须通过向第三方数字签名认证机构提出申请,由认证机构进行审查,颁发数字证书来取得自己的电子签名。文秘人员要携带有关证件到认证机构填写申请表并进行身份审核,审核通过后,可得到装有证书的相关介质(IC 卡或密匙)和密码口令。使用时需要登录认证机构的网站下载证书私钥,才可在网上操作时使用数字证书。

(3) 电子印章系统的使用(节选自百成电子印章 for word 客户端用户手册)

电子印章系统具有造印、发印、印章管理和用印电子化等功能。为电子公文流转(或交换)提供盖章、签字、身份确认、原件检验、加密和解密等功能。

一套"电子印章系统"客户端包含下述组成部分：

① 一个"电子印章系统"客户端软件，安装在计算机中；

② 一个和①配合使用的安全外设，即用于保存数字证书和印章的硬件。这个外设可以是指纹签名器或者 USB KEY 设备。

a. 首先进行系统安装。运行安装包中的"标准电子印章(For Word).exe"程序并打开运行安装文件。安装程序会自动运行完成安装工作。"标准电子印章(For Word).exe"同目录下应该有相应的插件安装程序"plugsetup.exe"，以保证插件自动安装。安装完成后，打开 word 后，在菜单栏会出现"百成电子印章(B)"的按钮：

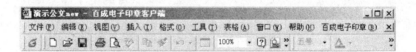

b. 然后是证书链的安装。为了确保 Ekey 中的数字证书在计算机上能正常使用，必须安装位于"根证书"目录下的电子政务认证中心的两个根证书，譬如"YUNNAN ROOT CA.cer"和"YUNNAN CA.cer"。

c. 双击并运行安装目录下的安全外设驱动安装程序，不同的设备有不同的驱动程序。然后安装本系统提供的 CA 数字认证中心的根证书链，以让安全外设中的数字证书获得 CA 认证中心的信任。

d. 使用客户端方式有三种：一是通过 word 菜单；二是通过 word 中电子印章工具栏；三是通过在 word 文档空白处单击鼠标右键弹出的快捷菜单。以通过 word 菜单为例：启动 word，打开待盖章的公文，将光标移动到待盖章位置，同时将盖章所用的安全外设插入到计算机的 USB 接口；单击 word 菜单栏里"百成电子印章"→"盖章"（如图）：

e. 根据设定，电子系统会自动检测安装中的用户数字证书并验证用户身份。如果安全外设是 USB KEY，则系统弹出提示输入的设备 PIN 码的对话框。用户输入正确的 PIN 码，然后点击"确定"。

f. 签名器验证通过后，系统弹出"请选择印章"窗口，在印章列表里选中需要加盖的电子印章，然后点击"确定"。

如果盖章时印章的可用次数为零时，电子印章需要到印章管理认证服务平台进行更新并重新授权。如果要调整印章的盖章位置，选中印章，当光标为手状型光标时，按住鼠标左键不放，将印章拖动到合适位置，然后放开左键。单击印章以外的任意位置，系统会提示："是否确定当前所盖印章的位置"，选择"是"来确定印章的位置，否则继续拖动印章至合适的位置。需要注意以下几点：

- 如果证书验证错误,密码验证错误,系统会有错误提示,用户可以重新执行上述操作。
- 如果在盖章后发现文档的内容需修改,请选中印章,将其删除,待修改完毕后重新盖章。
- 点击确认盖章位置"是"后,盖章公文被锁定,文档将不能被修改。
- 如果盖章后、定位前发现文档某些文字位置发生变化,可以采取来回轻微拖动印章的方法,使文字位置恢复正常。

　　g. 如果要撤销印章,可依次单击"百成电子印章"→"验证"→"撤章",在如下图中,选择要撤销的印章,单击"撤章"撤销印章。撤销印章成功,系统会提示"已经成功删除所选印章"。只有盖章者用户才有权撤销自己所盖的印章。

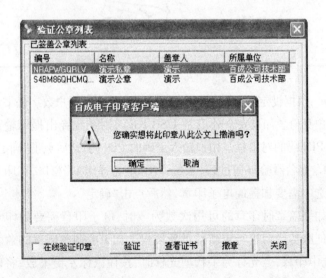

　　h. 如果需要加密,可依次单击"标准电子印章"→"加密/解密"(完整版本才有"加密/解密"功能),完成文件的加密和解密。

第十三章 印信、值班工作　　263

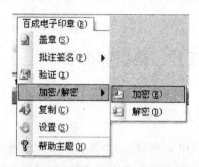

i. 如果需要复制已盖章的文件，可依次单击"百成电子印章"→"复制"，完成盖章文件的合法复制。公文复印件的内容不受锁定保护，可以修改。

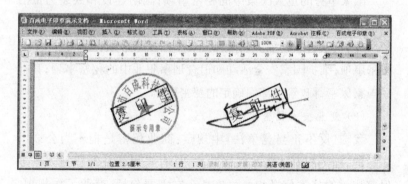

3.3 电子签名和电子印章的保管

文秘人员在使用电子签名和电子印章时应密切注意，要妥善保管电子签名、电子印章的制作数据，如果知悉电子签名、电子印章制作数据已经失密或可能已经失密时，应当及时告知有关各方，并终止使用该电子数据。如果已经失密未及时告知有关各方并终止使用的，未向电子认证服务提供者提供真实、完整和准确的信息，或有其他过错，给电子签名及电子印章依赖方、电子认证服务提供者造成损失的，所在单位应承担赔偿责任。

4. 保密工作的范围和内容

4.1 保密的范围

根据我国2010年修订的《中华人民共和国保守国家秘密法》及其他相关规定,办公室实务中涉及的、需要保密的范围大致有以下内容。

(1) 国家秘密的范围

国家事务的重大决策中的秘密事项;国防建设和武装力量活动中的秘密事项;外交和外事活动中的秘密事项以及对外承担保密义务的事项;国民经济和社会发展中的秘密事项;科学技术中的秘密事项;维护国家安全活动和追查刑事犯罪中的秘密事项;其他经国家保密行政管理部门确定的秘密事项。

(2) 商业技术秘密的范围

我国《反不正当竞争法》中规定:商业秘密是指不为公众所知悉的,能为权利人带来经济利益,具有实用性并经权利人采取保密措施的技术信息和经营信息。它主要包括:商业工作规划、计划、重要商品的储备计划、库存数量、购销平衡数字、票据的防伪措施和财务会计报表;军用商品的库存量、供应量、调拨数量、流向;商品进出口意向、计划、报价方案、标的资料、外汇额度、疫病检验数据;特殊商品的生产配方、工艺技术诀窍、科技攻关项目等。

(3) 领导工作和人事秘密范围

这些秘密包括:领导人的住址、行踪、活动内容及个人隐私等秘密;员工的档案、升迁、调动等人事机密,以及涉及组织利益的其他秘密。对于领导层内部不宜公开或暂时不宜公开的事项,如正在酝酿而尚未确定的干部人事任免、领导人之间的意见分歧等,文秘人员也应严格保密。

4.2 保密工作的内容

(1) 文件保密

a. 列入保密范围的文件,应在其产生的同时,由制文机关或单位确定密级和保密期限。涉及商业秘密和组织内部秘密的公文,其密级和保密期限由产生该公文的企业或组织确定。

b. 审核、签发和审批公文时,如发现不符合保密范围,或密级和保密期限规定不当的,应予以纠正。密级和保密期限应在文件首页的右上角做出明显并易于识别的标志。

c. 密件的打印和印刷应指定专人、专门印刷厂,并有专人监印。印刷密件时产生的废纸、校样等应彻底销毁。印刷和校对的场所不能让人随便出入。

d. 密件应通过机要交通或派专人传递,并在信封上标明密级和加盖密封章。用电报传送密件,须使用密码。用电话传达密件,必须使用保密电话。用传真机和计算机传送密件,应采用加密装置。绝密件不得用传真机和计算机传输。

e. 密件应实行严格的签收、登记制度。签收、登记、分文和传阅,要核对份号,确定范围。

f. 密件应存放在保险柜中,翻印和复制密件应办理审批手续。翻印时应注明翻印的机关、时间、份数和印发范围。翻印和复制的密件,应按原件的密级和保密期限管理。

g. 密件应当定期清退,任何单位或个人不得借故拖延留存。清退时应仔细检查有无缺页,份号是否一致。清退密件应填写清退报表,一式两份,由接收部门核对后退回一份备查。

h. 销毁密件也必须严格登记，经主管领导批准后，至少由两人监销。销毁后，监销人在销毁密件登记表上签字。

(2) 会议保密

会议是各部门开展工作、决定事项的重要手段，对需要保密的会议，应该做到以下几点：

a. 应加强对与会者的保密教育，并在会中反复提醒。健全会议保密制度，加入场检查制度（与会者凭有效证件入场，微型录音机、无线电话机、手提电脑等应交给工作人员临时保管）；文件签收和清退制度（保密文件在分发的同时，附上清退目录，在会后严格按目录清退）；人员登记制度（与会者和工作人员均应登记）；离会清场制度和器材专用专管制度（保密会议专用器材会前应严格检查，会后应清除所有记录信息）。

b. 密级较高的会议，会前应与保卫、保密部门取得联系，并采取防范措施。对与会人员，应规定严格的保密纪律。

c. 尽量不在内、外宾混住的宾馆、饭店召开秘密会议。遇有特殊情况必须在宾馆、饭店召开的，要特别采取防范措施。应做到会场地点保密，会场环境保密，会场周围不设任何标志。

d. 会场的基本设施应进行加密处理，如增设隔音和屏蔽装置。会前必须对会场的音响等设备进行保密检查，防止有线扩音设备泄密，严禁使用无线话筒。

e. 会议期间的文件，一律标明密级，统一编号，登记分发。严禁印发会议的秘密文件。确实需要翻印上级文件的，必须请示并应征得原制发单位同意后才可印制。对领导在会上的讲话，记录整理后也不能随便散发。

f. 与会人员不得以任何形式对外泄露会议秘密内容。新闻报道部门不得公开报道会议秘密事项。有些会议属于半公开会议，也应对报道的新闻稿或简报的原稿严格审查和把关。会议内容需要向下传达时,应明确规定传达的范围,并确定传达人。

g. 会后,要对会议场所和与会者的房间进行检查,看有无遗失文件、笔记本等,有无可能造成泄密的物品或痕迹。

(3) 新闻宣传保密

有关资料表明,目前国外情报机构收集到的 80% 以上的我国情报是从报刊等公开刊物中获得的。因而,单位和个人需提交广播、电视、报纸、刊物、书籍、计算机网站以及在信息发布会上公开发表的消息、声明、启事、简章、论文、广告、照片、录像等,如可能涉及国家秘密、商业秘密或组织秘密,或者对其中某一内容是否需要保密没有把握时,应交保密部门进行保密审查,并由领导人审核签发。

新闻宣传涉及秘密事项的,应当做适当的技术处理,如采取删节、改编、隐去等保密措施。

(4) 使用办公设备保密

a. 使用复印机保密。复印秘密文件的复印机应当专用,而且应放置在机要室。复印内部文件应避免有他人在场。具有图像记忆功能的复印机,使用后应删除自动保存的图像。复印后将原件取回保存。复印坏的废纸要立即投入碎纸机粉碎,不得再次利用。

b. 使用录音机、照相机和录像机保密。使用录音机、照相机和录像机记录秘密会议或文件,要事先征得领导、上司的同意。录音带、胶片、相片和录像带要同秘密文件一样妥善保存。

(5) 通讯保密

a. 电话通讯保密。涉及秘密的事项,必须使用具有保密功能的电话,不得在普通的固定电话、无绳电话、移动电话、电视电话、对讲机中传递秘密信息。负有秘密任务的人员,不得轻易使用移动电话,以防频率泄密。

b. 用普通电话讨论内部工作时,应留意通话环境是否安全,不得透露秘密信息。应经常检查户外电话线是否被偷接,通话后应检查是否挂机,防止未挂机泄密。

c. 传真通讯保密。文秘人员在传送或接收秘密级和机密级文件时,应当使用具有保密功能的传真机;绝密级的文件不得使用普通传真机传递或接收。文件传真后,应取回原件保存,不要遗忘在传真机上。带有图像记忆功能的传真机,在传递和接收秘密文件后,要删除图像,以免他人复制。

d. 电报通讯保密。秘密事项必须使用密码传送。密码电报不得翻印和复制。拍发电报必须"密电密复"、"明电明复",不得明密混用。

(6) 计算机及联网通信保密

科学技术的发展,秘密的存在形态和运行方式发生了巨大的变化,涉密载体由纸介质形式为主发展到声、光、电、磁等多种形式,泄密的渠道增多、风险加大、危害加重。因而,对现代通信和互联网条件下存储、处理和传输秘密必须加强管理。

a. 计算机在使用过程中,要注意:用于处理涉密信息的办公自动化设备应当随机采购,计算机在启用前必须报请有关部门进行安全保密技术检测。处理涉密信息的计算机,必须拆除机内无线网卡等无线互联设备,切断无线联网渠道;无法拆除的,不得用于处理涉密信息。不用个人计算机及移动存储介质存储、处理涉密信息,也不要把个人计算机及移动存储介质带入重要涉密场所。

b. 对放置条件和环境比较差而涉密较多的计算机,应采取三种保密措施:一是采取机房屏蔽,把电磁波控制起来,防止电磁波向外辐射时将计算机信息带出而产生泄密;二是用电磁干扰,用干扰信号覆盖计算机信息;三是对信息加密。此外,存有秘密信息的计算机应专人专用。计算机的显示屏不要直接对着门窗或通道。应设置屏幕保护程序，离开计算机前应关闭系统或加密后休眠。

c. 因为有可能被境外情报机构植入"木马"窃密程序进行窃密，所以，不得将涉密计算机及网络接入互联网及其他公共信息网络，必须实行物理隔离。不在普通传真机、电话机和手机通信中涉及国家秘密；不在与互联网及其他公共信息网络连接的计算机上存储、处理涉密信息。如果要传递秘密信息，应运用加密技术，绝密级事项不得使用计算机传递。秘密信息、数据软件及其存放介质，应标有密级标志。应建立和健全使用、借用、复制、移交、保管等保密制度。

d. 严格遵守信息公开保密审查制度。对拟在政府门户网站上登载的信息进行严格的保密审查，确保涉密信息不上网。以提供网上信息服务为目的而采集的信息，除在其它新闻媒体上已公开发表的，组织者在上网发布前，应当征得提供信息单位的同意。在网上开设电子公告系统、聊天室、网络新闻组的单位和用户，应由相应的保密工作机构审批。用户使用电子函件进行网上信息交流，应当遵守国家有关保密规定，不得利用电子函件传递、转发或抄送国家秘密信息。互联单位、接入单位对其管理的邮件服务器的用户，应当明确保密要求，完善管理制度。

e. 不得在涉密与非涉密计算机之间交叉使用优盘等移动存储介质，非涉密移动存储介质以及手机、数码相机、Mp3、Mp4 等具有存储功能的电子产品不得在涉密计算机上使用；不得在未采取防护措施的情况下将互联网及其他公共网络上的数据复制到涉密计算机及网络，应采取防护措施，如使用一次性光盘刻录下载，设置中间机等。

f. 计算机中的数据要划分密级。涉密计算机应严格按照保密规定设置口令，即处理秘密级信息的口令长度不少于 8 位，更换周期不超过1个月;处理机密级信息的应采用IC卡或USB Key与口令相结合的方式,且口令长度不少于4位;如仅使用口令方式,则长度不少于10位,更换周期不超过1个星期;设置口令时,要采用多种字符和数字混合编制。处理绝密级信息的应采用生理特征(如指纹、虹膜)等强身份鉴别方式。

g. 涉密计算机安装软件或复制他人文件资料须经批准,并进行必要的病毒查杀,特别是对"木马"窃密程序的查杀。涉密计算机应使用有线连接的外围设备,不得使用无线外围设备。

h. 应当认真执行保密管理规定,不得将涉密载体通过普通邮寄渠道寄运或违规交由他人使用、保管。不得擅自携带涉密笔记本电脑及移动存储介质外出,如确需携带外出的,要严格履行审批手续,确保电脑等始终处于严密监控下。同时采取强身份认证、涉密信息加密等保密技术防护措施。

i. 处理涉密信息的多功能一体机,必须与普通电话线路断开;涉密场所中连接互联网的计算机不得配备和安装视频、音频输入设备。

j. 由于被安装了窃听软件的手机,即使关机或待机,也可在无振铃、无屏幕显示的情况下转为通话状态,成为一部窃听器。因而,进入重要涉密场所之前,应将手机放入手机屏蔽柜内;也可使用保密会议手机干扰器对涉密场所进行手机信号屏蔽。

k. 处理涉密信息的计算机及移动存储介质、传真机、复印机等办公自动化设备应当在单位内部进行维修,现场有专门人员监督;确需外送维修的,应当拆除信息存储部件或进行专业销密。在将涉密计算机等办公自动化设备出售、赠送、丢弃之前,应使用符合国家保密标准的设备对涉密信息或内部敏感信息进行清除,确保不被还原;准备淘汰的涉密计算机等办公自动化设备应送交保密行政管理部门授权的销毁机构或指定的承销单位销毁。

5. 值班工作的任务和要求

我国实行的双休日,加上其他的节假日,全年约有三分之一是非工作日,而交通、生产、医疗、安全等部门都是每日24小时连续工作。随着生产力和科学技术的发展,业务联系、人来人往、信息传递、自然变化也不可能都限制在工作时日之内,尤其是国际交往、世界性业务还涉及不同时区,因而需要有文秘人员的值班工作,以补正常工作日的不足。

5.1 值班工作的任务

(1) 信息沟通和通讯联络。值班室是一个单位所在地区或系统的信息枢纽中心,起着联络中心点、沟通上下、左右、内外信息的重要作用。值班人员接听并记录电话,接受并登记紧急文件,收受并转送电报等。值班室应保证各种通讯器材畅通无阻,应备有各部门领导人和交通、公安、消防、急救等常用电话号码表,应密切保持与机关、单位负责人的联系。

(2) 办理来访接待。在文秘人员值班期间,可能会有外单位来参观访问、联系工作、业务学习的人员,对符合手续的应认真接待。值班室为完成此项工作必须做好派车接送、安排食宿、联系有关部门等工作。此外,还有其他来访,如因特殊困难来值班室反映情况,要求帮助解决具体问题等,值班人员同样应耐心接待,应该按政策规定解释答复,并要认真填写值班接待登记表或值班日志。直接解决不了的问题要报请领导批示或转交有关部门处理。值班日志的基本样式如下所示:

值班日志		
		年　月　日
事　项	办理情况	值班员(签名)

（3）处理突发事件。如果遇到生产、交通事故、火灾、盗窃或暴雨、地震等突发事件，值班人员应遇事不慌、处变不惊，沉着、冷静、机智地加以处理。如立即向领导报告，接受领导指示，迅即部署工作；或就近组织人力抢救抢险；或依靠邻近机关、单位、部队；或保护事故现场；或紧急转移机要文件和贵重物资等等。为使国家和人民生命财产少受损失，有时在领导人未指示前就要采取临时应急措施。

（4）确保安全。值班室的任务和机关、单位保安人员的任务不同。保安人员的任务是整个机关、单位里里外外的防火、防盗，而值班室主要是负责夜间和节假日机关内部机密文件资料和器材等的保护。当然，这两方面的人员和任务是密不可分的。办公室等部门组织好值班工作，值班室与保卫部门协调配合，是确保机关、单位的机密和安全的必要保证。值班人员如果兼有门卫的责任，应该对外来人员进行审查，进行来访登记、验证、开具会客单和交销等。发现异常情况，应迅速报告有关领导或保安部门。

（5）承办领导交办事项。值班人员还要处理一些领导临时交办的事宜，如分发会议通知、寻找某人、询问情况、传达指示，以及购买车船票、联系车辆接送等生活服务事项。值班人员应及时处理，妥善安排。

5.2 值班工作的组织形式

(1) 办公室值班

大多数基层机关和中小型企事业单位采用办公室值班形式。即在每日下班以后留下一至数名人员夜间值班,直至第二天上班;在节假日也安排人员值班,以维持机关、单位不停地运转,各项工作不至于中断或延误。值班人员一般由文秘人员和其他行政人员轮流担任。值班地点通常就在日间办公的室内。

(2) 值班室和总值班室

中级机关和大中型企业往往设立专门的值班室,有专职的值班人员。室内除办公用品之外,还放置床铺,以供每日24小时工作之用。值班室工作为办公室工作的一部分,人员、任务都由部门主管或办公室主任领导、安排。高级机关和某些要害部门(如防洪防汛指挥部、铁路局等)则设立权限更大、任务更为繁重的总值班室。总值班室实为独立的事务工作机构,通常由机关、单位的副职负责,专事联络、通讯、接待和领导临时交办事务,从无间断之时。

(3) 首长电话值班室

这是各地政府机关开设的专线电话,由文秘人员值班接听、记录、汇报并处理。其目的是转变机关工作作风,加强领导干部与人民群众之间的联系,直接接受群众通过电话的申诉、意见、建议、批评、举报等。文秘人员区别情况,或呈报首长,或转有关部门,或由文秘人员直接处理。大量事实证明,首长电话值班工作已取得相当的成效,获得社会公众的普遍好评。

5.3 值班工作的制度与要求

(1) 岗位责任制度

是对值班工作的职责范围和值班纪律的明确规定。要求值班人员必须坚守岗位,尽职尽责,认真完成各项值班任务。由于值班工作多在夜间和节假日,人员安排往往紧缩到最低限度,值班人员必须严格执行请假制度。当班人员如有病、事,应提前向主管请假,以便安排替代。接班人员如果迟到,上一班人员应继续坚守岗位,并电话请示主管,不得擅自离岗。

(2) 交接班制度

由于值班工作是由文秘人员和其他行政人员轮流进行,有些事在一个班次内办理不完,有些事则要交给日间上班的部门处理,值班人员必须认真做好值班记录,并严格执行交接班制度。在每个班内来访的客人、打进的电话、收受的文件、电报,以及发生的事故等,值班人员都要将内容、情况、处理方法记录在案;需要下一班做的事情或注意的问题也应写明。接班人员应提前20分钟左右到达,双方进行认真的交接。交接的内容有来客登记表、电话记录、文件及登记册,原有的设备、器材、资料以及钥匙等。交接时双方应查明实物与记录是否相符,确认无误后,交班人员方可离开。

(3) 请示报告制度

是对值班人员在处理重要情况和问题时所作的明确规定。要求值班人员对于没有把握答复和处理的重要事项,要先请示,后办理,不可自作主张;对于值班期间发生的重要情况,要及时报告,不得拖延或不报;对于特殊应急情况,也应边办理边报告。

(4) 安全、保密制度

值班人员还应严格执行安全、保密制度。在值班时应集中精力,保持警惕,与安全保卫人员密切联系,共同负责整个机关、单位的安全、保卫工作。除值班室外,其他关闭的办公室不得擅自进入,上锁的柜橱抽屉不得开启。不得把家属带入值班室,也不得接受私人来访,更不可在值班室内打牌、喝酒等。

值班人员不得将值班室的电话号码表外传,不得在普通电话机上传递秘密事项,不得将领导人的活动告诉无关人员。

第十四章 文书与档案实务

文书是人们在日常生活、机关公务活动中广泛使用的书面材料,它具有一定的规则、体式。从使用范围来看,文书可划分为私人文书和公务文书两大类。私人文书是指个人、家庭为自身的需要而形成使用的文书,包括家谱、房契、手稿、遗嘱和书信等;公务文书即公文,是指政府机关、社会团体、企事业单位从事公务交往活动的文书。

公文是公务文书的总称。文件则有两种含义:一是指政府机关、社会团体和企事业单位的正式发文,如《国务院关于整顿市场秩序的通知》;另一是指反映职能、政策、技术、活动等具有保存、查考价值的文字或声像材料,如工作总结、会议记录、重要活动的录音、录像、照片等。

档案是指使用过的、具有保存和查考价值的文书,把它们挑选出来按照一定的规则重新整理、立卷、编排之后,便称之为档案。

文书与档案实务是文员和秘书的重要的、基本的工作任务。每一个文员必须掌握并熟练操作。

1. 公务文书的特点和作用

公务文书的作者是党政机关、社会团体和企事业单位及其负责人。公务文书的这些特定的作者必须依据党和国家的方针、政策、法令,在法定的职责范围内制作文书,不能越权越轨发布公文。

公务文书体现的是领导机关和职能部门的工作意图和规定要求,反映各项工作的进程和效果,其内容具有有效性,其中部分还具有权威性。

公务文书在制作上应该按常规的格式和各种类的结构写作,在处理上有一定的程序和制度,包括拟稿、审核、签发、缮印、收发、登记、批办、立卷、归档等环节。撰制和处理公务文书的全过程,就是文书工作。

2. 公务文书的种类和格式

2.1 公务文书的种类

按照2012年4月16日中共中央办公厅、国务院办公厅联合印发的《党政机关公文处理工作条例》的规定,公文种类主要有15种,适用的范围如下:

(1) 决议。适用于会议讨论通过的重大决策事项。

(2) 决定。适用于对重要事项作出决策和部署、奖惩有关单位和人员、变更或者撤销下级机关不适当的决定事项。

(3) 命令(令)。适用于公布行政法规和规章、宣布施行重大强制性措施、批准授予和晋升衔级、嘉奖有关单位和人员。

(4) 公报。适用于公布重要决定或者重大事项。

(5) 公告。适用于向国内外宣布重要事项或者法定事项。

(6) 通告。适用于在一定范围内公布应当遵守或者周知的事项。

(7) 意见。适用于对重要问题提出见解和处理办法。

(8) 通知。适用于发布、传达要求下级机关执行和有关单位周知或者执行的事项,批转、转发公文。

(9)通报。适用于表彰先进、批评错误、传达重要精神和告知重要情况。

(10)报告。适用于向上级机关汇报工作、反映情况,回复上级机关的询问。

(11)请示。适用于向上级机关请求指示、批准。

(12)批复。适用于答复下级机关请示事项。

(13)议案。适用于各级人民政府按照法律程序向同级人民代表大会或者人民代表大会常务委员会提请审议事项。

(14)函。适用于不相隶属机关之间商洽工作、询问和答复问题、请求批准和答复审批事项。

(15)纪要。适用于记载会议主要情况和议定事项。

2.2 公文的格式

公文的完全格式由份号、密级和保密期限、紧急程度、发文机关标志、发文字号、签发人、标题、主送机关、正文、附件说明、发文机关署名、成文日期、印章、附注、附件、抄送机关、印发机关和印发日期、页码等组成,但多数公文使用的是不完全格式,如无密级、附件、注释等。

公文格式各要素划分为版头、主体、版记三部分。公文首页红色分隔线以上的部分称为版头;公文首页红色分隔线(不含)以下、公文末页首条分隔线(不含)以上的部分称为主体;公文末页首条分隔线以下、末条分隔线以上的部分称为版记。

(1)份号。公文印制份数的顺序号。涉密公文应当标注份号。用6位阿拉伯数字,顶格排在左上角第一行。

(2)密级和保密期限。公文的秘密等级和保密的期限。涉密公文应当根据涉密程度分别标注"绝密""机密""秘密"和保密期限。顶格排在左上角第二行。

> № 003402
>
> # 中共中央办公厅文件
>
> 中办发〔2012〕14号
>
> ★
>
> 中共中央办公厅 国务院办公厅
> 关于印发《党政机关公文处理
> 工作条例》的通知
>
> 各省、自治区、直辖市党委和人民政府，中央和国家机关各部委，解放军各总部、各大单位，各人民团体：
> 《党政机关公文处理工作条例》已经党中央、国务院同意，现印发给你们，请遵照执行。
>
> 中共中央办公厅
> 国务院办公厅
> 2012年4月16日
>
> （此件发至县团级）
>
> — 1 —

（3）紧急程度。公文送达和办理的时限要求。根据紧急程度，紧急公文应当分别标注"特急""加急"，电报应当分别标注"特提""特急""加急""平急"。顶格排在左上角，按照份号、密级和保密期限、紧急程度的顺序自上而下分行排列。

（4）发文机关标志。由发文机关全称或者规范化简称加"文件"二字组成，也可以使用发文机关全称或者规范化简称。联合行文时，发文机关标志可以并用联合发文机关名称，也可以单独用主办机关名称。用红字居中套印在公文首页上端。

（5）发文字号。由发文机关代字、年份、发文顺序号组成。联合行文时，使用主办机关的发文字号。用阿拉伯数字标注，年份标全称，用六角括号"〔〕"括入。

(6)签发人。上行文应当标注签发人姓名。在发文机关标志下空二行,居右空一字位置,由"签发人:姓名"组成。

(7)标题。由发文机关名称、事由和文种组成。位于红色分隔线下空二行位置,标题排列应当使用梯形或菱形。

(8)主送机关。公文的主要受理机关,应当使用机关全称、规范化简称或者同类型机关统称。居左顶格,回行时仍顶格,最后一个机关名称后标冒号。

(9)正文。公文的主体,用来表述公文的内容。公文首页必须显示正文,编排于主送机关名称下一行,每个自然段左空二字,回行顶格。文中结构层次序数依次可以用"一、""(一)""1.""(1)"标注。

(10)附件说明。公文附件的顺序号和名称。在正文下空一行左空二字编排"附件:附件名称"。如有多个附件,用阿拉伯数字标注附件顺序号(如"附件:1. XXXXX");附件名称后不加标点符号。

(11)发文机关署名。署发文机关全称或者规范化简称。

(12)成文日期。署会议通过或者发文机关负责人签发的日期。联合行文时,署最后签发机关负责人签发的日期。一般右空四字编排,用阿拉伯数字将年、月、日标全。

(13)印章。公文中有发文机关署名的,应当加盖发文机关印章,并与署名机关相符。有特定发文机关标志的普发性公文和电报可以不加盖印章。印章用红色,不得出现空白印章。上不压正文,下要骑年盖月。一般在成文日期之上,以成文日期为准居中编排发文机关署名,印章端正,应使发文机关署名和成文日期居印章中心偏下位置。

(14)附注。公文印发传达范围等需要说明的事项。一般用于向下普发的公文,对印发、传达范围作说明,加圆括号标注于成文日期左下方。

(15)附件。公文正文的说明、补充或者参考资料。附件应另面编排,与公文正文一起装订。"附件"二字及附件顺序号顶格编排在左上角第一行。

（16）抄送机关。除主送机关外需要执行或者知晓公文内容的其他机关，应当使用机关全称、规范化简称或者同类型机关统称。在印发机关和日期之上一行、左右各空一字编排，由"抄送:抄送机关名称"组成，回行时与冒号后的首字对齐，最后标句号。

（17）印发机关和印发日期。公文的送印机关和送印日期。编排在末条分隔线之上，印发机关左空一字，印发日期右空一字，用阿拉伯数字将年、月、日标全。

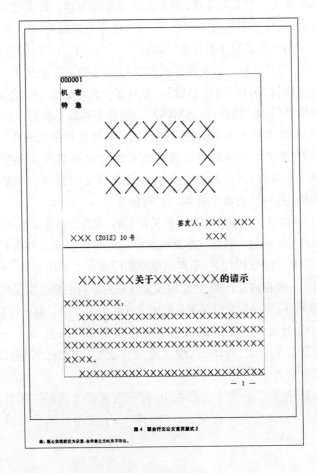

图4 联合行文公文首页版式2

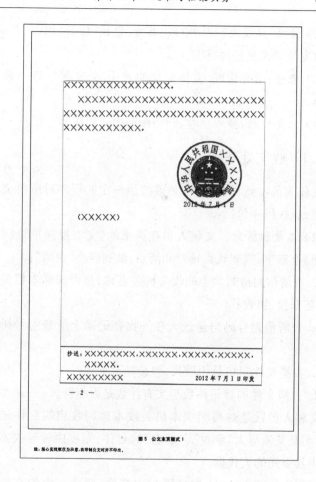

图 5 公文末页版式 1

3. 文书处理的内容和方法

公文处理的内容和基本任务包括:
(1) 收文:从来文的签收、登记、初审、拟办、批办、承办、传阅、催办,到答复、注办等一系列处理环节。

(2) 发文：从文书起草、审核、签发、复核、校对、用印、登记、印制到核发等一系列处理环节。

(3) 管理：平时管理、发挥公文的效用，公文保密等一系列管理环节。

(4) 立卷归档：整理立卷、归档保存的处理环节。

3.1 收文处理

文秘人员收到文书以后，必须按照一定的程序对所收文书进行处理，这些程序包括：

(1) 签收和拆封。文秘人员在送来的《文书投递单》或《送文登记簿》上签字，需要认真核对和清点，做到四个"查清"：

a. 查清信封或封筒上的收文机关名称，是否确属本机关的收文，以防错投、错收；

b. 查清信封号码与递送人在签收登记簿上所登的号码是否一致；

c. 查清文件封口是否破损，包装是否牢固；

d. 查清文件的登记件数与实有件数是否相符。

文秘人员只是对写明由本机关或本部门收启的封件进行拆封；写明某某领导人"亲收"、"亲启"的封件，则应由领导人本人拆封或由其委托的人代拆。

拆封文件要细心，不要撕毁封内文件，要将封内的文件取干净，然后检查文件是否齐全。对于重要作者的亲笔信封，应予以保存。对封内文件的发文机关、发文日期不详的，应根据封皮上的发文机关和邮戳日期予以注明。

(2) 登记。对文书进行登记，便于进行收文数量统计及以后的查考利用。收文登记的形式分为簿册式、联单式和卡片式三种。登记项目主要有：顺序号、收到日期时间、来文单位、来文字号、标题、密级、份数、承办单位、签收、复文号、归入卷号、备注等。

(3) 初审。初审需要注意的是：

a. 文件是否应当由本机关办理；

b. 文件是否符合行文规则。其中的常见问题是：请示中一文多事，报告中夹带请示事项，将下级机关的请示事项原文转报上级机关，党委、政府办公厅(室)之外的业务部门擅自向下级党委、政府发布指令性公文。

c. 文种、格式是否符合要求。常见问题有：该用"请示"的用了"报告"；主送、抄送机关标注不规范；上行文未标注"签发人"；主附件分离，附件不全；缺页、错页、中间有空白页；印制歪斜，等等。

d. 涉及其他地区或者部门职权范围内的事项是否已经协商、会签。常见问题有：未经协商就报文；已协商未达成一致意见且没有说明情况就报文；多个机关联合行文未会签完毕就报文等。

e. 是否符合公文起草的其他要求。

初审不符合规定的公文，要及时退回来文单位并说明理由，可以在退文时附退文单注明退文原因，或者将退文原因电话告知来文单位。

(4) 拟办。文件的拟办是指文秘人员对来文的处理提出初步意见或建议，供领导人批办时参考。为方便领导人查阅有关政策性文件，文秘人员可将有关文件(预先标出需要参阅的内容)或文件的摘要卡片连同公文一并送上。

拟办意见应抓住关键，力求明确。说明可能涉及的工作或问题，过去办理的简要情况，提出由哪个部门办理、如何办理、办理时限、由谁归档等。对一份文件有两种以上的处理方案，应一并提出，同时提出倾向性意见和理由。拟办意见写在《公文处理单》上，署上姓名、日期。

(5) 批办。是指机关领导人对送批的文件如何处理所作的批示。签署在《公文处理单》的"领导批示"一栏中。批明传达的范围、方法和时间;或批明承办部门、人员和期限、要求;或提出具体措施和步骤。批办应写明姓名和日期。文秘人员根据批示内容,拟定办文程序。

(6) 承办。公文的承办,一是从业务工作角度,指按来文内容、要求具体执行办理;二是从文书工作角度,对需要办复的文件根据领导批办意见办理回复,有电话答复、当面答复和复文答复等形式。

承办过程往往需要拟制新文件,针对来文发出复函、批复,或批转、转发来文等,因此,承办也往往是发文程序的开始。承办应该注重时效,分清主办与协办,分清复文与不复文。

(7) 传阅。传阅包括运转、送批、送阅。按顺序传批,适用于只有一份文件且需多人阅批的公文传阅。在文件份数少,阅办阅知部门(或领导)多的情况下,应按先办、后阅知,先主办、后协办,先正职、后副职的次序分别审阅处理。在进行文件传阅时,应以文秘人员为轴心,进行轮辐式传阅,即一位领导阅后直接退回给文秘人员,注销后再由文秘人员送给另一位领导阅读,而不是让领导与领导之间直接传阅。

(8) 催办。指文秘人员对必须办理答复的文件,根据承办时限的要求,及时对文件承办的情况进行督促和检查,防止文件的延误、积压。要明确责任,谁负责谁催办,可采用递交催办单、电话催办或派人催办的办法,并作好催办记录。

(9) 答复。办件办理完毕后,应将办理结果及时答复来文单位,并根据需要告知相关单位。主要有书面答复、口头答复、电话答复和面谈答复。书面答复为:

a. 制发答复公文;

b. 印送批件,将机关负责人在办件上的批示复印或抄清后交

来文单位和相关单位;

c. 发《办文通知》。

(10) 注办。文秘人员在《公文处理单》上或文尾的下角注明公文办理的结果,内容有承办单位、时间、结果、承办人、回复的方法、日期等项。

3.2 发文处理

文秘人员根据单位需要向外或向内发文,包括两种情况:向外单位或者本单位的各部门发出文件,称为制发;将收到的文件转送至有关部门,称为转发。发文处理即从文书的起草、审核、签发、复核、校对、用印、登记、印制到核发等一系列处理环节。

(1) 起草。是文件承办人根据领导的交拟或批办意见草拟文稿的过程。要求:

a. 符合国家法律法规和党的方针政策,完整准确体现发文机关意图,并同现行有关公文相衔接。

b. 一切从实际出发,分析问题实事求是,所提政策措施和办法切实可行。

c. 内容简洁,主题突出,观点鲜明,结构严谨,表述准确,文字精练。

d. 文种正确,格式规范。

e. 深入调查研究,充分进行论证,广泛听取意见。

f. 公文涉及其他地区或部门职权范围内的事项,起草单位必须征求相关地区或部门的意见,力求达成一致。

(2) 审核。是指拟稿人员的上级负责人对初稿的审查和核实。要做到"六查":

a. 查是否需要行文,以什么名义行文。

b. 查文稿内容与法律、法规和政策以及上级政府的有关规定是否一致,与平行机关和本部门已有的规定是否矛盾。

c. 查要求和措施是否明确具体,切实可行。

d. 查涉及其他部门或地区职权范围的问题是否协商一致并经过会签。

e. 查文字表达是否准确、简练、条理清楚,标点使用是否正确,文字书写是否规范。

f. 查公文格式是否符合规定。

核稿一般先对文稿进行通读,看出其主要意图和存在问题,然后对文稿逐字逐句细审。如果发现问题,则可退回,或协商,或修改。

(3) 签发。指机关领导人对文稿的最后审定、签字发出。签发是发文过程中最关键程序,是领导人行使职权的重要形式。一般由主要领导人或具体分管的副职领导人签发,也可由秘书长、办公厅(室)或部门负责人签发。联合发文或内容涉及其他部门的公文,要实行会签。签发时应在发文稿纸的签发一栏写明意见,亲署姓名、日期。

(4) 复核。公文经领导人签发后,在缮印前,再由秘书部门作最后复核,以确保质量。

a. 复核主要是查审批、签发手续是否完备,附件材料是否齐全,格式是否统一、规范等;

b. 复核后的定稿由秘书部门统一编排发文字号。发文字号的机关代字是统一编制,且长期稳定。由领导人签署的公布性公文可按领导人的任职期限连续编号,其他公文一般按年度编排序号。

c. 公文定稿复核后应用正式的"发文稿纸",送往印制部门。

(5) 校对。指将文件的誊写稿、打印稿或清样按定稿核对校正。校对有单人校、双人校、多人校、通校。普通文件应两校一读,重要文件三校一读,校对符号及其用法应该按照《中华人民共和国专业标准》执行。公文印好后还应认真校对,以保万无一失。

(6) 用印和签署。用印是在印制好的公文落款处加盖印章,签署指以领导人名义发出的公文,由领导人在公文正本的落款处亲署姓名。盖印是公文生效的一种标志,但有些公文如会议纪要和以电报形式发出的公文等可以不盖印而同样有效。普发性文件使用专用印模,在印制过程中将公章以红色套印在文件落款处。要注意:

a. 领导人亲署姓名的公文,如以领导人名义发出的命令(令)、指示、任免通知等,领导人职务和签署日期应事先标印好。只有正职或代理正职的领导人才可签署文件。签署公文不需加盖公章,如印制份数较多,可由秘书代盖领导人手书体签名章。

b. 印章必须与发文机关一致。文件用印时,必须以机关领导人或部门负责人签发的文件原稿为依据,经核对无误后始得用印。

c. 文件用印要端正、清晰,要端正地盖在成文日期上方,上不压正文,下要骑年盖月。

d. 文件用印一定要与制发文件的机关、部门或单位相一致。

e. 要核实份数,超过份数的不能盖印。

(7) 登记。一切发出的文件,均应进行登记,主要是为了便于对文件的管理和查找等。发文登记用簿式登记,项目为:顺序号、发出日期、发文字号、文件标题、附件、成文日期、密级、缓急时限、份数、主送机关、抄送机关、签收人、归卷日期、归入卷号。

(8) 印制。公文印制要注意:

a. 确保质量。公文印制必须以经过机关负责人签发的定稿为依据。

b. 确保时效。尤其是对于标注特急或要求限时发出的公文,要严格按照时限印制完毕,不得延误。

c. 确保安全保密。涉密公文应当在具有国家秘密载体印制资质的单位或机关内部非经营性印刷厂、文印中心印制。

(9) 核发。指对准备发出的文件进行核对、分装和发送。应注意：

a. 分装之前先要看发文稿纸注明的发送单位、密级、有无附件等。入封文件要折叠平整，并略短于信封长度。

b. 邮政编码、地址、名称要在发送文件的信封上写准确。机关的名称要写全称或者通用的简称。

c. 发文如系密件、急件、亲启件必须分别注明，文件的封口要用糨糊或胶水封实，不要用书钉封口，绝密文件应盖专用密封章或贴密封签。

d. 文件装封后，应及时发送。

4. 文书管理的内容和要求

按照2012年《党政机关公文处理工作条例》的规定，"公文管理是指以安全保密和充分发挥公文效用为目标，在公文形成、传递、运转、存储、利用、整理归档、清退销毁等环节中所进行的规划、组织、控制、监督、保管、整理、统计、提供服务的职能活动。"文秘人员应该参照此条例，在做好收文和发文的基础上，进行文书管理，包括对文书的数量管理、质量管理、时效管理、保密管理，以及文书的立卷与归档管理等，使得各种文书既方便查找、调阅，又妥善归类，不遗失，不泄密。

4.1 文书数量、质量、时效管理

文书数量管理的要求是精简文件，可发可不发的文件坚决不

发,可以面谈、电话的书面记录代替行文,或在报刊杂志上公布,以代替层层行文。

文书的质量管理要求保证文书在内容上正确、可靠,符合政策和事实;在文字上、格式上准确、规范,不出差错。

文书的时效管理要求尽可能缩短文书处理每一道环节的周期,不延误、不推诿,及时反馈和办理。

4.2 文书的保密管理

党政机关公文由文秘部门或者专人统一管理。设立党委(党组)的县级以上单位应当建立机要保密室和机要阅文室,并按照有关保密规定配备工作人员和必要的安全保密设施设备。文书保密管理的内容包括:

(1) 确定密级和保密期限。应该区分国家秘密、商业秘密、组织内部秘密等,列入保密范围的公文,应在产生的同时,由制文机关确定密级和保密范围,密级和保密期限的变更和解密。由于客观形势变化,或从全局衡量公开后更有利于工作的,应及时变更密级、期限和解密。

(2) 密级和保密期限的标注、密件的缮印和校对,密件的传递,密件的签收、登记和传阅,密件的保管和复制,密件的清退,密件的销毁等。需要特别注意的是:

a. 绝密级国家秘密载体应当在符合国家保密标准的设施、设备中保存,并指定专人管理;

b. 未经原定密机关、单位或者其上级机关批准,不得复制和摘抄秘密文件;

c. 秘密文件的收发、传递和外出携带,应当指定人员负责,并采取必要的安全措施;

d. 对秘密文件的接触、知悉人员要作出文字记载,禁止携带参加涉外活动或出境。

4.3 文书立卷与归档

文秘人员对已经办理完毕的文书,挑选具有保存价值的,按照某种规律组成案卷即为文书立卷。立卷有利于文书的完整与安全,是进行档案管理的基础,也便于日后对文书的查考和利用。

5. 档案收集的对象和制度

文秘及档案部门人员通过一定的途径,将分散在单位各处的已经办理完毕的,但有保存、查考价值的文书、声像等资料集中起来即为档案收集。应该收集的文书资料大致有以下几类:

a. 重要的会议资料,如会议通知、报告、决议、总结、会议纪要、会议简报、会议记录、领导人讲话、重要发言、录音带、照片等;

b. 上级下发的与本单位业务有关的决议、决定、命令、条例、规定、计划等;

c. 代上级单位撰写的已被采用的重要文件的定稿;

d. 本单位的与上、下级单位的请示、批复、报告等公文性文书;

e. 反映主要业务活动的报告、总结、工作计划、统计报表、信访工作材料;

f. 与有关单位签订的合同、协议书及其他来往文书;

g. 干部任免、职工奖励、处分以及职工劳动、工资、福利等方面的文件材料;

h. 本单位及下属单位成立、合并、撤销、更改名称、启用印信的文件材料;

i. 反映历史沿革、重要活动的大事记、剪报、照片、录音带、录像带以及编辑的出版物等；

j. 财产、物资、档案等的交接凭证；

k. 不相隶属单位颁发的需要本单位贯彻执行的条例、规定、通知等；

l. 下级单位报送的报告、统计报表等。

不需要收集和归档的材料有以下几类：

a. 重份文件（特别重要文件保留二、三份，其他只需一份，但同一文件的草稿、定稿不算重份）；

b. 无查考价值的事务性、临时性文件（如一般会议的临时通知、洽谈工作的介绍信、节假日的放假通知等）；

c. 未经签发的文电草稿、一般文件的历次修改稿、铅印文件中除主要领导人亲笔修改稿和负责人签字的最后定稿之外的各次核对稿；

d. 无特殊保存价值的信封，一般性表态、询问、建议的群众来信；

e. 单位内部互相抄送的文件材料；

f. 本单位负责人兼任外单位职务所形成的文件材料；

g. 不需贯彻执行和无查考价值的会议文件材料；

h. 下级单位任免、奖惩非本单位员工的材料；

i. 越级和非隶属单位抄送的不需办理的文件材料；

j. 外单位征求意见的文件未定稿。

文秘及档案人员在收集档案时，应该做到：

(1)·严格执行收发登记制度和立卷归档制度。认真做好文书的登记、清退和归档工作，仔细核对、检查各种细节。

(2) 注意收集零散文书。除了规范的归档制度以外，文秘和档案人员要留心收集散落在外、在个人手中的文书，并配合一定的控制、奖惩措施,以补充归档制度的不足。

(3) 落实归档工作的岗位责任制。文秘和档案人员要掌握好收文过程中的阅办环节,及时收回文件;在发文过程中,注意收全文件的定稿、存本和附件;专人负责收集外出带回的文书;仔细收集本单位的各种行政和业务文书。

6. 立卷归档的标准和做法

6.1 立卷归档要求

文书部门或其他业务部门把已经处理完毕的文书整理立卷,定期移交给单位档案室或档案人员集中保存,并应该形成一定的制度。包括三方面:

(1) 归档范围。凡是本单位业务活动中办理完毕的具有保存价值的各种文件材料,均应归档;

(2) 归档时间。办理完毕的文件材料,应该在第二年上半年内交由档案室或档案人员归档。特殊文件可根据具体情况适当延长时间;

(3) 归档要求。凡是应归档的文件,必须分类立卷,排列有序,表格齐全,填写无误,编号科学和符合要求。

6.2 文书立卷标准

文秘或档案人员把文书按照某些共同特征组合成案卷,称为按"立卷特征"立卷。通常可以按照以下几种特征立卷:

(1) 按问题特征立卷。将反映同一问题的文书组成案卷。这种方法能反映对某一方面或某一具体问题的相互联系和处理情况,运用最广泛。如"关于某型号产品"可以将开发设计、工艺安排、加工制造、商标包装、产品销售、附加情况等方面资料组合在一起立卷。

(2) 按作者特征立卷。以同一作者为标准将有关材料组合成卷的方法。这些作者可以是法定组织或某一机构,可用于上级来文和本单位文书的立卷工作,反映同一作者的活动和文书来源、行文关系以及文书的重要程度。

(3) 按文种特征立卷。按照同一文种名称为标准将文书组合成卷。不同的文种具有不同的适用范围和作用,立卷可反映单位的不同活动方式,但有时单独以这种标准分成"会议纪要卷"、"通知卷"等无实际意义,应与其他形式的立卷标准组合使用,如"某某公司的经济合同卷"、"某某公司的销售网点报告卷"等等,才会具有实际使用价值和便于查找。

(4) 按时间特征立卷。以文书形成或文书内容的时间为标准组合立卷。工作性计划的形成时间要早于内容时间,而工作总结的内容时间又早于形成时间。类别较广的材料不适合用形成时间立卷,适合用于内容针对的时间性强,针对的时间比较明确的文书。一般公文以成文日期为标准;计划、总结等以内容针对的时间为标准;跨年度办理完毕的公文,以办结时间为标准;跨年度的往来文书,以本单位发文或复文时间为标准;涉及专业性的文书以专门年度为标准,如教学年度等。

(5) 按地区特征立卷。以文书的地区、地点和部位因素为标准组合立卷,将涉及同一地区的文件组成案卷,可以反映该地区的工作情况和有关地区问题的处理。其作者往往是领导一个区域的单位,对下属机构来文的组卷。如"某公司广东地区销售情况表"。

(6) 按通讯者特征立卷。以本单位与外单位就某些问题的往来文书为标准立卷。如问函与复函,请示与批复等用通讯者特征立卷。如"某合资企业与某国某企业就开展商务活动的往来函件"。按通讯者特征组卷与作者不同,只有两个作者就某共同问题进行工作联系、磋商所形成的往来文件才可以列入,而不包括两个作者各自的其他发文。

立卷的六个特征的运用,是文件之间联系的具体体现,文件之间的联系是多方面的,不可能只采用一种固定的模式组卷。因此在运用六个特征立卷时,需要运用两个或两个以上的特征组合每一个案卷。

6.3 立卷类目的编制

立卷类目也叫案卷类目,是指在一年的实际文书尚未形成以前,根据单位各项活动和文件形成的规律,对一年内可能产生的文书按照立卷要求和方法事先编制成的一个立卷规划,事先拟制出来的归卷条目。

立卷类目主要由类名和条款两部分组成:

(1) 类名。即类别,是综合概括归卷文件材料的类属名称,如工交类、城建类、财贸类、生产类、技术类、销售类、广告类等等。

(2) 条款。即条目,是类名之下按照立卷要求和方法概括出来的一组文件的总标题。

条款顺序排定以后,依次编上顺序号。如第一类第一条为"1—1"、第二类第二条为"2—2"等等。

立卷类目的类别和条款的排列呈表格式,是平时文件归卷的"索引表",指导文件"对号入座"、"定点归宿"。

6.4 平时归卷工作

文秘或档案人员依照已经编好的立卷类目,将已经处理完毕

的文件,随时按类目上的对应条款归入卷内,即为平时归卷工作。要做到:

(1) 注意做好文件材料的收集工作;

(2) 对已经归卷的文件材料,要进行定期检查和调整;

(3) 事先预编的立卷类目,要注意调整修改;

(4) 可以确定组卷的,也可以提前进行编目装订;

(5) 一些文件不便归卷,可单独设立一个卷夹,注明"待归文件"。

6.5 年终组卷

简称组卷,指年终或次年年初对归卷的各个条款内的文件材料进行调整立卷、卷内文件排列和编号以及拟写案卷标题等一系列工作。平时归卷只是粗略地将文件材料按条款归类,不等于立卷,在组合案卷前要作细致的调整。

(1) 调整立卷。是指在平时归卷的基础上,详细检查每一条款中所积累的文件材料,进行适当地调整,并且最后确定组合案卷的一项工作。

(2) 卷内文件排列和编号

a. 卷内文件排列,指将每个案卷内的文件按照一定的规律和顺序进行系统化排列,可以按时间、问题、重要程度、文号、作者、地区、通讯者、文种名称、人名的姓氏笔画或拼音字母等顺序进行排列。

b. 卷内文件的编号。应当用阿拉伯数字给卷内文件编页号,以固定它们的排列顺序。

(3) 拟写案卷标题。案卷标题是案卷的名称,也称案卷题名,是对卷内全部文件内容的总概括。

a. 案卷标题的结构及标法。通常应当标明卷内文件作者、问题、名称三个基本部分,中间用"关于"、"的"来连接,例如"某某省府关于农村工作的决定、通知"。

标明卷内文件的作者,可用通用的简称,如"本局"、"本公司"、"本厂"等。

标明卷内文件的问题是案卷标题的核心,必须使问题概括得全面、准确、简练。

标明卷内文件时间。一般的案卷标题不需标明时间,只有计划、报告、总结、预决算和重要文件以及跨年度文件组成的案卷才需要标明时间,针对的时间要准确,不可随意简化。

标明卷内文件通讯者。可将问题要素插入通讯者此方与彼方之间,并将同一性质的机关概括为总称,例如"某某市航运公司就制止货轮搭客问题与某某线各航运公司的往来文书。"

标明卷内文件涉及的地区。对于同属较大地区范围的若干作者,可以用大的地区概念加以概括,如"某某地区各县关于减轻农民负担情况的报告";可以列举一两个后加"等"字,如"某某地区行署关于某某、某某等五个县(市)防汛救灾情况的调查报告。"

b. 案卷标题的拟写要注意：

政治上的正确性；

文字表达要精练通顺,概括准确；

案卷标题的基本结构要力求完整,合乎语法,标点符号要正确。

6.6 案卷的编目与装订

编目成卷指在组合案卷的基础上,对卷内文件进行编目、装订,以及案卷的排列、编号等一系列工作。

(1) 案卷的编目。指在卷内文件排列编号的基础上,填写卷内文件目录、备考表和案卷封皮等工作。

(2) 案卷的装订与装盒。一般来说,案卷都需要进行装订,对于某些特殊珍贵的手稿、照片、图纸在不便于进行装订时,也可以采用卷盒、卷袋进行保管。

案卷装订的要求是:整齐、牢固,不影响阅读。在装订之前,要去掉文件上的金属物,以防年久锈蚀文件。注意不要有倒置、脱漏的页张。凡书写未留装订线的要补贴加边,残破的文件要修补裱糊,大张的文件要折叠以后才能装订。

(3) 案卷排列与编号。指案卷经过编目装订以后,将一个年度、一个组织机构的案卷进行系统化排列、编号,以固定其顺序。

a. 案卷的排列。案卷先按保管期限分开,即按永久、长期、短期分别排列。也可按重要程度、作者、名称、时间、地区等体现条理化和一定的规律。

b. 案卷的编号。编号的顺序如:永久卷 1—50、长期卷 51—100、短期卷 101—150、副卷 151—200。

6.7 案卷归档

(1) 案卷目录的编制。案卷目录的项目有"案卷号、立卷类目号、案卷题名、卷内文件起止日期、卷内文件份数、页数、保管期限、备注"等等。

编制案卷目录一般有两种方法:一种由各部门的公文立卷人员编制移交目录,然后由档案室汇总编排卷号,编制正式的案卷目录。二是由机关档案室通盘组织,指导各部门的文书立卷人员统一分类,编排卷号,直接编制案卷目录。

(2) 文件检索工具的编制。文件检索工具指用来查找、利用文件材料的目录、卡片等等。其编制内容主要有:

a. 文号索引,又叫文件作者目录。目录设置的项目一般有:文件作者(加标题)、文号、文件日期、所在卷页号。

b. 文件分类目录,又叫文件综合分类目录。设置的项目一般有:类别、顺序号、文件作者(加标题)、文号、文件日期、卷页号,并加封面和底页。一年编制一本,编制号后付印装订成册。

c. 案卷的归档

(3) 文书部门立好的案卷,必须逐年移交给档案室集中保管,称为"归档"。

a. 归档范围,也即文书立卷的范围,指机关在工作活动中形成和使用的文件以及其他有关的材料(包括照片、图表、印模、录音带、录像带等)。

b. 归档时限。一般应在第二年上半年向档案部门移交档案。

c. 归档要求:

应归档的文件材料必须齐全、完整;

文件和电报按其内容的联系,合并整理、立卷;

归档的文件材料,要保持它们之间的历史联系,区分保存价值、分类整理、立卷,案卷标题应简明确切。

机关档案室在接收案卷时,应按照以上要求对案卷检查验收。

移交目录一式二至三份,一份经签字后留公文处理部门使用,另外一至二份交机关档案室保存。

7. 档案的保管和利用

文秘或档案部门通过收集,得到各种信息档案,为方便管理和检索,需要对其进行鉴定,主要有档案价值鉴定、文书立档单位鉴定、文书内容鉴定、文书完整程度鉴定、文书责任者鉴定、文书时间鉴定、文书题名鉴定、文书稿本鉴定、文书外在特征鉴定和记录性文书价值鉴定等。

为了完好、长久保存档案,需要采取一些保护措施,进行妥善管理。包括对档案保管期限的确定。文书档案的保管期限分为永久、长期(16 至 50 年)、短期(15 年以下)三种。文书管理人员为了掌握档案的基本情况,还必须对档案进行数量的登记、统计和分析研究,以期更好地提供利用。

档案的利用途径和方式有以下几种:

(1) 设置档案室,提供档案原件或复制件,方便借阅或直接阅读。

(2) 通过一定的制度和手续,提供档案外借,如借阅证制度、催还续借制度和调离认可制度等。

(3) 根据档案原件制发各种复制本,实行档案的有偿交流,提高档案利用率。

(4) 利用所藏档案中的有关记载和资料,对申请者提供核实某种事实的书面证据。

(5) 以档案为依据,文秘和档案人员对查询者的有关问题进行专业性的解答,提供咨询服务。

(6) 将档案目录印制成册,分发到有关部门,以交流信息。

(7) 举办档案展览,充分发挥档案的作用。

8. 文书归档新规则的内容和方法

公文立卷与案卷归档是将有关某一问题或某项工作活动的系统的、有密切联系的文件整理成组合体。我国在很长一段时间内的整理方式主要是"六个特征"的分类方式。这种方式有一定的科学性,也曾对文档利用发挥了很大的作用,但在具体工作中也有不足,主要是这种分类方式比较复杂,不易把握。不同的文秘人员根据自己的判断采用不同的特征组卷,给文档的借阅、查找、复制、保密等带来不便。面对大量运用计算机操作和管理文档的现实,传统的文档整理归档工作也应与时俱进,进行必要的改革。

8.1 文书归档新规则的主要内容

2002年12月6日,国家档案局发布了《档案文件整理规则》(以下简称《规则》),对归档工作进行了改革。对文档管理工作影响比较大的主要有以下内容。

(1) 整理单位,以"件"取代"卷"

以"卷"为单位进行整理,是以文秘人员的主观判断(六个特征)为标准。以"件"为单位进行整理,即以文件本身固有的客观特征为整理标准。将归档文件以"件"为单位进行装订、分类、排列、编号、编目、装盒,使之有序化。一般以每份文件为一件,文件正本与定稿为一件,正文与附件为一件,原件与复制件为一件,转发文与被转发文为一件,报表、名册、图册等一册(本)为一件。来文与复文可为一件。

(2) 保管单位,以"案盒"取代"案卷"

过去文书整理工作就是将文书整理,然后进行装订。装订案卷的工作量较大,要花很多时间。现在以"案盒"取代"案卷",将文件装盒,节省了装订的时间,同时也减轻了文秘人员的工作负担。《规则》规定档案盒封面标明全宗名称,根据摆放方式的不同,在盒脊或底边设置全宗号、年度、保管期限、起止件号、盒号等必备项,并可设置机构(问题)等选择项,盒内文件不必装订。

(3) 分类方式,以"年度、机构(问题)、保管期限"取代"六个特征"

传统的文书整理分类方式是按"六个特征",标准不易掌握,工作难度较大,且有一定的主观随意性。而以"件"为单位按"年度、机构(问题)、保管期限"的标准进行分类整理,降低了难度,简化了程序,使文书整理工作更简便易行。同时,因以"件"为单位进行整理,只使用年度、机构(问题)、保管期限、时间、收发文等一些客观标准,并不用归纳案卷标题,避免了人为因素的影响,因此,即使不同的人来整理,其整理结果也基本一致,这就使文书整理的结果更具确定性。

a. 按保管期限分类。保管期限分为短期、长期、永久三种。短期保管的期限为1—15年,长期保管的期限为16—50年,永久保管即需永久保存。在每个期限内根据预测形成文书的数量,准备相应数量的档案盒。需归档的文书先按保管期限分开整理,然后再考虑其他分类。

b. 按组织机构分类。即按机关内部各部门名称分类,组织机构也即问题。如直接采用总经理室、销售部、财务处等名称作为类名。每类中如形成的文件较多,可再编制一定的具体条目。这种分类适用于较大型的机关或内部组织机构相对稳定的组织,较易掌握,也方便归档,还可看出某单位内部机构设置及其职能、任务等。

c. 按问题分类。即按工作性质及内容分类,如人事类、宣传类、财经类等。这种分类不受机构的限制,但要注意各类别之间应标准清楚,不能互相包含,类名也应清晰明确。各类别之间可以按重要程度和系统性排列,每类也可以再编制一定的具体条目。这种方法比较灵活,可长期使用,也可随时增加有关类别,一般适合于较小型的机关、职能较少或内部组织机构不大稳定的组织。

8.2 新规则下文书归档的基本程序和方法

(1) 编制分类方案类目

分类方案类目是指根据本单位工作的规律,在分析研究本单位工作性质、职权范围、内部机构及分工情况的基础上，预测下一年度可能形成的文书，按照文书整理的原则拟定的归档文书的类别和条目。新《规则》对每年文书编制类别一般有三种方法：按保管期限分类、按组织机构分类、按问题分类。

(2) 平时归整

即文书处理部门在平时就有计划地把本单位一年中形成的应归档的文书逐步整理起来。根据文书分类方案把已经处理完毕的文书材料，以"件"为单位进行装订，并按有关类目随时归整，装入"案盒"，到年终或第二年年初再严格按归档要求进行调整，以保证归整文件的全面和完整，并通过检查可及时纠正文件归错类别的现象。

(3) 系统整理

一年的工作结束后，文秘人员在平时归整的基础上，对文件进行系统整理和编制目录，以便于移交和对档案文件进行管理和利用。

a. 确定案盒内文件。认真检查每个案盒内积累的文件，按文书整理归档原则和要求进行调整，并对案盒内文件排列、编号，最后确定案盒内的归档文书。主要检查是否以"件"为单位，归类是否合理，归类的文件是否齐全，文件保管期限是否一致，文件数量是否合适等。发现不合理的应进行调整和补充。

b. 对案盒内文件编号。文件编号以归档章的形式在每件文件首页上端注明。归档章的位置可在首页右上角，也可在首页上端空白处，但在整个案盒文件中，其位置应一致。

c. 填写案盒各项内容。填写的内容包括：

案盒内文件目录表。其内容一般包括七项：件号、责任者、文号、文件题名、日期、页数和备注。

备考表。盒内文件缺损、移出、补充、销毁以及其他需要说明的问题等。并填写登记日期及归档文件整理完毕的日期、整理人、检查人。

案盒封面、盒脊。档案盒应根据摆放方式的不同,在盒脊或底边设置全宗号(档案馆给立档单位编制的代号)、年度、保管期限、起止件号、盒号等。

(4)移交归档

文件经过整理后,形成了系统的案盒后,应向单位档案室进行移交,即归档,以便由档案室集中保管。移交时应办理好移交手续,要求为:

a. 归档范围。凡属整理归档范围的文件,一律归档;不属文书整理归档范围的文件,不需归档。不归档的文件可按制度销毁。

b. 归档时间。文书部门或相关的业务部门,一般应在第二年的上半年向档案室移交全部案盒档案,对一些专门性的文书或驻地比较分散的个别业务单位的文书,为便于日常查找和利用,也可根据实际情况确定适当的归档时间。

c. 归档质量要求。应做到以下四点:应归档的文件材料要收集齐全、完整;应按照文件之间的有机联系和保存价值,科学地整理归档;归档的案盒应符合文书整理归档的各项质量要求;编制移交目录,至少一式两份;交接双方经过清点案盒,履行签字手续。

第十五章 电子文档实务

1. 电子文档的特征和类型

传统的公文、图书、图像、文献资料、商业信息等,都可由电子计算机产生和传递,由此产生了电子公文、电子信件、电子报表、电子图纸等,这些都属于电子文件。具有档案保存价值的电子文件,必须要归档保护。电子文件归档后即形成电子档案。电子文件和电子档案合称为电子文档。

文秘人员的一项重要任务是公文写作和公文处理工作。公文管理的电子化是用计算机来代替人工处理某些环节,如公文的分发、传递和归档等。原来纸质公文需要专人递送,现在变为电子公文在网络上传输;原来纸质文件的归档现在变为电子文件归档,需要存放在不同的载体上。公文处理的一些环节如草拟、审核、签发等需要人工操作的,经授权在电脑上操作而非写在纸张上。但无论是传统做法还是电子化方法,公文处理的程序依然应该严格按照国家和组织的有关规定进行。

1.1 电子文档的特征

(1) 不可识别性和非直读性

纸质文件都是采用人可识读的记录符号,可直接辨认出,电子文件使用磁、光介质，只有借助计算机解码，才能转换成人可识读的记录。其收集、编制、传输等也必须依赖计算机的软、硬件及数据库与网络系统。在载体上的数字信息经过压缩编码、加密等处理会产生不兼容的问题，更增加了电子文件的非直读性。

传统文档在纸上书写、修改，留有痕迹。电子文件在机器上可任意修改而表面不留痕迹，这样，传统写作中的"草稿"、"定稿"、"正本"等就几乎不存在。电子化操作可提高文件处理的速度，但也可能破坏文件的真实性和可靠性，把原文件迁移到新的技术环境中还可能导致信息的丢失和变异。

(2) 对机器设备和标准的依赖性

计算机更新换代很快，一般只能隔代兼容。对需要长期归档保存的电子文件来说，对设备的依赖性更明显，甚至可能出现最新的设备读不出几十年前的数据的情况。电子文件的运作、管理是建立在一套标准化体系之上的。其严格程度和对系统性的要求，均远远超过纸质文件的标准化体系。其制作生成、存储、信息压缩存储、传输、查找等都要有相应的标准，标准化是电子文档管理重要的基础工作。

(3) 物理结构、逻辑结构的复杂性

文件的物理结构是指其信息存储于载体上的位置及分布情况，例如文件的正文、图形、批示、附件等各自在载体上的存储位置。文件的逻辑结构是指信息自身的结构，例如文件中的文字排列、章节构成、各页的先后顺序、插图、标号等。纸质文件信息的物理结构与逻辑结构是一致的、直观的。电子文件信息的物理结构和逻辑结构往往不一致，同一份电子文件中的正文、图形、批示、附件等可不在载体上连续存放，甚至可存放在不同的载体上，而不影响其正常显示输出。在电子文件归档时，如何保持其物理结构、逻辑结构完整是保证电子文件不被破坏的关键问题之一。

(4) 对元数据、背景信息的依赖性

元数据是指描述电子文件数据属性的数据,包括文件的格式、编排结构、硬件和软件环境、文件处理软件、字处理和图形工具软件、字符集等数据。背景信息指描述生成电子文件的职能活动、电子文件的作用、办理过程、结果、上下文关系以及对其产生影响的历史环境等信息。元数据必须附在文件信息中,否则将无法恢复电子文件的原貌。纸质文件在传递和处理过程中离不开行政部门的实际往来和人工办理等各种手续,其生成和运作的背景信息会自然地记录在文件上,而电子文件的运作是在网络上进行的,操作者互不见面,体现行政背景关系的信息可能存放在其他地方,如不特意提供或补充这些元数据或背景信息,就可能给电子文件的运作和归档带来问题。

(5) 载体的多样性和信息存储的高密度性

传统档案记录信息的载体是纸,变化的是纸张规格的大小。电子文件载体有磁盘、磁带、光盘等,其存储量大大高于过去的各种信息介质,特别是光盘,一张容量可达 600 MB—4 000 MB 的 DVD 光盘,可存 35 万张打印纸上的文字信息或 10 万页图形信息。经过压缩处理后的信息,在存储时不仅可以节省大量存储空间,如果召开视频会议,在传输过程中还可减少网络传输的带宽占用。

(6) 信息与载体之间的可分离性

电子文件的存放位置不是固定的,可以变化,可以从一个载体转换到另一个载体,信息可以通过网络传给远方的一个或多个接收者,其内容却不发生任何变化。在处理保密信息时,还采取把电子文件分解后分别通过不同的途径传递,存放在不同地点的不同设备上,只是在需要时才临时把文件装配起来。这不仅造成电子文件与载体的分离,也使处于共享计算机网络资源的使用者不关心电子文件存储于哪台计算机、哪个载体以及什么位置。再则,电子文件的信息形态包括文字、图形、声音、影像等多媒体信息,要比纸质文件复杂得多,不同的载体适合存储不同种类媒体的信息,使同一份电子文件中的文、图、声、像在存储时产生载体分离现象,如果脱机保管,可能造成混乱,会直接影响其真实性、完整性和可靠性。

(7) 文档信息的共享性

传统档案由于受原件的约束,在同一时间只能有一个用户利用一卷档案,且要身到现场,但电子文件的利用可以人在异地,可以多人不受空间的限制,同时共享同一信息。可以利用协同软件"共同写作",即多个写作者在不同地点同时对同一份文件进行写作和编辑,共同完成文件的制作。在连接了局域网和上了因特网后,在办公室、家中也可利用档案信息。

1.2 电子文件的类型

随着计算机技术的发展,目前电子文件的类型主要有以下几种(引自《政府电子文档管理》第 122 页)。

(1) 文本文件。是指普通文本文件,使用文字处理软件生成的,由字、词、数字或符号表达的,没有格式控制的纯字符文件。在使用时不受计算机硬件和软件类型的控制,兼容性好。如 Windows 里的"记事本",格式为 TXT,文本文件是政府机关最为普遍的文件类型。

(2) 格式文本文件。其本身含有颜色、字体、属性等信息的文本文件,但不是多媒体格式,常用的文件格式有 RTF、WPS、DOC、DOT、PDF 等。如 PDF 的文件格式允许在屏幕上查看电子文档；WPS文件格式在文档中添加了图文混排功能，扩展了文档的应用范围等。

（3）数据文件。主要包括两类，一类是含有数据的电子表格文件，如用Excel软件制作的各种表格，格式为XLS；另一类是数据库文件，是以数据库数据形式存在的具有文件属性的记录。

（4）图形文件。是指根据一定算法和工具软件绘制的图表、曲线等图形，常用格式为GIF、EPS等。如计算机辅助设计（CAD）、计算机辅助工程（CAE）、地理信息系统（GIS）或绘图系统中产生的设计模型、图纸、图画等都是图形文件。

（5）图像文件。这是指使用数字设备采集或制作的画面，如用扫描仪扫描的各种原件画面、用数码相机拍摄的照片、用图像处理软件制作的图画等。纸质文件、缩微胶片均可经过扫描转换成数字图像文件。图像文件常用的文件格式有JPG、BMP、TIF、PCX等。目前政府机关和一些企事业单位已大量使用数字图像文件。

（6）视频文件。这是指用数码摄像机等设备摄录的数字影像或使用动画软件生成的二维、三维动画等各种动态画面。视频文件主要格式是MPEG、AVI等，需要较大的存储空间和较多的网络带宽，在播放时需要多媒体设备和软件配套。

（7）声音文件。这是指用音频设备录入或用软件生成的文件。常用的文件格式有WAV、MP3、MIDI等。声音文件播放时需要使用相关的设备和软件。

（8）程序文件。这是指为处理各种事务用计算机语言编写的程序，是一种计算机软件。"源程序"是纯文本文件，具有可移植性，一般不受计算机类型的限制，编译后的软件在不同类型的计算机上不能兼容。"源程序"能表明版权的归属，对于计算机软件的开发者来说具有重要的保存价值。

（9）演示文稿文件。演示文稿又称幻灯片，它综合运用了图、文、声、像等多种信息，已经广泛应用于会议、产品演示、学校教学、情况汇报等活动中。

（10）超文本文件。这是指包含信息链接功能的文件。它把相关信息以节点链接的形式展示在同一个页面中。网站的网页就是使用超文本技术制作的，它也是构成网络数据库的基本技术。

（11）Flash 动画文件。利用 Flash 可以制作出后缀名为 SWF 的动画，这种格式的动画图像能够用比较小的体积来表现丰富的多媒体内容。在图像的传输方面，不必等到文件全部下载才能观看，可以边下载边看，特别适合于网络传输。SWF 动画广泛应用于 WWW 网页的多媒体演示与交互性设计。

（12）复合电子文档。这是由不同来源内容的文件组合而成的电子文档。文件的组成成分可以有不同的格式，如文字、图形、语音、图像等。各种技术水平的提高，使复合电子文档的内容和表现力都大大地扩展了。

（13）智能电子文档。是一种 XML 文档，除了具备纸张所有的特性外，还包含电子信息、程序和可执行的动作。例如，政府部门把需要企业或个人填写的表格编辑成 Word 类型的智能文档，放到网站上供大家在线填报或下载后填写。这些表格回传给政府部门后，系统会自动把其中的相关信息存入数据库中。有些文档在传输过程中需要加盖公章或签名，可以运用电子公章、数字签名、网络认证等技术，一旦填写完毕的文档加盖电子公章或签名后，文件中的内容就不能再修改和删除。因而，智能电子文档同样具有合法性和可信性。

2. 电子文件的收集和积累

由于电子文件的快速流动性、变动性等特点，也为了保证归档的电子文件的真实性，电子文件的收集工作必须从文件形成阶段就开始，要特别注意即时、实时收集和积累。收集积累范围应按国家有关规定执行。方法是：

(1) 草稿文件一般情况下可以不保留，但记录了重要文件的主要修改过程，有查考价值的电子文件则应收集。对于起辅助作用或正式作用的电子文件，则应及时收集积累，并与其纸质文件建立对应的标识关系。

(2) 对"无纸化"办公系统中生成的电子文件，应采取严格的安全措施，保证电子文件不被非正常改动。同时必须随时备份，存储在能脱机保存的载体上，并把有档案保存价值的电子文件制成硬拷贝或制成缩微品，以免系统发生意外情况时文件丢失。

(3) 对不同信息类型的电子文件，由于其技术特性不同，存储载体和记录信息的标准、压缩方法也不同，因而应分别采取措施以保证其完整性。电子文件的读取、还原，离不开其生成的技术设备条件、相关软件和元数据，所以收集时还必须包括这些内容：

a. 对用文字处理技术形成的文本电子文件，收集时应注明文件存储格式、文字处理工具等，必要时同时保留文字处理工具软件。文字型电子文件以 XML、RTF、TXT 为通用格式。

b. 对用扫描仪等设备获得的采用非通用文件格式的图像电子文件，收集时应将其转换成通用格式，如无法转换，则应将相关软件一并收集。扫描型电子文件以 JPEG、TIFF 为通用格式。

c. 对用计算机辅助设计或绘图等设备获得的图形电子文件，收集时应注明其软硬件环境和相关数据。

d. 对用视频或多媒体设备获得的文件以及用超媒体链接技术制作的文件，应同时收集其非通用格式的压缩算法和相关软件。视频和多媒体电子文件以 MPEG、AVI 为通用格式。

e. 对用音频设备获得的声音文件，应同时收集其属性标识、参数和非通用格式的相关软件。音频电子文件以 WAV、MP3 为通用格式。

f. 对通用软件产生的电子文件，应同时收集其软件型号、名称、版本号和相关参数手册、说明资料等。专用软件产生的电子文件原则上应转换成通用型电子文件，如不能转换，收集时则应连同专用软件一并收集。

g. 计算机系统运行和信息处理等过程涉及的与电子文件处理有关的参数、管理数据等应与电子文件一同收集。

h. 对套用统一模板的电子文件，在保证能恢复原形态的情况下，其内容信息可脱离套用模板进行存储，被套用模板作为电子文件的元数据保存。

(4) 电子文件在计算机网络系统上进行收集积累，应用系统中的自动记录功能，用来记载电子文件的形成、修改、删除、责任者、入数据库时间等。

(5) 用载体传递的电子文件，要按规定进行登记、签署，填写《电子文件登记表》。对于更改处，要填写更改单，按更改审批手续进行，并存有备份件，防止出现差错。各种表格、单据除了与电子文件一同保存外，还应附有纸张打印件。

(6) 电子文件的收集积累应由文书部门集中管理，不得由个人分散保管。在网络系统中运用，应建立电子文件数据库，或在数据库中将对应在积累范围的电子文件注明积累标识。

电子文件登记表						
文件特征	形成部门					
^	完成日期			载体类型		
^	载体编号					
^	通讯地址					
^	电 话			联系人		
设备环境特征	硬件环境(主机、网络服务器型号、制造厂商等)					
^	软件环境(型号、版本等)	操作系统				
^	^	数据库系统				
^	^	相关软件(文件处理工具、浏览器、压缩或解密软件等)				
文件记录特征	记录结构(物理、逻辑)		记录类型	□定长 □可变长 □其他	记录总数	
^	^		^	^	总字节数	
^	记录字符、图形、音频、视频文件格式					
^	文件载体		型号： 数量： 备份数：	□一件一盘 □一件多盘	□多件一盘 □多件多盘	
制表审核							填表人(签名) 年　月　日
^							审核人(签名) 年　月　日

3. 电子文档的传输

3.1 电子文档传输的方式

(1) 利用存储介质传输

存储介质包括磁盘、光盘、磁带等。传输前先把电子文档复制到存储介质上,利用人力送到目的地。这种方式只是利用了电子计算机的存储和读取技术,传送方式与纸质档案并无本质区别。

(2) 利用计算机网络技术传输

网络技术使档案传输不受地理、人力的限制,传输速度也大大加快。传输区域可分为局域传输和远程传输。局域传输主要应用于单位内部,传输速度快。目前很多单位已经实现了网上办公,文件的下发及签阅、工作安排等都可在网络上进行,形成的电子文档也可在网上传输。各种设计图纸、文书档案等都可通过扫描仪进入电子计算机,存在档案馆(室)的服务器上,将纸质档案电子化。当需要某份档案时,不用再到档案馆(室)翻阅,直接在电子计算机上进行查阅即可。

3.2 电子文档传输中应注意的问题

(1) 电子文档传输中的安全问题

电子文档在传输过程中,数据很容易被窃取、篡改或丢失。为保证信息安全,可采用以下方法:

a. 信息加密技术。按照我国有关规定,归档的电子文件必须是解密文件,但为了防止有密级限制的电子文件泄密,在网络传输中应当使用加密技术,防止被他人截获或篡改。在实际通信中通常采用公钥加密体制,发送者使用公开的加密密匙对文件加密,接收方使用严格保密的解密密匙对收文解密。

b. 网络安全技术。保证网络的安全性是电子文档信息安全的重要保障。来自网络的威胁主要有非授权访问、冒充合法用户、黑客入侵、拒绝访问、网络病毒、线路窃听等。目前我们可采取防火墙技术、防水墙技术、漏洞扫描技术、入侵检测技术和入侵防御技术等来保证网络安全。

c. 信息安全措施。主要指由安全的软硬件技术、完善的法律法规及管理规范提供的保障性措施,包括技术行为和人员行为的安全规范措施。信息安全依赖于计算机系统的安全,而计算机安全指硬件、软件和数据能受到保护,不会因偶然或恶意的原因遭到破坏。

(2) 电子文档传输中的防毒问题

传输设备可能会携带病毒,对接受单位的电子计算机造成有意或无意的破坏。计算机病毒的防治,应贯彻"预防为主,防治结合"原则,制定严格的规章制度,同时灵活运用各种软硬件技术确定杀毒方案,及时清除计算机病毒。

(3) 电子文档的合法性问题

纸质文档上的单位盖章和领导签字,是有法律效力的,在电子文档上的签字(即"电子签字"),目前在法律上也得到了认可。对电子文件利用者,应对其身份验证;对接收保管的电子文件,也要验证有关的数字签名,以确定其文件制作者及合法性,同时还要验证接收文件内容的完整性、真实性等。

4. 电子文件的整理和著录

4.1 电子文件的整理

是指按照一定的原则和方法,将收集积累的电子文件分门别类进行清理，为归档做准备。主要工作包括：

（1）对电子文件分类、排序。就是将收集到的零散的、杂乱的电子文件通过分类排序、著录标引、组合，使其存储格式处于一种有序状态。

（2）建立数据库。首先是对电子文件进行分类编号，即按照分类编号方案的规定对电子文件进行划分，并给每份电子文件一个固定、唯一的号码；其次对电子文件进行登记。数据库建立后，要开发检索工具，便于实现对电子文件的快速访问。

4.2 电子文件的著录

电子文件的著录主要是指通过获取、核对、分析、组织和记录关于文件内容、结构、背景以及文件系统的信息，准确描述电子文件的形成过程及其属性。

按照《国际档案著录（通则）》中有关原则，电子文件主要的著录项目有：题名与责任说明项、附件、稿本与文种项、版本及版本说明、密级与保管期限、时间项、载体形态项、附注与提要项、机构史或传记、软硬件平台项、文件类型、编号项、主题词或关键词、检索与利用等。

5. 电子文档的存储

5.1 电子文档存储的基本要求

具有凭证和历史利用价值的电子文件，应该作为档案保存，存储应根据各种电子文件的特点分别采取措施保证其原始性、真实性、完整性和有效性。

(1) 要保证电子档案内容逻辑上的准确。电子档案来自各个方面,在不同的电子计算机系统上形成,内容格式编排上也不尽一致,再加上电子档案在形成时所依赖的技术有些可能已经过时。因此,除对电子档案本身进行保存外,还需对其所依赖的技术、数据结构和相关定义参数等加以保存,或采用其他方法、技术加以转换。

(2) 要保证电子档案的原始性。对一些较为特殊的电子档案,必须以原始形成的格式进行还原显示。可采用三种方法:一是保存电子档案相关的支持软件,并与电子档案存储在一起,使之按本来的面目进行显示;二是保存原始档案的电子图像;三是保存电子档案的打印输出件或制成缩微品,这是最为稳妥的永久保存方法。

(3) 要保证电子档案的可理解性。为了使人们能够完全理解一份电子档案,就需要保存与档案内容相关的信息。这些信息应包括:元数据;物理结构与逻辑结构的关系;相关的电子档案名称、存储位置及相互关系;与电子档案内容相关的背景信息等。

(4) 要对电子档案载体进行有效的检测与维护。文档管理人员对保存的电子档案载体,必须进行定期检测和拷贝,以确保电子档案信息的可靠性。文档管理部门对检测与维护必须严格管理,建立相应的维护管理档案,对电子档案的检测、维护、拷贝等操作过程进行记录。因为任何一次误操作,都可能使保存的电子档案遭到人为损害,甚至造成难以弥补的损失。

5.2 电子文档存储归档的具体要求

(1) 字处理文件存储归档要求

a. TXT、Word、PDF 和 XML 文档可以作为电子文档直接存档;

b. WPS、RTF 等文档存储时应转换成 XML、PDF、Word 文档同时存储。其他类型文档如果无法转换成 XML、PDF 格式,则应按原格式存放,并将相关软件和计算机系统信息一并存档。

(2) 图像、图形、影像、声音文件存储归档要求

a. TIFF、JPG 格式图片的电子文档可以直接存储,有特殊压缩参数的需要备注说明。其他格式图片应转换为上述格式加以存储;

b. 经过扫描仪获得的图像文件,要求普通纸质档案的光学分辨率不低于 200 dpi,照相档案的分辨率不低于 600 dpi。通过缩微胶片扫描仪获得的电子档案,要求 16 mm 胶片的分辨率不低于 200 dpi,35 mm 胶片的分辨率不低于 600 dpi。

c. 图形文件的存储要求与图像文件相似,应对其相关软件和各种数据信息一并存档。

d. MPEG2 格式、比特率 4 Mbps 以上的影像文件可以作为电子档案直接存储。无法转换格式的则应按照原格式存放,并将相关软件和计算机系统信息一并存档。

e. WAV 和 MP3 格式的声音文件可以直接存档。无法转换格式的则应按照原格式存放,并将相关软件和计算机系统信息一并存档。

(3) 多媒体、超文本文件存储归档要求

a. 信息完整的多媒体文件可以直接存档。多媒体文件依赖的计算机软硬件信息及相关参数要一并存档。

b. 包含多个、多种类型文件组合的超文本文件在存档时应注意数据的完整性。信息完整的多媒体文件可以直接存档,超文本文件依赖的计算机软硬件信息及相关参数要一并存档。

(4) 数据库文件、数据文件、计算机程序存储归档要求

a. 一般 DBF 格式的数据库文件可以直接存档。无法转换格

式的则应按原格式存放,并将相关软件和计算机系统信息一并存档。

b. 数据文件包含以上所示的多种类型,具体类型的存档要求应该参考以上各类型的存档方法,应对数据文件的数据来源进行说明并一并存档。

c. 计算机程序可以作为电子文档直接存档,计算机程序依赖的计算机软、硬件平台说明要一并存档。

(5) 存储归档的其他要求

a. 对电子文档的说明性文档必须用 TXT 格式文件编写;

b. 电子文档所涉及的口令、密匙、权限管理说明等应等同于电子文档一并存档;

c. 如果电子文档与纸质等档案同时存档,应建立两者间准确、可靠的标识关系;

5.3 电子文档存储载体和设备管理要求

电子文档在存储时可以采用信息备份技术,这项技术可有效恢复受损或崩溃的信息系统。备份除了传统的拷贝,还需要综合考察备份设备、备份技术以及制定科学可行的备份管理制度。备份设备有磁带机、光盘、硬盘;备份技术有拷贝、磁盘镜像、磁盘双工、镜像站点、服务器集群技术、灾难恢复方案。每隔多少时间应该备份一次,除了制度规定外,还与存储介质的保存寿命有关。各种存储介质的预期寿命可参考下图:

存储介质类型	手工纸	新闻纸	缩微胶片	缩微平片	磁盘	磁光盘	4 mm 磁带	光盘
预期寿命	1 000 年或更长	50 年	300 年	100 年	15 年	30 年	10 年	5 年

此外，还可以采用数据迁移技术。目前电子文档存储载体的寿命一般都超过了读写它的计算机软硬件技术的生命周期。在数字环境中，为了保证电子文件能够长期被读出和存取，目前主要采用仿真、迁移、再生性保护等技术。

按照我国在2002年颁布的《电子文件归档与管理规范》国家标准，电子文档存储载体和设备管理要求主要有：

(1) 归档电子文件的形成单位和档案保管部门每年都应对电子文件的读取、处理设备的更新情况进行一次检查登记。设备环境更新时应确认库存载体与新设备的兼容性，如不兼容，应进行归档电子文件的载体转换工作，原载体同时保留时间不少于3年。

(2) 对磁性载体每满2年、光盘每满4年进行一次抽样机读检验，采用等距抽样或随机抽样的方式，样品数量以不少于10%为宜，以一个逻辑卷为单位。首先进行外观检查，确认载体表面是否有物理损坏或变形，外表涂层是否清洁及有无霉斑出现等，如发现问题应及时采取措施予以恢复。

(3) 对磁性载体上的电子文件，应每4年进行逻辑检测，采用专用或自行编制的检测软件对载体上的信息进行读写校验。通过检测如发现有出错的载体，需进行有效的修正或更新。应每4年拷贝转存一次，且原载体继续保留的时间不少于4年。档案保管部门应定期将检验结果填入《归档电子文件管理登记表》。

(4) 存储电子文件的光盘或其他载体上应贴上标签，注明全宗号、归档年度、盘号和套别。

(5) 每件存储载体的根目录下应有说明文件、著录文件、归档电子文件子目录。

5.4 电子文档载体物理上的安全要求

保存、维护电子文档，使之安全、可靠并永久处于可准确提供利用的状态,使其在社会生活中发挥更大的作用,是一项极其重要而复杂的工作。文档管理部门应充分考虑环境、设备、技术、人员及电子文档特点等综合条件,来制定技术方案和工作模式。

电子档案主要是以脱机方式存储在磁、光介质上,因而要建立一个适合磁、光介质保存的环境,做到:

(1) 库房的温、湿度要相对稳定。温度为15 ℃～27 ℃,变化不得超过±3 ℃,最佳温度是18 ℃;相对湿度40%～60%,变化不得超过5%,最佳相对湿度为40%。归档光盘应保持在14 ℃～24 ℃、相对湿度在45%～60%的环境中。

(2) 防灰尘。应保持环境卫生以避免灰尘污染。要保证装具、机器的清洁,严禁触摸软盘、光盘含有信息的部分,载体用完要及时放回盒中。

(3) 防止外来电磁场的影响。外来电磁场特别是强电磁场会造成信号失真。因此,磁性载体要与电磁场保持安全距离。也可使用软铁、镍铁合金等材料的容器,并通过良好接地来对电磁场进行屏蔽。存有重要档案的库区应有专门设备随时测量隐蔽的电磁场。

(4) 防止机械振动。机械磨损和强烈振动会损坏载体,保存和传递过程中如有摩擦、划伤、弯折等可能损坏磁记录和光记录信息。因而,对硬盘驱动器应固定平放,并在其工作时不得移动或碰撞等。

(5) 防止强光和有害气体。有害气体可能腐蚀、破坏文档的载体,使其变形和老化变质。所以,要避免有害气体、强光和高温产生的不良影响。

(6) 加强日常管理维护工作。无论是软磁盘、磁带还是光盘都应该垂直放置,以防变形和重物挤压。不能用手直接触摸磁光介质,应戴棉手套(不产生静电)操作。禁止使用来历不明的软件,以防感染病毒。建立库房管理制度,坚持观测温、湿度,定期除尘和检查电线、插头、开关,杜绝火灾隐患。保持所有机器设备的清洁。做好保养和维护记录,建立检测、保养载体的档案卡。

6. 电子文件的归档

电子文件的归档是将应归档的、经过整理的电子文件,确定其档案属性后,从计算机或网络的存储器上拷贝或刻录到可移动的磁、光介质上,以便长期保存。不同环境条件下产生的电子文件的归档方法有所不同,如果是网络,可按要求转到档案数据库或在文件上记有归档的标识;如果是载体传递归档,应做档案数据库或作文件归档的标识,还要做一些辅助和认证工作,并与纸质文件结合归档。电子文件的归档范围应按照国家和组织的有关规定来确定。

6.1 电子文件归档的鉴定

电子文件归档的鉴定,主要是归档前由电子文件形成部门在档案部门的协助下,对归档的电子文件内容进行鉴定。鉴别电子文件的价值,同时对其记录的载体进行检查、检测,对所需的软硬件环境作出说明,并根据电子文件的内容价值划分保管期限,提出在保管期限内配套的技术环境要求。在电子档案管理过程中也有鉴定工作,其主要任务是对已到保管期限的电子档案重新审查鉴定,把失去保存价值的电子档案剔除、销毁。归档时的鉴定是基础,电子档案管理过程中的鉴定是前一阶段鉴定的继续和补充。鉴定包括以下方面:

(1) 把电子文件从非文件信息中挑选出来,由此构成机关或组织电子文档的基础。

(2) 鉴定电子文件的技术特征。主要包括:

a. 认定电子文件是否是当时、当人、当事形成的。应根据标准格式和模板编辑文件,将某些文件转换成非数字形式,如缩微等,对文件的迁移进行记录等。

b. 利用技术手段,对照元数据模型,检查文件各个要素是否齐全,包括可视和不可视部分;还应分析联系文件各要素的手段如超级链接、置标语言等是否有效。

c. 鉴定文件内容是否可正常读出,并保证未来能多次无差错被读出,确保无丢失和差错。这需要检查与文件相配套的软件等是否完整;检查加密文件的密码是否保存;检查文件的信息存储格式是否符合归档要求;核实文件归档或传输时填写的软硬件环境、版本号是否正确等。

d. 鉴定文件和介质是否携带病毒。

e. 检测介质的物理性能,如磁带或光盘是否清洁,介质表面是否光滑、无皱褶、无划伤、无磨损,运转是否正常等;检查介质规格是否标准。

(3) 鉴定电子文件的价值。主要按照立档单位在机关或组织中的地位和职能的重要性来确定文件的价值。

(4) 确定保管期限。主要取决于电子文件内容所含信息的价值及社会对它的需要,要根据国家关于档案保管期限表来确定其保管期限。

6.2 电子文件归档的基本要求

主要是真实、完整,达到档案的功能价值。首先要遵从归档各阶段的规定、标准;其次是准确说明配套的软、硬件环境;第三是归档电子文件格式应尽可能地通用和标准,与现有的设备兼容,能以标准的数据库语言与数据库相连,或确定统一标准在内部的电子计算机网络上使用,以实现良好的转换状态;第四是归档电子文件从网上交接的,应注意文件的完整性、安全性及可读性;通过脱机存储载体交接的,交接双方均应对其载体和技术环境进行检验,确保载体清洁、无划痕、无病毒等。

(1) 电子文件形成部门应随时对电子文件进行逻辑归档,即不改变原有存储方式和位置,把电子文件在计算机网络上向档案部门转移;每个月把经过鉴定符合归档条件的电子文件进行物理归档,即把电子文件集中下载到可脱机保存的载体上,向档案部门移交,并按照档案管理的要求进行交接和登记。

(2) 归档的电子文件应该按"件"进行管理。一份电子文件即为一件,不可分割的几份电子文件应作为一件进行管理,如正文和附件、重要法规的历次修改稿、一套计算机软件或源程序等。

(3) 电子文件的形成部门要随时收集符合归档范围的电子文件,按照要求进行著录并填写《归档电子文件登记表》,并逐件编制目录。

	归档电子文件登记表			
文件特征	形成部门			
	完成日期		载体类型	
	载体编号			
	通讯地址			
	电　　话		联系人	
设备环境特征	硬件环境(主机、网络服务器型号、制造厂商等)			
	软件环境(型号、版本等)	操作系统		
		数据库系统		
		相关软件(文件处理工具、浏览器、压缩或解密软件等)		

(续表)

			记录类型	☐定长 ☐可变长 ☐其他	记录总数	
文件记录特征	记录结构(物理、逻辑)				总字节数	
	记录字符、图形、音频、视频文件格式					
	文件载体	型号： 数量： 备份数：		☐一件一盘 ☐一件多盘	☐多件一盘 ☐多件多盘	
文件交接	送交部门					
	通讯地址					
	电话			联系人		
				送交人(签名) 年　月　日		
	接收部门					
	通讯地址					
	电话			联系人		
	接收人(签名)			年　月　日		

(4) 档案管理部门应对电子文件的真实性、完整性和有效性进行测试，并填写《归档电子文件移交、接收检验登记表》。登记表一式两份，一份由档案部门保管，另一份由文件形成部门保存。

	归档电子文件移交、接收检验登记表		
检验项目	单位名称	移交单位：	接收单位：
载体外观检验			

(续表)

检验项目 \ 单位名称	归档电子文件移交、接收检验登记表		
		移交单位:	接收单位:
病毒检验			
真实性检验			
完整性检验			
有效性检验			
技术方法与相关软件说明登记表、软件、说明资料检验			
填表人(签名)		年　月　日	年　月　日
审核人(签名)		年　月　日	年　月　日
单位(印章)		年　月　日	年　月　日

(5)说明文件的文件名一般为README。文件内容包括:全宗号、全宗名称、归档年度、盘号、制作人、检查人、制作时间。说明文件应为字符文件,格式应符合相关规定。

6.3 电子文件归档的方法

(1)将应归档的最终版本的电子文件存入磁、光介质上,脱机后可存放在别处;

(2)采用数据压缩工具对网络上应归档的电子文件进行压缩,然后刻入磁、光介质上,但采用压缩工具的过程必须统一、规范;

(3)将确定要归档的电子文件在网络环境下进行一次备份操作,然后将其存放在磁、光介质上。对备份系统归档一般在局域网或其他网络环境下采用;

(4)采用"双套制"归档,即同时保存电子文件及其纸质形式,一般适用于永久和长期保存的电子文件的归档,这种方法应在两种载体中同时保存规范的机读目录,并在两者间建立便于检索的联系。

电子文档体积小、信息量大、检索迅速,但文字无个人字迹特征,易被篡改和泄密,而且没有"原稿"概念,法律地位不确定,对软硬件依赖大,其记录的稳定期限不长。纸质档案具有真实性、可靠性、法律地位确定的优势,但信息容量小,占据空间大,检索不便。缩微品档案也有设备成本高、胶片保存条件严苛等劣势。因而采取文件与档案的"双套制"保存,可取长补短,既可实现高效存取检索功能,又可发挥档案的凭证作用。

6.4 电子文件归档的时间和份数

(1)归档时间。一般在年度或任务完成后,或一个阶段之后的一段时间内进行归档(称阶段归档)。因涉及电子文件的技术环境条件,存储介质的质量、寿命等问题,一般不超过 2—3 个月。

(2)归档份数。经分类、整理后的归档电子文件,应拷贝至耐久性的载体上,一般应拷贝三套,一套封存保管,一套异地保管,一套提供借阅利用。即使在网络上进行,也要保存一套。必要时应保存两套,其中一套异地保存,以提高信息的安全性和可行性。

7. 电子文档的利用与管理

7.1 电子文件和电子档案的提供利用

(1)直接利用。是利用档案部门或另一检索机构的电脑,在档案部门的网络上直接查询文件信息的一种方法。其特点是：可为利用者提供技术支援；同通信传输相比减少了大量的管理工作；可以让更多的读者同时利用同一份电子档案。

(2) 就地阅读。开辟电子阅览室，可使读者直接阅读、利用电子文档。这种方式可保证用户在工作人员的指导下正确、快速地找到自己所需要的电子文件信息，并有利于保证电子文档的安全性。就地阅读适用于文件用户较多，用房条件较好、计算机设备较多的机构。

(3) 提供拷贝。档案部门向利用者提供载体拷贝时，应将文件转换成通用标准文档存储格式，由利用者自行解决恢复和显示的软硬件平台，也可以向这些用户提供打印件或缩微品。但机密性电子档案不宜采用这种方式。

(4) 提供咨询。档案管理人员以口头或书面(包括电子邮件)形式向用户提供咨询，把用户需要的信息或有关问题的解答反馈给对方。咨询服务需要素质比较高的文档管理人员。

(5) 通信传输。即用网络传输电子档案。这一方法比较适合馆际之间的互相交流及向相对固定的查档单位提供档案资料，可以通过点对点转换数字通信或互联网络来实现。

(6) 局域网服务。由于局域网(或内部网)中的信息属于机构内部，很多是不开放的，在这种环境下提供电子档案，应控制上网信息的范围，还需要详细规定各类上网用户的使用权限。

(7) 网站服务。各类组织通过在因特网上建立网站来提供信息服务。包括网络检索、网上展览、法律法规标准的公布、专题讨论、其他网站资源链接、馆藏编研成品出版、信息发布等等。网站提供的信息应该都是开放信息，也可以按照信息的加工程度和有关方面的规定实行有偿服务。

7.2 电子档案的利用管理

文档管理部门加强对电子档案的利用管理,应从信息安全的角度出发,有对用户及提供利用者的管理、对提供利用载体的管理及制定利用中的安全保密措施等,应特别注意:

(1) 使用权限的审核。电子档案利用所涉及的人员有档案载体的保管人员、数据系统的管理人员、利用者及维护操作人员等。

a. 应根据各类人员级别、层次进行使用权限的认定,并依此向利用系统注册登录。在利用中,由系统自动判定当前使用者身份的合法性及其使用功能的范围,并由系统自动对其使用各种功能操作的路径进行跟踪与记录。对涉及使用未经授权的功能,应能拒绝响应并给予警告提示。

b. 在存储载体的使用上,要根据电子档案内容的密级和开放程度来确定其使用程度,依据利用者背景情况和利用目的来决定对他的授权。

(2) 拷贝的提供与回收。提供电子档案拷贝是一种主要的利用方式,但因为利用时间、地点的分散,管理不善可能造成档案信息的散失,所以应依据利用者的需求,确认使用权限后再进行拷贝制作。

a. 尽量避免对电子档案信息全部拷贝,并通过技术手段防止所提供拷贝的再复制。

b. 除经过编辑公开发行的电子出版物外,对那些提供利用的拷贝必须进行回收。

c. 要有完善的利用手续,提供者和利用者应对其内容进行确认,并对使用载体的类型、数量、使用时间、最后回收期限及双方责任人等情况进行登记。对回收来的拷贝,应作信息内容的消除处理。

（3）利用中的安全措施。电子档案在利用中的保密与安全是十分重要的,应特别注意以下几点：

a. 采用的利用方式,应视利用者的情况而定,不宜向利用者提供全部利用方式。

b. 依据电子档案内容的密级层次,进行有效的管理。一般情况下,对于内容不是完全开放的电子档案,不宜用拷贝的方式提供利用。对于提供拷贝的制作,必须在有效监控下进行。

c. 采用通信传输或直接利用等方式时,有密级的信息内容要进行加密处理,并对所使用的密钥进行定期或不定期的更换。

d. 系统应对利用的全过程进行有效的跟踪监控,并自动进行相关记录,作为对利用工作查证的依据。

e. 利用的系统应有较强容错纠错能力,避免由于误操作带来不可挽回的损失。

附一：调查表

香港勤十缘出版社对60位秘书的问卷调查结果
一位出色秘书具备以下条件的重要性百分比

条　件	非常重要(%)	重要(%)	不重要(%)
办事效率高	83	17	
有　条　理	83	17	
记　性　好	83	17	
有　礼　貌	75	25	
公司中人际关系好	66	34	
细　　心	66	34	
忠　　心	58	42	
醒　　目	58	42	
学　历　高	8	75	17
口　才　好		100	
温　柔		75	25
外貌吸引		50	50

香港勤十缘出版社对 60 位秘书的问卷调查结果
上司最令秘书满意的原因百分比

原　　因	百　分　比
敬重上司的才干	22
能向上司学习很多新事物	20
上司待你好	18
工作满足感	16
敬重上司的为人	13
薪金高及公司机构好	9
幽　　默	2

附二：实务测试

1. 以下说明文秘人员工作方法以及应给予注意的事项。从这些事项中，请选出你认为最不适当的。

(1) 文秘人员要揣摩上司的情绪，并判断工作的未来发展，即使上司没有指示，也必须做好准备工作。

(2) 上司为管理者时，文秘人员应努力了解上司，但不能干预上司主要工作的经营管理。

(3) 文秘人员要经常注意不辜负上司的期望，也要注意周围有关人员的期望，并正确了解他们期望的是什么。

(4) 文秘人员应该注意的事项之一，就是上司通常都希望文秘人员能够守口如瓶，所以，为了不泄密，文秘人员最好是缩小交友范围。

(5) 为了使上司不必忙于处理杂务，文秘人员必须积极地去做不需上司亲自处理的工作。

2. 下面说明文秘人员在工作场所的正确做法，请在其中选出你认为最适当的。

(1) 文秘人员只要依照上司的期望去完成任务即可，不需成为给人印象良好的文秘人员。

(2) 文秘人员的工作就是直接辅助管理者，所以文秘人员必须让周围的人能够认清这个事实，即他的工作与一般职员不同。

(3) 对于初次来访的客人，即使他是个令人颇具好感的男性，女文秘人员对他微笑可能遭到误解,因此,脸上尽量不要有笑容比较好。

(4) 由于文秘人员具有为上司及单位树立形象的作用,所以为引人注目,文秘人员的服装和仪容应比一般员工华丽一些才好。

(5) 因为文秘人员的工作必须借助周围有关人员的合作才能顺利进行,因此必须在工作场所尽量努力和更多的人建立良好的人际关系。

3. 上司向文秘人员凌小姐提醒:"最近我要联络的事情,有不少没有正确传达给对方。"下面就是凌小姐在被上司提醒后所做的反省,请从其中选出你认为最不适当的。

(1) 在联系各种事项时,一定要做笔记。

(2) 要把联系事项的要点重述一遍,以获得上司的确认。

(3) 为避免发生错误,对于有关联系事项要听上司完全说完为止。

(4) 为了正确起见,要向上司借阅有关联系事项的笔记。

(5) 为了正确传达上司的意思,千万不可把自己的推测及意见加进上司的联系事项中去。

4. 下面是有关文秘人员工作方法的说明,请在其中选出你认为最不适当的。

(1) 处理工作时,不需预先作计划,而应按照当时的气氛去处理,效果比较好。

(2) 文秘人员要先了解上司的工作,习惯以后再进行工作,这是很重要的。

(3) 文秘人员若有同时进行的工作,重视正确及速度应比重视礼仪来得好。

(4) 完成指示之后,务必要向指示者报告工作结果,这样才算是真正完成了工作。

(5) 完成一项工作后,立即检查该工作的程度及结果,对于以后同事的工作将有很大帮助。

5. 文秘人员刘小姐忙于明天之前必须完成的工作,这时,上司又交下新的工作,并说:"请你在明天之前把这个再誊写一遍。"可是,想在明天之前同时完成这两项工作是不可能的,在这种情况下,刘小姐应如何应付呢?请从下面的办法中选出你认为最适当的。

(1) 询问上司哪个工作较优先。

(2) 立即停止手上的工作,开始誊写。

(3) 应声"是",然后先处理自己拿手的工作。

(4) 因为是上司的指示,所以不管是否能够做好,还是尽量努力。

(5) 向上司建议请其他有空闲的人去做比较好。

6. 将下列的话语改为对来访客人说的话。

(1) 坐那里吧!

(2) 虽然你特地来此,但很可惜……

(3) (在电话中)我听不清你的声音。

(4) 他不在办公室。

(5) 我知道了,等他回来我告诉他。

(6) 我不清楚,要问问其他人。

(7) 我不能做这种事情。

(8) 有什么事?

(9) 不管什么事,你说吧!

7. 实务训练1

假设情况:10月15日上午11点。西城公司的办公室内,文秘人员吴小姐收到法国分公司发来的传真信函,内容是说法国分公司的张董事长为了做 K 计划报告,将于 10 月 21 日到上海来,逗留到 10 月 25 日,搭乘东方航空公司的第 622 次班机,届时希望公司派人到浦东机场接机。而办公室主任高林那天预定计划是下午 5 点就必须前往锦江饭店参加长城公司的创立 20 周年的纪念庆祝酒会。

办公室主任高林的指示内容:因为这个酒会非常重要,所以希望能由销售科狄科长代替自己到机场接张董事长,如果他无法前往,可考虑罗科长,因为他也参与 K 计划,而且也认识张董事长。因此请他前往接机。另外,也必须在张董事长经常下榻的那家饭店预订房间。等到两件事确定以后,再用传真信函答复法国分公司。

角色分担——办公室高主任
　　　　　文秘人员吴小姐
小道具——两人用桌子、电话两部、便笺、预定日程计划表。

8. 实务训练 2

假设情况:在实务训练 1 之后,接着用公司内线电话联系销售科狄科长的文秘人员陈灵诗,告诉她这件事,并询问 10 月 21 日当天是否方便,由狄科长去接机。

吴小姐将传真信函及复印件送到销售科,请狄科长前往迎接张董事长。

角色分担——文秘人员吴小姐
　　　　　陈灵诗
　　　　　销售科狄科长
道具——两人用桌子、电话两部(包括内线电话)、便笺、预定日程表、有门的隔间设备一架。

9. 上司外出与人约会,但时间却与文秘人员制定的约会计划相互冲突,这时,有关文秘人员应对的方法,请从下列各项中选出你觉得最合适的。

(1) 以上司自己约好的约会优先。

(2) 因为上司已经让文秘人员管理行动计划,所以应以文秘人员所作的约会计划优先。

(3) 文秘人员以其所作的行动计划向上司请示。

(4) 应该看当时的情形来决定什么优先。

(5) 比较重要的约会优先。

10. 下面是有关文秘人员如何避免上司的行动计划过于紧凑的做法说明,请从下列各项中选出你认为最不适合的。

(1) 要预先考虑可能会有临时的紧急约会。

(2) 也要考虑有时候参加会议或与来访者谈话的时间会延长。

(3) 上司外出的往返时间要安排得宽裕一些。

(4) 请上司切勿自行与别人约定面谈。

(5) 不需上司亲自处理的事,就交给代理人去办。

11. 下面是有关预定日程计划表的说明,请你从下列各项中选出认为是最不适当的。

(1) 那是能够让人一目了然公司一年内所有活动的流程。

(2) 上面填写股东大会、董事会及纪念日等。

(3) 上面记载着每年固定举行的活动。

(4) 根据年预定表制作月、周、日预定计划表。

(5) 是大致表示上司一年活动的预定计划表。

12. 客人按照约定时间来访,可是上司的会议似乎没有结束的迹象,这时,文秘人员应以什么方法应对?请从下面各项选出你认为最适当的一项。

(1) 心想上司应该知道,因此先请客人到会客室去,奉上茶及报纸,请客人稍等。

(2) 告诉来访者上司正在开会,并问来访者是否能够等候。

(3) 用便条通知上司客人已经来了,并请上司指示。

(4) 向来访者说明因为上司正在开会,不能与他会面,客气地予以拒绝。

(5) 由于会议没有结束的迹象,所以询问客人由别人代替接见是否可行。

13. 文秘人员应如何处理上司所交代为远道来客购买礼物的事宜。

(1) 到百货公司选购有气派的贵重物品。

(2) 选购一些既便宜,看起来又气派,大而且重的物品。

(3) 选购可表示诚意的实用性的物品。

(4) 从自己公司的产品中,挑选一些别致的小礼物。

(5) 送自己公司的产品是没有礼貌的,还是去百货公司选购比较好。

14. 文秘人员应如何保管支票簿及印章?

(1) 支票簿锁在文秘人员的保险箱中,印章则应带在身边。

(2) 两者均锁在文秘人员手边的保险箱中。

(3) 两者均放在文秘人员上锁的抽屉中。

(4) 支票簿由文秘人员保管,印章则托管在财务科的金库中。

(5) 支票未盖章即无效,所以只需严加保管印章即可,支票簿则无所谓。

15. 负责接待的文秘人员李小姐因为公事离开座位,回来时,有来客站在接待处求见,但却不肯表明身份,而刚好上司又不在,这时李小姐应该怎么办?

(1) 由于是自己疏忽离座,所以应先向客人打招呼表示歉意。

(2) 拒绝为他传达,向对方说:"你又不说明来访的目的,我连你的名字都不知道,怎么为你传达呢?"

(3) 立即请其他上司来处理。

(4) 对自己离座的原因和气地向来客说明,并设法套问出客人的姓名及身份。

(5) 向客人道歉,并默默接受来客的抱怨声,再考虑处理方法。

16. 当上司正在重要会议中,一位携带有业务来往的公司董事长名片的租赁公司职员求见,但上司开完会后立即要出差,不愿接见,这时文秘人员应如何处理?

(1) 礼貌地向他说明,由于没有预约,所以来不及安排立即会见。

(2) 告诉他关于租赁的事,好像上司已经作了决定,这样委婉地拒绝他。

(3) 因为是对方董事长介绍的人,所以即使上司在重要会议中,也一定要传达。

(4) 告诉他,上司会后已安排好出差,没有时间会见,可否由其他的人代理。

(5) 告诉他,上司今日不能会见,等出差回来再与其联系。

17. 有关打电话时应该给予注意的事项中,以下哪一项不适宜?

(1) 不知对方是否方便,所以先招呼说:"想与您谈某某事,能否给我几分钟时间?"

(2) 打电话给长辈或地位高的人时,要客气地说:"对不起,麻烦您来听电话。"

(3) 打给别人的电话,中途突然切断,必须立即再打,并告诉他刚才电话断了。

(4) 通话结束时,应确认一下要点,可能的话,请对方再重复一遍。

(5) 对方不在,可请代留言,并询问传话人的名字,以后再用电话确定是否传到。

18. 从下列选出最适当的接电话的方法。

(1) 即使是内线电话,当铃声响时,仍然左手拿起听筒,报出自己的公司名称及单位名称,右手则准备做记录。

(2) 接到重要或紧急电话时,小声地向正在开会或面谈的上司传达。

(3) 上司不在时,可请对方留言,但须将重点重复一次,并告诉对方自己所属的单位及姓名。

(4) 接到打给上司的电话,但若知道上司不能立即接听,便请对方稍待再拨。

(5) 若遇到对方询问上司私事,首先要确实知道对方是什么人。为什么要问这些事,并在最低限度内回答。

19. 实务训练 3

在有预约的情况下,文秘人员的应对方法。

假设情况:已经安排今日下午 3 时会见某公司方经理,方经理如期赴约。

角色——来访者方经理
　　　　上司(董事长)
　　　　董事长秘书李小姐(正在办公)

训练场景——兼会客室用的上司办公室、接待处办公桌、内线电话、客人名片(职称、姓名)。

20. 实务训练 4

突然取消预约的情况下,文秘人员的应对方法。

假设情况:上司有急事外出,文秘人员来不及通知来访者变更时间,客人已经到达公司。

角色——来访者安女士

上司(董事长)

董事长秘书李小姐

21. 实务训练5

没有预约的情形下,文秘人员的应对方法。

假设情况:自称是上司的老友,突然造访,文秘人员王小姐不认识此人,客人名簿上也没有记载,而上司又在开会中。

角色——上司老友胡先生(钻石商务公司的经理)

本公司的董事长(在开会中)

文秘人员王小姐

训练场景——大厅、接待处柜台、名片、便笺、铅笔(写便条用)。

22. 实务训练6

传达电话之一:总经理打给部门经理的电话,由双方的文秘人员传递。

传达电话之二:财务处余科长打给总经理的电话,由总经理秘书仇小姐传达。

电话留言:甲公司的文秘人员打给自己公司的文秘人员,而当事人不在,为对方留言。

电话转接:有人第一次打电话给上司,先问明对方的事由,再将电话转接适合处理的部门。

23. 实务训练7

上司不在,却接到要求预订约会的电话。

假设情况:有业务来往的客户,以电话要求预定约会时间,有关新产品的交货期限,希望明天下午3时左右见面。而上司须一小时后才能回来。

角色——客户古先生

文秘人员刘小姐

道具——电话两部

24. 上司要主持公司内会议,指示文秘人员高小姐做准备工作,从下列高小姐想要准备的这些事项当中,请选出最无必要的。

(1) 预定会议室。

(2) 通知参加人员并确认参加与否。

(3) 预先决定座位的顺序并准备姓名牌。

(4) 确认开会时所需要的资料。

(5) 确认开会中的茶点及接待事宜。

25. 下列是准备会议时应注意的事项,请从其中选出最适宜的一项。

(1) 如果是经常性的会议,由于参加人员及举办日期均已固定,所以除非有变更,否则即不必重新通知。

(2) 若参加人数过多,无法产生预期效果,所以只要通知处长级以上的人员即可。

(3) 如果是召开紧急会议,制作文书计划可能来不及,因此尽量以电话解决。

(4) 决定开会的时间、地点后,就立即决定参加会议的人员,并尽量提早通知。

(5) 会议资料是参加者对议题作判断的依据,所以应积极收集并详细记录。

26. 下列是有关会议中工作的说明,请由其中选出最适当的一项。

(1) 即使事先已经分发会议资料,但可能当天会有人忘记携带,所以在接待处应准备额外的资料。

(2) 由于电话会妨碍会议进行,所以可告诉对方所有人员均已经外出,询问对方有何事,等会议结束后再告诉当事人。

(3) 开会时,若有客人来访,应替开会者询问其来访目的,依照紧急程度及重要与否作判断后,再予以传达。

(4) 因开会时一定会讨论到秘密事项,所以开会中的茶点招待应等会议结束后才供应。

(5) 接受指示做会议记录时,为避免听错或遗漏,可以不做笔记而用录音机录音。

27. 下面是有关上司接到会议通知时文秘人员的应对方法,请从其中选出最不适当的一项。

(1) 决定参加后,向上司询问清楚除了事先得到的资料外,有无其他必要的资料。

(2) 在公司以外的地方开会,而那个会议场所是初次前往时,应仔细确认地点、交通路线及所需的时间等。

(3) 上司在参加会议时,文秘人员若有事外出,应事先向上司请假。

(4) 上司不在而由别人参加会议时,文秘人员应将情况通知对方,并把通知书及资料交给代理人。

(5) 上司在参加会议时,若有电话打入或客人来访,可将访客姓名及电话内容传达给上司,但若能预先询问上司,就可不必让上司在开会时离开会议场所。

28. 以下是有关文秘人员收受邮件的一般注意事项,请从其中选出最不适当的一项。

(1) 不清楚是公函还是私人信件时,不可拆封。

(2) 将广告全部拆封后交给上司。

(3) 估价单及账单等,应先核对后才交给上司。

(4) 公函中的亲启挂号信,除非上司委任处理,否则不可拆封。

(5) 收到自己寄出的信的回信之后,要拿出保管的底稿,将它附在来信上。

29. 以下是文秘人员马小姐收到某出版社寄给上司的纪念宴会请柬后的处理方法,请从中选出最不适当的一项。

(1) 由于信封上写明"出版社纪念宴会请柬",所以应立即拆封,再问上司是否参加。

(2) 回信告诉对方我方是否参加时,把对方加在我方的尊称省略。

(3) 无法参加时,在寄出的庆贺信上尽可能写下无法参加的理由。

(4) 上司决定参加后,文秘人员应提前一两天告诉司机时间、地点。

(5) 乘坐公司的车前往首次到达的会场时,应画地图让司机明白。

30. 案例分析

某公司经理收到一封措辞无礼的信,是由某个与公司交往较深的代理商写来的。经理怒气冲冲地把文员李小姐叫来,要她写封回信,与这位代理商断绝一切交易和关系,并命令李小姐立即将信打印寄出。李小姐可以有以下做法,哪一种做法比较妥当,为什么?

(1) 按照经理指示立即回到自己的办公室,将信打印寄走了。

(2) 写完了信,想到自己是经理的助手,有责任提醒经理,为了公司利益得罪了经理也值得。于是对经理说:"经理,这封信不能发,把它撕掉算了!"

(3) 没有马上去写信,而是向经理提出忠告:"经理,请您冷静一点!与对方断绝关系会产生什么后果呢?在这件事情上,我们难道就没有应该反省的地方吗?"

(4) 当天快下班时,将打印好的信递给已经心平气和的经理:

"经理,可以将这封信寄走吗?"

31. 综合练习

日程计划表

2002 年 1 月 20 日(星期三)

2002 年 1 月 19 日制作

时 间	事 项	地 点	备 注
9:00			
9:30	经营计划部会议 (约两小时)	董事长室	
10:00			
10:30			
11:00			
11:30			
12:00			
12:30			
13:00	干部会议(约两小时)	第一会议室	
13:30			
14:00			
14:30			
15:00			
15:30			
16:00			
16:30			
17:00			

(续表)

时间	事项	地点	备注
17：30			
18：00	大阳股份公司创立30周年纪念会	太平洋饭店3楼	
18：30			
19：00			
19：30			
20：00			
20：30			

上司今天的行动日程如上表。

上司9：30左右到公司上班，立即到董事长室开会，因此今天没有确认日程表及接受上司指示的机会，在这种情况下，上司于是交给文秘人员以下的六张便条。

青山特产公司的王先生送来礼品，要写一封致谢信。

北京经济发展有限公司的张先生要来公司访问。要紧急约会。

明天例行会议以前要准备好资料。
到东南亚接洽商务顺利归来，要捐款5万元给慈善基金会。

挚友李教授1月28日生日宴会，准备出席，请准备礼物。

联谊会王先生可能约我下星期打高尔夫球，他说1月20日左右会打电话给我，要确认约定的时间。

原订1月25日去法国出差3天左右，临时希望提前在1月22日左右启程，请替我更改机票时间。

年 月 日						
优先顺序			处理方法			
	追踪	完成			追踪	完成
1			A			
2			B			
3			C			
4			D			
5			E			
6			F			
特别注意事项:						

要求：

(1) 先判断以上六项工作的优先顺序，并将它们填写在自己的笔记上。决定优先顺序要仔细配合上司的日程表，并注意轻重缓急来决定文秘人员的工作顺序。

(2) 在笔记上简明扼要地填写各种工作的处理方法，可以书写在笔记下方或特别注意事项栏内。

(3) 在思考处理的方法时，可以一边处理工作，一边查核工作的优先顺序，以及各项工作处理方法的追踪和完成，这样更有效率。

主要参考书目

1. 袁维国主编:《秘书学》,高等教育出版社,1990年版。
2. 董继超主编:《秘书学教程》,中央广播电视大学出版社,1993年版。
3. 张岫莹主编:《当代秘书学》,河南人民出版社,1993年版。
4. 徐秋英编著:《秘书的说话艺术》,中国物资出版社,1993年版。
5. 王金夫等编著:《商务秘书》,百家出版社,1994年版。
6. 陈合宜编著:《秘书学》,暨南大学出版社,1994年版。
7. 黄桐华等主编:《新编秘书学》,广西民族出版社,1994年版。
8. 侯玉珍编著:《涉外秘书实务》,高等教育出版社,1994年版。
9. 中华征信所:《杰出秘书》,山西经济出版社,1995年版。
10. 向国敏编著:《现代秘书学与现代秘书实务》,华东师范大学出版社,1996年版。
11. 顾孝华编著:《现代商务秘书》,上海科学技术出版社,1996年版。
12. 程润明等编著:《国际商务礼仪》,上海外语教育出版社,1996年版。
13. 季水河编著:《秘书心理学》,中南工业大学出版社,1997年版。
14. 梁凤仪著:《秘书必读》,(香港)勤+缘出版社,1997年版。
15. 广田博一郎编著,张康乐译:《秘书实务与练习》,(台湾)五南图书出版公司,1999年版。

16. 〔美〕玛丽·A·德弗里斯编著,胡敏、陈彩霞译:《涉外秘书全书》,中信出版社,1999年版。
17. 廖为建主编:《公共关系学》,高等教育出版社,2000年版。
18. 冯惠玲主编:《电子文件管理教程》,中国人民大学出版社,2001年版。
19. 廖金泽著:《怎样做高级秘书》,广东旅游出版社,2001年版。
20. 廖小鸥编著:《第一次当秘书》,企业管理出版社,2002年版。
21. 陆予圻等编著:《秘书礼仪》,复旦大学出版社,2002年版。
22. 劳动和社会保障部中国就业培训技术指导中心编:《秘书》,海潮出版社,2003年版。
23. 众行管理资讯研发中心编著:《办公室事务管理》,广东经济出版社,2003年版。
24. 郭建庆主编:《高校学生秘书类职业资格鉴定基础教程》,上海交通大学出版社,2003年版。
25. 刘逸新编译:《礼仪指南》,中国纺织出版社,2004年版。
26. 世界500强企业管理标准研究中心编著:《职业秘书任职资格与工作规范》,东方出版社,2004年版。
27. 杨蓓蕾编著:《现代秘书工作导引》,同济大学出版社,2004年版。
28. 劳动和社会保障部教材办公室上海职业培训指导中心编:《秘书》(初级),中国劳动社会保障出版社,2004年版。
29. 劳动和社会保障部教材办公室上海职业培训指导中心编:《秘书》(中级),中国劳动社会保障出版社,2004年版。
30. 劳动和社会保障部教材办公室上海职业培训指导中心编:《秘书》(高级),中国劳动社会保障出版社,2005年版。
31. 劳动和社会保障部教材办公室编:《商务秘书礼仪》,中国劳动社会保障出版社,2005年版。

32. 陆予圻等编著:《秘书文档管理》,复旦大学出版社,2005年版。
33. 孙荣等编著:《秘书工作案例》,复旦大学出版社,2005年版。
34. 陆瑜芳编著:《秘书学概论》(第二版),复旦大学出版社,2005年版。
35. 陈次白编著:《政府电子文档管理》,北京大学出版社,2007年版。

图书在版编目(CIP)数据

办公室实务/陆瑜芳主编.—3版.—上海:复旦大学出版社,2013.10(2015.3重印)
ISBN 978-7-309-10139-3

Ⅰ.办… Ⅱ.陆… Ⅲ.办公室工作-电视大学-教材 Ⅳ.C931.4

中国版本图书馆 CIP 数据核字(2013)第 242299 号

办公室实务(第三版)
陆瑜芳　主编
责任编辑/陈麦青

复旦大学出版社有限公司出版发行
上海市国权路 579 号　邮编:200433
网址:fupnet@fudanpress.com　http://www.fudanpress.com
门市零售:86-21-65642857　团体订购:86-21-65118853
外埠邮购:86-21-65109143
大丰市科星印刷有限责任公司

开本 850×1168　1/32　印张 11.375　字数 261 千
2015 年 3 月第 3 版第 5 次印刷
印数 133 001—154 000

ISBN 978-7-309-10139-3/C·274
定价:25.00 元

如有印装质量问题,请向复旦大学出版社有限公司发行部调换。
版权所有　侵权必究